GELD UND KAPITAL

2004

Franz Steiner Verlag Stuttgart

GELD UND KAPITAL

Jahrbuch der Gesellschaft für mitteleuropäische Banken- und Sparkassengeschichte

herausgegeben von
Alois Mosser
Alice Teichova
Richard Tilly

2004

Bankiers und Finanziers - sozialgeschichtliche Aspekte

herausgegeben von Harald Wixforth

Franz Steiner Verlag Stuttgart

Für das Zustandekommen dieser Publikation ist der Eugen Gutmann-Gesellschaft e. V. für die finanzielle Unterstützung zu danken

Geld und Kapital: Jahrbuch der Gesellschaft für mitteleuropäische Banken- und Sparkassengeschichte. Hrsg. von Alois Mosser, Alice Teichova und Richard Tilly. Stuttgart: Steiner.
Erscheint jährlich - Aufnahme nach 1997

Bankiers und Finanziers – sozialgeschichtliche Aspekte

Hrsg. von Harald Wixforth - Stuttgart: Steiner, 2007
(Geld und Kapital, Bd. 8) – ISBN 978-3-515-09118-3

Redaktion: Harald Wixforth
Titelgestaltung und Layout: Monika Frank und Harald Wixforth
Druckvorbereitung und Druck: sks...Medien GmbH
Ludwig-Erhard-Allee 20
D-33719 Bielefeld

Inhalt

Einleitung: Bankiers und Finanziers als Gegenstand der sozialhistorischen Forschung

Harald Wixforth

Verschiedene Segmente der Geschichtswissenschaft haben im Laufe des letzten Jahrzehnts eine kulturgeschichtliche Erweiterung erfahren, wobei gerade die Sozialgeschichte angestammte und lange Zeit bearbeitete Felder verlassen und sich neuen Forschungshorizonten unter Anwendung soziologischer und kulturwissenschaftlicher Theoreme zugewandt hat. Mit gewissen Einschränkungen lässt sich auch für die Wirtschafts- und Unternehmensgeschichte eine Erweiterung in Richtung Kultur- und Sozialgeschichte konstatieren, ungeachtet aller fachinternen Debatten über wichtige Forschungsrichtungen des Faches oder über die Anschlussfähigkeit mit anderen Disziplinen.[1] Diskussionen über die Verfügbarkeit von sozialem und kulturellem Kapital im Unternehmertum und dessen Auswirkungen auf unternehmensstrategische Entscheidungen einerseits und die Formierung einer Wirtschaftselite mit distinktem und spezifischem Habitus andererseits haben dazu geführt, bisherige, teilweise etwas ausgetrampelte Forschungspfade der Wirtschafts-, vor allem der Unternehmensgeschichte zu verlassen und neue Wege zu beschreiten. Zahlreiche neue Forschungsergebnisse ließen sich dadurch gewinnen, unsere Kenntnis über die sozio-ökonomische Positionierung des Unternehmertums sowie die Binnenstruktur und die Binnendifferenzierung der Wirtschaftselite ließ sich erheblich erweitern.[2]

---

[1] Siehe dazu einzelne Beiträge in: Hartmut Berghoff u. Jakob Vogel (Hg.), Wirtschaftsgeschichte als Kulturgeschichte. Dimensionen eines Blickwechsels, Frankfurt 2004; Clemens Wischermann, Unternehmensgeschichte als Kulturgeschichte, in: ders. (Hg.), Unternehmenskommunikation deutscher Mittel- und Großunternehmen, Dortmund 2003, S. 11-20; ders., Unternehmenskultur, Unternehmenskommunikation, Unternehmensidentität, in; ebenda, S. 21-40.

[2] Pierre Bordieu, Die feinen Unterschiede, Frankfurt 1982; Thorstein Veblen, Theorie der feinen Leute, Frankfurt 1986; Mark Casson, Der Unternehmer. Versuch einer historisch-theoretischen Deutung, in: Geschichte und Gesellschaft, Jg. 27, 2001, S. 524-28; Dolores L. Augustine, Patricians and Parvenus. Wealth and High Society in Wilhelmine Germany, Oxford 1994; Dieter Ziegler, Das wirtschaftliche Großbürgertum, in: Peter Lundgreen (Hg.), Sozial- und Kulturgeschichte des Bürgertums, Göttingen 2000, S. 113-137; Dieter Ziegler, Die wirtschaftsbürgerliche Elite im 20. Jahrhundert – eine Bilanz, in: ders. (Hg.), Großbürger und Unternehmer, Göttingen 2000, S. 7-30; ders., Kontinuität und Diskontinuität der deutschen Wirtschaftselite 1900-1938, in: ebenda, S. 31-53; Hervé Joly, Kontinuität und Diskontinuität der industriellen Elite nach 1945, in: ebenda, S. 54-72; Martin Fiedler und Bernhard Lorentz, Kontinuitäten in den Netzwerkbeziehungen der deutschen Wirtschaftselite zwischen Weltwirtschaftskrise und 1950. Eine quantitative und qualitative Analyse, in: Volker R. Berghahn, Stefan Unger u. Dieter Ziegler (Hg.), Die deutsche Wirtschaftselite im 20. Jahrhundert. Kontinuität und Mentalität, Essen 2003, S. 51-74; Michael Hartmann, Soziale Ho-

Auch die Banken- und Finanzgeschichte beschritt in einigen Ländern Mitteleuropas diesen Weg. Nicht nur mit Blick auf Deutschland, sondern auch in Österreich oder anderen Nachfolgestaaten der ehemaligen Habsburger Monarchie wurde die Frage nach Kontinuität und Diskontinuität in der Bankierselite, nach deren Konsistenz und Kohärenz sowie nach deren Netzwerkstrukturen im 20. Jahrhundert gestellt.[3] Hierdurch ließen sich ohne Zweifel neue Erkenntnisse sowohl für alte Forschungsdebatten, wie etwa über die Macht der Banken, als auch für neue Forschungsansätze herausfiltrieren, wie etwa zu Distinktionsmerkmalen zwischen einzelnen Segmenten der Bankierselite einerseits sowie zu deren Heirats- und Verkehrskreisen als Instrumente der sozialen Formierung und der Netzwerkbildung andererseits.[4] Die Rolle der Bankiers als ein zentrales Segment des Wirtschaftsbürgertums ließ sich dadurch erheblich präziser bestimmen, als dies noch vor ungefähr zwei Jahrzehnten der Fall war. Dennoch ist zu konstatieren, dass die bisher vorliegenden Arbeiten oft auf einem quantifizierenden Ansatz basieren und die Bankiers als Sozialformation innerhalb des Wirtschaftsbürgertums als Ganzes in den Blick nehmen. Eine tiefensensorische Feinanalyse zu diesem Segment des Wirtschaftsbürgertums steht sicherlich noch aus.[5]
Andererseits hat die historische Forschung den Bankier als lohnenswertes Forschungsfeld entdeckt. Biographien über Bankiers sind im Augenblick zumindest in Deutschland in Mode. Im vierteljährlichen Rhythmus erscheinen momentan Studien sowohl über das Führungspersonal der deutschen Großbanken als auch über prominente Privatbankiers. Erwähnt seien an dieser Stelle nur die Biographie von Lothar Gall über Hermann Josef Abs, die eher essayistische Studie über Alfred Herrhausen, Christopher Koppers Arbeit zu Hjalmar Schacht und ein umfangreicher Sammelband zur Person von Friedrich Carl von Oppenheim. Weitere Biographien zu prominenten Bankiers oder lexikalische Nachschlage-

---

mogenität und generationelle Muster der deutschen Wirtschaftselite seit 1945, in: ebenda, S. 31-50; Martin Müntzel, Die jüdischen Mitglieder der deutschen Wirtschaftselite 1927-1955. Verdrängung, Emigration, Rückkehr, Paderborn 2006.

[3] Dieter Ziegler, Strukturwandel und Elitenwechsel im Bankwesen 1900-1957, in: Volker R. Berghahn, Stefan Unger u. Dieter Ziegler (Hg.), Die deutsche Wirtschaftselite im 20. Jahrhundert. Kontinuität und Mentalität, Essen 2003, S. 187-218; Hartmut Berghoff u. Ingo Köhler, Redesigning a class of its own: social and human capital formation in the German banking elite 1870-1990, in: Financial History Review, Vol. 14, Part 1, April 2007, S. 63-87; Ingo Köhler, Wirtschaftsbürger und Unternehmer – Zum Heiratsverhalten deutscher Privatbankiers am Übergang zum 20. Jahrhundert, in: Dieter Ziegler, (Hg.), Großbürger und Unternehmer, Göttingen 2000, S. 116-142; Peter Eigner, Die Konzentration der Entscheidungsmacht. Personelle Verflechtungen zwischen den Wiener Großbanken und Industrieaktiengesellschaften, Wien 1997.

[4] Köhler, Wirtschaftsbürger und Unternehmer, S. 118-138; Ziegler, Strukturwandel, S. 188-216; Morten Reitmayer, Bankiers im deutschen Kaiserreich. Sozialprofil und Habitus der deutschen Hochfinanz, Göttingen 1999.

[5] Ziegler, Strukturwandel, S. 189-211; Berghoff u. Köhler, German banking elite, S. 68-79.

werke zu den wichtigsten Repräsentanten dieses Berufszweiges im 20. Jahrhundert sind zudem in Vorbereitung.[6]

Diese Entwicklung überrascht, hatte das biographische Genre in der deutschen Historiographie in den 1960er und 1970er Jahren doch erheblich an Bedeutung verloren. Die klassische Biographie war zu diesem Zeitpunkt gegenüber an wirtschaftlichen und politischen Strukturen orientierten Arbeiten ebenso ins Hintertreffen geraten wie gegenüber denen, die auf sozialwissenschaftlichen Ansätzen und Theorien basierten. Die moderne Geschichtswissenschaft stellte zu diesem Zeitpunkt den Anspruch, sich an sozio-ökonomischen Strukturen und Wandlungsprozessen sowie an dem inneren Gefüge und den interdependenten Wechselbeziehungen von wirtschaftlichen, sozialen und politischen Entwicklungswegen orientieren zu müssen, während das handelnde Individuum in den Hintergrund trat oder ganz aus der historischen Analyse ausgeblendet wurde. Mit dieser Sichtweise betrat die Geschichtswissenschaft sicherlich zu diesem Zeitpunkt Neuland. Gleichzeitig koinzidierte sie mit dem herrschenden Zeitgeist in der Politik und den Geisteswissenschaften, der die Handlungsspielräume und die spezifische Verantwortung des Individuums vor dem Hintergrund eines komplexen Wirkungsmechanismus und eines unübersehbaren Machtgeflechts in der reifen industriellen und kapitalistischen Gesellschaft als zunehmend marginal einschätzte. Einige Historiker gingen sogar soweit, den deutlichen Verfall der Biographie als geschichtswissenschaftliches Genre zu konstatieren.[7]

Der Rückzug der dichten Lebensbeschreibung von handelnden Personen wurde jedoch auch zu dieser Zeit nicht von allen Historikern vollends begrüßt oder gar unterstützt. Selbst methodisch differierende Zeithistoriker oder Politikwissenschaftler beklagten das Fehlen von Biographien zur Zeitgesichte als Versäumnis und verwiesen auf entsprechende Forschungsleistungen in den USA oder Großbritannien.[8] Seit der Mitte der 1980er Jahre ließ sich zunächst nur in Ansätzen,

---

[6] Lothar Gall, Der Bankiers Hermann Josef Abs. Eine Biographie, München 2004; Andreas Platthaus, Alfred Herrhausen. Eine deutsche Karriere, Berlin 2006; Christopher Kopper, Hjalmar Schacht. Aufstieg und Fall von Hitlers mächtigem Bankier, München 2006; Jürgen Mittag u. Wolfgang Wessels (Hg.), „Der kölsche Europäer“. Friedrich Carl von Oppenheim und die europäische Einigung, Münster 2006; Hans Pohl (Hg.), Deutsche Bankiers im 20. Jahrhundert, Stuttgart 2007. Eine detaillierte Biographie zu Jürgen Ponto ist im Augenblick in Bearbeitung.

[7] Vgl. zum Beispiel Hagen Schulze, Die Biographie in der Krise der Geschichtswissenschaft, in: Geschichte in Wissenschaft und Unterricht, Nr. 8/1978, S. 508-518; Hans-Ulrich Wehler, Zum Verhältnis von Geschichtswissenschaft und Psychoanalayse, in: Historische Zeitschrift, Bd. 208, 1969, S. 532-534.

[8] Hans-Peter Schwarz, Geschichtsschreibung und politisches Selbstverständnis. Die Geschichte der Bundesrepublik Deutschland . Herausforderung für die Forschung, in: Aus Politik und Zeitgeschichte Nr. 36, 1982, S. 3-16. So verwundert es nicht, dass die erste umfassende Hitler-Biographie auch von einem Außenseiter der Geschichtswissenschaft, dem Journalisten Hans-Joachim Fest, vorgelegt wurde.

später als neuer Trend der Geschichtswissenschaft eine Hinwendung zur Lebensbeschreibung prominenter Persönlichkeiten konstatieren. Zu konzedieren ist, dass eine große Zahl seitdem publizierter Biographien eher für den populärwissenschaftlichen und nicht für den fachwissenschaftlichen Büchermarkt erschienen ist. Dennoch: Auch in der Fachwelt stieß das biographische Genre in den letzten zwanzig Jahren zunehmend auf Interesse. Blickt man auf die steigende Zahl auch fachwissenschaftlicher Biographien, so lässt sich sogar eine – von einigen prominenten Historikern sicherlich nicht erwartete – Renaissance der Biographie feststellen.[9]

Die Wirtschafts- und Unternehmensgeschichte, von Haus aus eher der Analyse ökonomischer Strukturen und der feinsinnigen Gewinnung und Interpretation makroökonomischer Datenkränze verhaftet, hat diese Entwicklung mit einer gewissen Verzögerung nachvollzogen. Gleichwohl lässt sich für die letzten fünf Jahre auch in diesem Fach eine wachsende Zahl von Büchern über herausragende Unternehmer und Unternehmerdynastien beobachten.[10] Die Bankengeschichte folgt diesem Trend offenbar mit einem zusätzlichen zeitlichem Abstand, hat das Genre der Biographik jedoch inzwischen auch für sich entdeckt. Über den richtigen methodischen Zugriff für die Lebensbeschreibung eines prominenten Bankiers scheint man sich in der Geschichtsschreibung noch nicht völlig im klaren zu sein, doch gilt wohl auch hier, dass sich im Idealfall über eine analytisch tragfähige Darstellung einer Persönlichkeit auch ein klares Verständnis über verschiedene Aspekte der wirtschaftlichen und politischen Entwicklung in einer modernen Gesellschaft erschließt – so wie es Christopher Kopper in seinem Beitrag über Hjalmar Schacht in diesem Band formuliert.[11]

Die biographische Methode steht daher im Zentrum der meisten größeren Arbeiten zur Sozialgeschichte der Bankiers - sieht man einmal von Morten Reitmayers Studie über die prominentesten Vertreter dieses Berufsstandes im Kaiserreich ab. Verschiedene Stationen des beruflichen Werdegangs, Heirats- und Verkehrskreise, Habitus und kulturelles Engagement lassen sich in einer gut strukturierten Biographie ebenso darstellen wie das operative Tagesgeschäft in der Bank, die Haupt- und Staatsaktionen sowie die politische Weltsicht bzw. die

---

[9] Auf die immense Zahl von in der letzten Dekade erschienenen Biographien ist hier nicht näher einzugehen. An dieser Stelle sei jedoch der Hinweis auf einige Arbeiten wie Ian Kershaws zweibändige Hitler-Biographie erlaubt, die eines der am meisten verkauften Bücher im Bereich Geschichtswissenschaft in den Jahren 2000-2002 war.

[10] Siehe zum Beispiel: Gerald D. Feldman, Hugo Stinnes. Biographie eines Industriellen 1870-1924, München 1998, sowie die zum Teil eher populärwissenschaftlichen Studien über deutsche Unternehmen wie zum Beispiel: Thomas Ramge, Die Flicks, Frankfurt 2004; Michael Jungbluth, Die Oetkers, Frankfurt 2004; Thomas Schuler, Die Mohns, Frankfurt 2004; Thomas Rother, Die Thyssens, Frankfurt 2003.

[11] Siehe dazu den Beitrag von Christopher Kopper in diesem Band.

mögliche Partizipation an verwickelten politischen Entscheidungsfindungsprozessen. Fraglos lassen sich in einer Biographie die verschiedenen Facetten einer komplexen Persönlichkeit, wie es viele der prominenten Bankiers in Mitteleuropa während des 19. und 20. Jahrhundert waren, am besten einfangen. Daher verwundert es nicht, wenn in drei Beiträgen in diesem Band der biographische Zugriff gewählt wird, um den Sozialtypus des Bankiers exakter beschreiben zu können.[12]

Während sich Andreas Graul in seinem Beitrag auf einen bestimmten herausragenden Aspekt des kulturellen Engagements einer prominenten sächsischen Bankiersfamilie konzentriert, focussiert Joost Jonker seinen Beitrag keineswegs auf einen einzigen Bankier, sondern spannt den Bogen der Darstellung über mehrere Generationen hinweg und untersucht die Inhaber eines bedeutenden Amsterdamer Bank- und Handelshauses von der Mitte des 18. bis in die erste Hälfte des 19. Jahrhunderts hinein. Zudem verknüpft er in seiner Untersuchung biographische und sozialhistorische mit bankbetriebswirtschaftlichen und genuin bankhistorischen Aspekten. Damit beleuchtet Jonker die unmittelbare berufliche Sphäre der Amsterdamer Bankiers, die die Basis für sozialen Aufstieg und Reputation schuf, aber auch das darauf fußende politische und soziale Engagement und den spezifischen Habitus, wie er in Amsterdamer Handels- und Bankhäusern in dieser Zeit üblich war.[13]

Außer Frage steht jedoch, dass die biographische Methode allein kein hinreichendes Bild vom Sozialtypus des Bankiers oder der Sozialformation dieses Berufsstandes entwerfen kann, zieht man zudem die Wandlungsprozesse in Betracht, die auch bei diesem Segment des Wirtschaftsbürgertums im 19. u. 20. Jahrhundert festzustellen sind. Monika Pohle setzt den Akzent in ihrem Beitrag daher anders. Sie untersucht in vergleichender Perspektive das Werte- und Normensystem, das für Bankiers in Frankreich und Deutschland im 19. und frühen 20. Jahrhundert galt. Damit folgt sie zum einen dem Trend, Sozialgeschichte kulturgeschichtlich zu erweitern, zum anderen fragt sie danach, ob auch für diesen Berufsstand in den beiden Ländern ein spezifischer „bürgerlicher Wertehimmel" existierte, der den Handlungs- und Orientierungsrahmen für das operative Tagesgeschäft der Bankiers vorgab.[14]

---

[12] Siehe dazu die Beiträge von Christopher Kopper, Agnes Pogány und Žarko Lazarevič.

[13] Siehe dazu die Beiträge von Joost Jonker und Andreas Graul.

[14] Siehe dazu den Beitrag von Monika Pohle. Vgl. auch: Reinhard Sieder, Sozialgeschichte auf dem Weg zu einer historischen Kulturwissenschaft?, in: Geschichte und Gesellschaft, Jg. 20, 1994, S. 449-53; Manfred Hettling u. Stefan Ludwig Hoffmann, Der bürgerliche Wertehimmel. Zum Problem individueller Lebensführung im 19. Jahrhundert, in: Geschichte und Gesellschaft, 23. Jg., 1997, S. 333-356.

Die Mehrzahl der Beiträge in diesem Band sieht in den Bankiers und Finanziers ein Objekt der historischen Forschung, dessen Habitus, Werte- und Orientierungsraster sowie Verkehrskreise und kulturelles Engagement zu untersuchen ist. Ein Beitrag fragt jedoch danach, inwieweit spezifische, nach dem Ende des Ersten Weltkriegs aufkeimende politische Konstellationen das Verhalten von Bankiers und damit auch das operative Geschäft der von ihnen geleiteten Banken beeinflussten. Der Focus der Untersuchung wird dadurch etwas modifiziert, stehen doch nicht die Bankiers als Sozialformation im Zentrum, sondern ein politisches Phänomen und seine Auswirkungen auf das Verhalten dieses Berufsstandes in der Ersten Tschechoslowakischen Republik.[15]
Schließlich präsentiert dieses Jahrbuch auch ein Novum. In einer neuen Rubrik sollen Beiträge veröffentlicht werden, die sowohl die Banken- und Sparkassengeschichtsschreibung selbst als auch theoretische Debatten über Finanzinstitutionen in Mitteleuropa behandeln. Angesichts der wachsenden Bedeutung von Sparkassen in den Wirtschaftssystemen Mitteleuropas macht ein kurzer Beitrag über die Perspektiven der Sparkassengeschichte den Anfang in der neuen Rubrik Diskussionsforum.

[15] Siehe dazu den Beitrag von Harald Wixforth

Gegen den Strom schwimmen – Die Überlebensstrategien des Bankhauses Insinger & Co. am Finanzplatz Amsterdam 1813-1864

Joost Jonker

I. Einleitung

Nach den gravierenden Umwälzungen infolge der Napoleonischen Kriege verloren Handel und Finanzwesen in Amsterdam, die sich bereits während des letzten Viertels des 18. Jahrhunderts mit einer wachsenden Konkurrenz des aufstrebenden Finanzplatzes London konfrontiert sahen, weiter an Dynamik. Diese Entwicklung dauerte bis in die 1860er Jahre hinein, als sich das Wirtschaftsleben der Stadt allgemein vor dem Hintergrund eines – wenn auch nur kurzfristig – an Bedeutung gewinnenden internationalen Freihandels wieder deutlich belebte. In den Jahrzehnten zuvor gingen zeitgenössische Beobachter jedoch mit wachsender unternehmerischer Inflexibilität und Risikoaversion hart ins Gericht, die sie als Hauptursachen für den Niedergang Amsterdams als ehemals bedeutendes Finanz- und Handelszentrum und für die über Jahrzehnte dauernde Stagnationsphase ausmachten. Zahlreiche prominente Historiker haben sich diese Einschätzung inzwischen zu eigen gemacht. Ich selber habe jedoch an andere Stelle detailliert nachweisen können, dass diese Vorwürfe zum größten Teil nicht gerechtfertigt sind.[1]

Amsterdams Kaufleute und Bankiers bemühten sich nachhaltig darum, die wirtschaftlichen Probleme ihrer Zeit in den Griff zu bekommen. Sie scheiterten schließlich nur, da ihnen nicht genügend Zeit zur Verfügung stand, um die Fülle an Schwierigkeiten zu lösen. Die wachsende Zahl und die Verschiedenartigkeit an Handelshäusern und gewerblichen Unternehmungen während der ersten Hälfte des 19. Jahrhunderts widerlegt eindeutig den Gesamteindruck, Unternehmer, Händler und Finanziers am Amsterdamer Finanzplatz hätten generell versagt. Nicht eine Firma lässt sich ausmachen, die einer anderen in ihrem operativen Geschäft ähnelte. Alle Unternehmen in Handel, Gewerbe und Finanzwesen bemühten sich kontinuierlich, neue Geschäftsaktivitäten in Gang zu setzen, wobei sie zwei bis dreimal versuchten, ihr Geschäftsmodell zum Erfolg zu führen. Erst vor dem Hintergrund anhaltender Verluste gaben sie ihre Aktivitäten endgültig

[1] Siehe dazu vor allem: J. P. B. Jonker, Merchants, Bankers, Middlemen. The Amsterdam money market during the first half of the 19th century, Amsterdam 1996; J. P. B. Jonker u. K. E. Sluyterman, At home on the world markets. Dutch trading houses from the 16th century to the present, Den Haag 2001, S. 141-173.

auf – sicherlich ein Indiz sowohl für unternehmerische Innovationsfreude, als auch Nachhaltigkeit.
Vor kurzem wurden die Akten eines weiteren Handelshauses, das seine Ursprünge unter dem Namen Insinger & Co. bis in das Jahr 1779 zurück verfolgen kann und unter dem Namen Bank Insinger De Beaufort immer noch auf den Märkten präsent ist, dem Amsterdamer Gemeentarchief übergeben. Diese Akten bilden eine wichtige und bedeutende Quelle für die Geschichte des Finanzplatzes Amsterdam. Lange Zeit besaßen wir nur spärliche Informationen über diese Firma, doch legten bereits die wenigen verstreuten Informationen die Schlussfolgerung nahe, dass es sich um eine angesehne und auch einflussreiche Firma handelte.[2] Auf der Basis der nun zur Verfügung stehenden Akten sind wir in der Lage, die Geschichte von Insinger & Co. detailliert aufarbeiten zu können. Außerdem sind die Akten und die darin enthaltenen Informationen als ein weiterer Beleg für die unternehmerische Flexibilität der Amsterdamer Kaufleute und die erhebliche Bandbreite ihrer Geschäftstätigkeit anzusehen, auf deren Grundlage sie versuchten, den drohenden Niedergang des Finanzplatzes Amsterdam abzuwehren. Nicht zuletzt geben die Akten aber auch einen guten Einblick in die Unternehmensstrategie von Insinger & Co., indem sie zeigen, dass sich diese erheblich von derjenigen anderer bekannter Firmen unterschied.

II. Ein junger Einwanderer aus Westfalen

Die Anfänge der Firma Insinger & Co. lassen sich bis in das Jahr 1768 zurück verfolgen, als ein sechzehnjähriger Junge aus Westfalen, Hermann Insinger, sich in Amsterdam niederließ. Während der ersten vier Jahre seines Aufenthaltes arbeitete Insinger als Lehrling in einem Handelshaus und lebte von der Unterstützung, die er aus der Heimat erhielt. Ab 1771 bezog er jedoch ein regelmäßiges Einkommen in Höhe von hundert Gulden, die er gemäß den in Amsterdam üblichen Gepflogenheiten jeweils im Mai eines jeden Jahres ausgezahlt bekam.[3] Durch die Fürsprache eines bekannten und allseits geachteten lutherischen Pfarrers, der zufälligerweise der Bruder seines Lehrherren war, wurde Insinger in einige der in der Amsterdamer Gesellschaft wichtigen Kaufmannsfamilien ein-

---

[2] M. G. Buist, At spes non fracta. Hope & Co. 1770-11815, merchant bankers and diplomats at work, Amsterdam 1974, S. 51-55, S. 159, S. 176-180, S. 403, S. 467, S. 551-553; S. 588-591; A. M. de Jong, Geschiednis van de Nederlandsche Bank, Haarlem 1967, Vol. 1, S. 610; Vol III, S. 413-415; A. van Stipriaan Luiscius, Surinaams contrast, roofbouw en overleeven in een Caraibische plantagekolonie, Amsterdam 1973, S. 191, S. 228, S. 238-243, S. 248; Jonker, Merchants, S. 194, S. 228, S. 318.
[3] Gemeentarchief Amsterdam (GAA), PA 1455, Insinger & Co., No. 2259.

geführt.[4] 1779 wurde ihm bei einer solchen Gelegenheit ein finanziell lukratives Angebot unterbreitet, das ihm erlaubte, eine eigene Firma zu gründen. Im Auftrag der Erben eines bekannten Kaufmanns, Frederik Berewout, reiste Insinger in die Karibik und arbeitete dort auf den Inseln St. Croix, St. Thomas und St. John als ihr Agent. Seine Aufgabe war es vor allem, die Interessen seiner Amsterdamer Auftraggeber bei den anstehenden Verhandlungen über die Plantagenbewirtschaftung in der Karibik wahrzunehmen, die gemäß der Richtlinien und des Modells des bekannten Amsterdamer Bankiers Willem Gideon Deutz aus dem Jahre 1753 ausgebaut werden sollte.

Deutz hatte eine Lösung dafür gefunden, den chronischen Kapitalmangel der westindischen Plantagengesellschaften durch die Ausgabe von hypothekarischen Pfandbriefen zu beheben, die durch den Grund und Boden der jeweiligen Gesellschaft gesichert waren. Zinsen und Tilgung waren durch die Erträge der in den Plantagen geernteten und danach nach Amsterdam verschifften Produkte aufzubringen – in der Hauptsache Kaffee, Zucker und Baumwolle. Deutz verband die Pfandbriefausgabe mit der Schaffung von Institutionen, die wir heute als Investment Fonds bezeichnen würden, die alleine oder gemeinsam für eine oder mehrere Plantagengesellschaften die erforderlichen Mittel aufbrachten. Diese Form der Finanzierung wurde beim anlagesuchenden Publikum sehr schnell populär, so dass eine Reihe von Handelshäusern das Modell von Deutz kopierte. Vor diesem Hintergrund ließen sich durch verschiedene Emissionen Mittel in einer Höhe von ungefähr 80 Millionen Gulden zur Finanzierung der Plantagengesellschaften auf den Märkten platzieren. Dieser Kapitalzufluss bedeutete zunächst ein erhebliches Stimulans für den Handel zwischen den westindischen Inseln und den Niederlanden. Um 1775 begann jedoch eine Überproduktionskrise mit Preisverfall und Zahlungsproblemen für die Plantagengesellschaften. Zudem schwand das Vertrauen in die Fonds. Vor diesem Hintergrund wollte man Insinger nach Westindien schicken, um dort die Angelegenheiten von Berewout und seinen Erben wieder in Ordnung zu bringen. Rückständige Arbeitslöhne mussten ausgezahlt und säumige Plantagenmanager mussten zur gewissenhaften Arbeit angetrieben werden.[5]

Dies war für Insinger keine leichte Aufgabe, zumal die drei Karibik-Inseln zu Dänemark gehörten, so dass sich unwilligen Plantagenbewirtschaftern die Möglichkeit bot, sich hinter dem Wirrwarr des Paragraphendschungels und den Unterschieden zwischen dem niederländischen und dem dänischen Rechtssystem zu verschanzen. Insinger wusste jedoch, worauf er sich einließ. Schnell machte er die Bekanntschaft mit Henry Hope, der auf den dänischen Inseln ebenfalls als

[4] GAA, P 1455, Insinger & Co., Nr. 2302, 2304, 2308, Memoiren von A. F. Insniger

[5] Van Stipriaan, Surinaams contrast, S. 205-230.

Vermögensverwalter eingesetzt worden war. Hope verschaffte ihm zudem rasch Kontakte zu einheimischen Honoratioren.[6] Insinger suchte und fand bald einen Geschäftspartner, Paulus Prins, mit dem er die Firma Insinger & Prins ins Leben rief. Diese sollte als Agent für die Interessen verschiedener Plantagenbesitzer auftreten.[7] Im Oktober 1779 bestiegen die beiden jungen Kaufleute auf der niederländischen Insel Texel ein Schiff und segelten in die Karibik. Mit an Bord war eine Vielzahl verschiedener Produkte, die dort auf Rechnung der gerade entstandenen Firma verkauft werden sollten.[8] Diese Karibikreise legte bereits den Grundstein für das schnell wachsende Prestige Insingers als gewiefter Kaufmann. Zwar mussten er und Prins einige Rückschläge verkraften, doch konnten sie dennoch mit Genugtuung feststellen, ihre Mission erfolgreich durchgeführt zu haben. Zudem ließen sich für die beiden noch eine Reihe von Geschäften im eigenen Namen zur Zufriedenheit abwickeln. Allerdings harmonierten beide Kaufleute nicht in dem Maße, wie sie anfangs gehofft hatten, so dass ihre gemeinsame Firma nach Beendigung der Karibik-Reise wieder aufgelöst wurde.

III. Der Beginn einer Karriere

1782 kehrte Insinger nach Amsterdam zurück, um von dort aus seine Geschäftsaktivitäten mit der Karibik fortzusetzen. Während des letzten Viertels des 18. Jahrhunderts bildete der Handel mit den westindischen Inseln einen deutlichen Kontrast zu der sonst in vielen Bereichen der niederländischen Wirtschaft während dieser Zeit zu beobachtenden Stagnation. Um 1780 betrug der Gesamtumsatz im Handel mit den westindischen Inseln ungefähr 28 Millionen Gulden. Damit lag er nur wenig hinter dem Umsatz im Handel mit Asien, wo man zu dieser Zeit 35 Millionen Gulden an Umsatz bilanzierte.[9] Zudem lagen alle Geschäftsaktivitäten in der Karibik in den Händen von privaten Gesellschaften. Allerdings hemmte die VOC – die Niederländische Ostindische Compagnie – aufgrund ihrer Monopolstellung im Ostindienhandel auch in den Geschäften mit der Karibik die Ausbreitung von privater Initiative zunehmend, da sie auch dort bald eine Marktmacht besaß, welche die Entfaltungsmöglichkeiten für konkurrierende Unternehmen deutlich einschränkte. Allerdings besaßen verschiedene Ams-

[6] GAA, PA 1455, Insinger & Co., Nr. 2302, 2304, 2308, Memoiren von A. F. Insinger
[7] GAA, PA 1455, Insinger & Co., Nr. 788
[8] GAA, PA 1455, Insinger & Co., Nr. 787
[9] W. Kloster, Illicit riches: Dutch trade in the Caribbean, 1648-1795, London 1998, S. 173-198; G. M. Welling, The Price of neutrality. Trade regulation between Amsterdam and North America 1771-1817. A Study in computational History, Amsterdam 1998, S. 185-200; Jonker u. Sluyterman, At home, S. 118-120.

terdamer Handelshäuser einen direkten Zugriff auf Landwirtschaft und Gewerbe in der Karibik durch das bereits erwähnte Instrument der Pfandbriefemission für die Plantagenwirtschaft und damit durch ihre schiere Kapitalkraft, aber auch durch die Präsenz ihrer Agenten und Investoren. Dänische Handelshäuser konnten solche Möglichkeiten nicht anbieten, so dass sie sich entschieden, ihre Anleihen für die karibischen Inseln ebenfalls am Amsterdamer Platz handeln zu lassen.

Bis zu seiner Rückkehr nach Amsterdam verfügte Insinger bereits über ein Kapital in Höhe von 45.000 Gulden, was ein Indikator dafür ist, wie einträglich seine Geschäfte in der Karibik seit 1779 waren.[10] Indem er in Amsterdam eine bereits existierende Firma übernahm, baute Insinger seine Kontakte in der Geschäftswelt weiter aus. Seinen neuen Klienten bot er sich als kompetenter Berater bei der Abwicklung von Transaktionen im Warenhandel und im Wechselgeschäft an.[11] Durch die Geschäftsverbindung mit Prins hatte Insinger zudem weiterhin das Management für die Anleihen des Hauses Berewout behalten. Zusammen mit seinem neuen Kompagnon, Paul Hurgronje, nahm Insinger energisch seine Arbeit in der neuen Firma auf. Die beiden Geschäftspartner akquirierten zunächst neues Betriebskapital, indem sie Obligationen ausgaben, die sie wenige Jahre später in neue Aktien konvertierten.[12] Die Geschäftsentwicklung der neuen Firma zeigte schnell eine dynamische Aufwärtsentwicklung, wie sich aus Abbildung 1 entnehmen lässt.[13] In ungefähr zwanzig Jahren wuchsen die gesamten Vermögenswerte von Insinger & Co. um 180.000 Gulden auf knapp 1,5 Millionen Gulden, während sich das Eigenkapital auf über 800.000 Gulden nahezu verzehnfachte.

[10] GAA, PA 1455, Insinger & Co., Nr 1011

[11] GAA, PA 1455, Insinger & Co., Nr 792.

[12] Van Stipriaan, Surinaams contrast, S. 228. Der Prospect dafür befindet sich im NEHA Sammlung Loophuit, portfolio 25.

[13] GAA, PA 1455, Insinger & Co., Nr. 1035-1050.

Abbildung 1: Gesamte Aktiva (linke Achse) sowie Kapital plus Reserven (rechte Achse) von Insinger & Co., 1786-1815

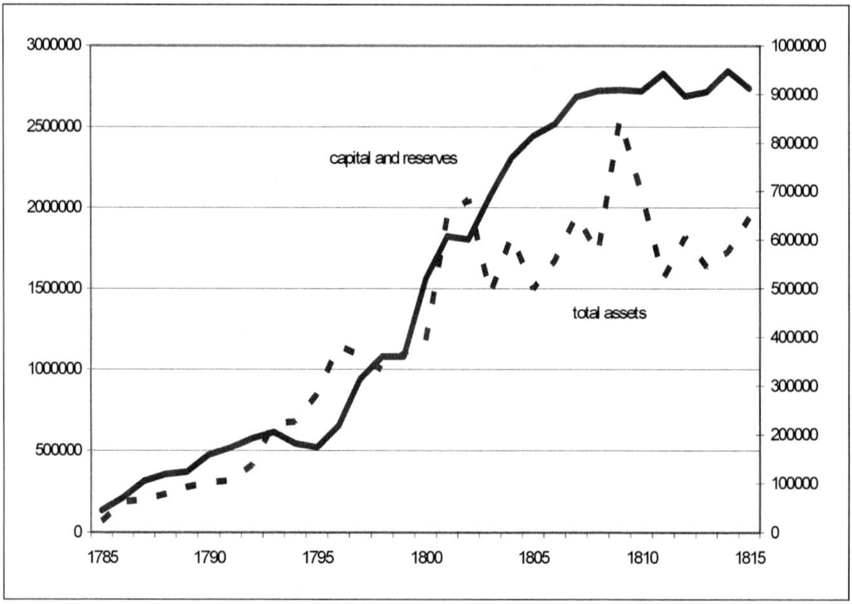

Quelle: GAA, PA 1455, Insinger & Co. Geschäftsbücher 1786-1815

Auf diese Weise gelang es der neuen Firma vergleichsweise rasch, sich einen Platz in der zweiten Reihe der wichtigen Amsterdamer Handelshäuser zu erkämpfen. Zwar bestand noch eine gewisse Distanz zu den wichtigsten Firmen am Amsterdamer Markt, doch lag Insinger mit Blick auf seine finanziellen Ressourcen schon bald nur knapp hinter so alteingesessenen Handelshäusern wie zum Beispiel D. Crommelin & Sn. oder P & C van Eeghen.[14]
Diese Entwicklung verdient umso mehr Respekt, wenn man die schwierigen politischen und wirtschaftlichen Rahmenbedingungen mit in Rechnung zieht. Zunächst belastete der Konflikt zwischen den Anhängern der Oranier und den sogenannten Patrioten das Geschäftsklima, dann kam die Zeit der französischen Besatzung, der Zusammenbruch der Amsterdamer Wisselbank und der VOC, ständige kriegerische Auseinandersetzungen zwischen England und Frankreich sowie die in diesem Zusammenhang häufig verhängten Handelsblockaden. In

[14] Jonker, Merchants, S. 194-196, S. 209-211, S. 221-223; Buist, Hope & Co., S. 520-525.

der zweiten Hälfte des 18. Jahrhunderts steuerten gewöhnlich ungefähr 4.000 Schiffe einen holländischen Hafen an. Ihre Zahl sank zwischen 1795-1799 auf 2.000, 1806 gar weiter auf 1.000. 1811 zählte man - eigentlich kaum vorstellbar – nur noch ganze sechs Schiffe, die Holland ansteuern konnten.[15]

Hermann Insinger war nicht der einzige erfolgreiche Geschäftsmann in dieser Zeit. Das späte 18. Jahrhundert wurde lange Zeit und nicht gerechtfertig als eine Periode der „Perückenträger" charakterisiert, eine Zeit von nur wenig durchsetzungsfähigen und kaum tatkräftigen Regenten, welche die Niederlande langsam, aber doch stetig auf eine abschüssige Bahn führten. Mit Blick auf den internationalen Handel und das Bankwesen lassen sich aber auch in dieser Zeit einige dynamische Unternehmerpersönlichkeiten ausmachen, die trotz der schwierigen wirtschaftlichen und politischen Rahmenbedingungen ständig nach neuen Verdienst- und Betätigungsmöglichkeiten im Geschäftsleben Ausschau hielten. Willem Borski war zum Beispiel einer von ihnen, der ähnlich und zur gleichen Zeit wie Insinger sein Geschäft aus bescheidenen Anfängen heraus zu respektabler Größe führte.[16] Die beiden selfe-made men begannen zudem engere persönliche Beziehungen aufzubauen, als sie gemeinsam einige Geschäftsaktivitäten für das renommierte Handels- und Bankhaus Hope & Co. während der Zeit durchführten, als dieses seine Firmenzentrale nach London verlegen musste. Auch zwischen den Familien von Insinger und Borski entwickelten sich durch zwei Heiraten enge Kontakte, obwohl die beiden Firmenpatriarchen diese Verbindungen nicht sanktionierten.

Weitere dynamische Unternehmer lassen sich feststellen. Friedrich Ludwig Braunsberg kam wahrscheinlich einige Jahre früher als Insinger aus Berlin nach Amsterdam, um hier eine Ausbildung im Kontor des Handelshauses Vernède & Cazanove zu durchlaufen. Später gründete er eine eigene Firma, die sich unter dem Namen Braunsberg & Co. zu einem der führenden Amsterdamer Handelshäuser entwickelte.[17] Einem Rotterdamer Milchproduktenhändler, Anthony van Hoboken, gelang es während der 1780er Jahre, die Fundamte für eines der später bekanntesten Handelshäuser in Amsterdam zu legen. Aber auch bereits länger existierende und renommierte Firmen wie zum Beispie P & C van Eeghen oder D. Crommelin & Sn. florierten über lange Jahre hinweg infolge des Aufschwungs im Handel mit der Karibik und später den Vereinigten Staaten. Zudem gelang es einigen der Amsterdamer Handelshäuser, in einem neuen Geschäfts-

---

[15] E. Horlings, The Economic Development of the Dutch Service Sector 1800-1850. Trade and Transport in a premodern Economy, Amsterdam 1995, S. 391.

[16] Jonker, Merchants, S. 201.

[17] I. H. van Eeghen, Louis Splitgerber, in: Maandblad Amstelodamum Nr. 62, 1875, S. 1-9; Jonker, Merchants, S. 193, S. 320; L van Nierop, De hondred hoogst aangeslagenen te Amsterdam van 1813, in: Economisch historisch Jaarboek 11, 1923, S. 1-76.

feld, der Emission von internationalen Regierungsanleihen, sich komparative Vorteile gegenüber Konkurrenten aus anderen Finanzplätzen, wie etwa London, zu verschaffen.[18]

Abbildung 2: Kapital plus Reserven (linke Skala) and Netto Gewinn in Prozenten des Kapitals (rechte Skala) von Insinger & Co., 1786-1815

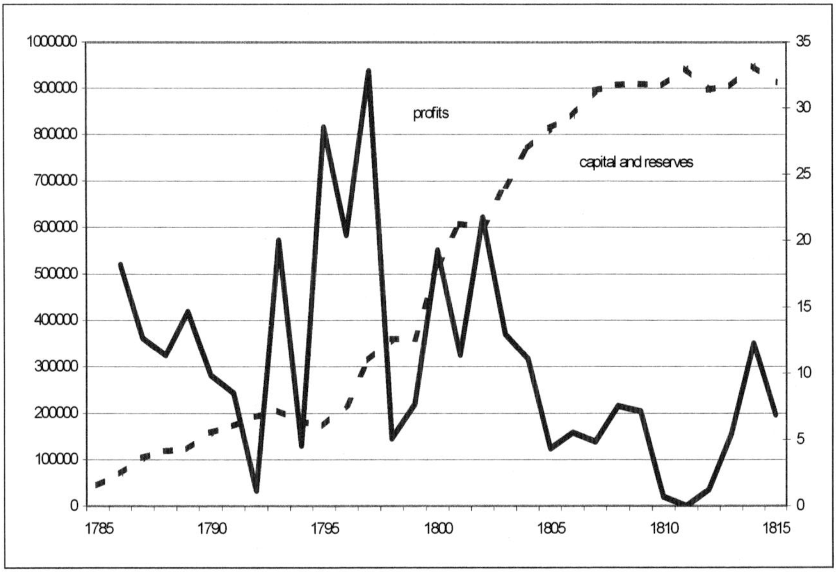

Quelle: wie Abbildung 1

Die Kaufleute und Handelshäuser sind nicht für die zunehmenden Probleme in der niederländischen Wirtschaft gegen Ende des 18. Jahrhunderts verantwortlich zu machen. Ihr Einsatz und ihr Einfallsreichtum ließen neue Verhaltensmuster und neue Strukturen im Geschäftsleben entstehen, um den Herausforderungen der Zeit zu begegnen. Diese Veränderungen erwiesen sich im Ergebnis jedoch nicht als wirksame Maßnahme gegen die wirtschaftliche Macht Großbritanniens. Dies ist vor allem deshalb in Rechnung zu stellen, da sich die Niederlande zunehmend mit wirtschaftlichen Strukturproblemen konfrontiert sahen, zu denen

[18] J. C. Riley, International government finance and the Amsterdam capital market 1740-1815, Cambrigde 1980; P. J van Winter, Het aandeel van den Amsteradamschen handel aan de ophouwe van het Amerikansche Gemeenbest, Den Haag, 1933; Jonker u. Sluyterman, At home, S. 122-124.

vor allem der limitierte Inlandsmarkt und Probleme auf dem Arbeitsmarkt zählten.[19]

Die bisherige Forschung hat herausgearbeitet, dass die sogenannte Franzosenzeit eine radikale Veränderung der Lage zu Ungunsten der Kaufleute und Handelshäuser herbeiführte. Dennoch lässt sich konstatieren, dass einige Firmen ihre lebhafte Aufwärtsentwicklung fortsetzen konnten. Die Firma Retemeyer & Boissevain, Reederei und Handelshaus, konnte ihre Vermögenswerte zwischen 1791 und 1810 mit einem Anstieg auf 440.000 Gulden nahezu vervierfachen. Die einzelnen Geschäftspartner verzeichneten sogar ein Wachstum ihres Kapitals von 50.000 bis auf 330.000 Gulden. Dies war noch unbedeutend im Vergleich zur Firma Couderc, D. & M. P. Brants. Zwischen 1804 und 1810 konnten die vier Geschäftspartner Profite in Höhe von 200.000 Gulden pro Jahr für sich einstreichen. Das Kapital der Firma stieg in dieser Zeit von 400.000 Gulden bis auf 1,4 Millionen Gulden. Zwischen 1807 und 1814 konnten die Geschäftspartner von Goll & Co. vergleichbare Profite in Höhe von 160.000 Gulden erzielen.[20]

Der Rotterdamer Milchhändler Van Hoboken baute in dieser Zeit seine Firma zu einer international operierenden und ausdifferenzierten Handelsunternehmung mit einer eigenen Schiffsflotte aus. Der Geschäftsumfang seiner Unternehmung wuchs dabei in Dimensionen, die denen der größten Amsterdamer Handelshäuser entsprachen. Unternehmerische Misserfolge und Konkurse aus dieser Zeit sollen aber nicht verschwiegen werden. Die Firma Van Eeghen konnte aufgrund von verschiedenen unglücklichen Ereignissen eine weitaus weniger positive Entwicklung vorweisen. Einige andere und durchaus bekannte Firmen verschwanden während der Franzosenzeit sogar ganz von der Bildfläche. Zu ihnen zählten unter anderem W. J. van Brienen & Zn., Hogguer, Muilman & Zn., R. & Th. De Smeth and Wed. E. Croese. Nur die beiden letztgenannten Firmen gingen jedoch tatsächlich infolge von wirtschaftlichen Schwierigkeiten in Konkurs. Van Brienen, Hogguer und Muilman führten ein geordnetes Liquidationsverfahren durch, da sich ihre Inhaber in das Privatleben zurück ziehen wollten. Allgemein lässt sich eher konstatieren, dass es den Amsterdamer Handelshäusern vergleichsweise gut gelang, die Herausforderungen der Franzosenzeit zu meistern.[21]

Der geschäftliche Erfolg dieser Firmen ist in der Tat umso bemerkenswerter, da die Niederlande zwischen 1795 und 1813 eine vergleichsweise lange Zeit kriegerischer Auseinandersetzung und die Besatzung durch Frankreich durchstehen mussten. Diese Situation verursachte fraglos massive Probleme in der Wirt-

---

[19] Jonker u. Sluyterman, At home, S. 97-109

[20] Jonker, Merchants, S. 190

[21] Jonker u. Sluyterman, At home, S. 127-129, S. 136-139.

schaft, wie die steigende Zahl von Konkursen eindeutig zeigt.[22] Obwohl die Kriegshandlungen und die Handelsblockaden für die Handelshäuser erhebliche Risiken für ihr operatives Geschäft beinhalteten, eröffnete diese Konstellation für wagemutige und entschlossene Unternehmer eine Fülle von Chancen. Durch Preissteigerungen in vielen Bereichen ließen sich auch in der Wirtschaft der Franzosenzeit gute Profite machen. Insingers frühere Kontakte zu dänischen Geschäftsleuten waren ihm in dieser Lage sicherlich von Nutzen. Da Dänemark in den Kriegshandlungen für lange Zeit neutral blieb, wurde ein großer Teil des niederländischen Handels zunehmend über Kopenhagen abgewickelt.[23] Im Ergebnis bedeutete dies eine Rückkehr zu den Ursprüngen des niederländischen Rohstoffmarktes und eine Wiederbelebung der Niederlande als wichtigstes Zentrum für die Verteilung von Überseeprodukten in Europa. Für eine gewisse Zeit hatte Großbritannien diese Funktion bereits übernommen, aber nun infolge der Auswirkungen der Napoleonischen Kriege diese Position aufgeben müssen.

IV. Ein typisches Amsterdamer Handelshaus

Das vorliegende Quellen- und Datenmaterial zeigt, dass das Entwicklungsmuster von Insinger & Co. seit dessen Gründung genau dem eines typischen Amsterdamer Handelshauses entsprach. Aus bescheidenen Anfängen heraus wuchs Insinger & Co. im Laufe der Jahre zu einem international operierenden Großhandelshaus, das zudem Finanzdienstleistungen anbot. Im Verlaufe des 19. Jahrhunderts wurde es üblich, solche Unternehmen analog des im Englischen üblichen Sprachgebrauches als merchant banks zu bezeichnen – ein Begriff, der heute jedoch eine etwas andere Konnotation besitzt.[24] Für Handelshäuser wie Insinger & Co. war es typisch, dass ihre Gewinne von Jahr zu Jahr unterschiedlich ausfielen. Zwischen 1785 und 1815 variierten die erzielten Profite des Unternehmens zwischen über 20% in der Spitze und Wellentälern von weniger als 8%. Es ist jedoch erstaunlich, dass Insinger & Co. nur in einem Jahr, 1811, einen Verlust hinnehmen musste, obwohl die wirtschaftlichen und politischen Rahmenbedingungen alles andere als günstig für die Geschäftsentwicklung waren. Die durchschnittliche Profitrate lag in diesem Zeitraum bei über 12%, wo-

---

[22] W.F.H. Oldewelt, Twee eeuwen Amsterdamse Faillissementes en het verloop van de conjunctuur, in: Tijdschrift voor geschiednis, 1962, S. 421-435.

[23] O. Feldbaeck, Dutch Batavian Trade via Copenhagen 1795-1807. A Study of colonial trade and neutrality, in: Scandinavian economic history review, 21, 1973, S. 44-75.

[24] R. Roberts, Whats in a name? Merchants, merchant bankers, accepting houses, issuing houses, industrial bankers and investment bankers, in: Business History Vol. 35, 1993, No. 3, S. 22-39.

mit Insinger & Co. im Vergleich zu anderen Amsterdamer Handelshäusern ein sehr gutes Ergebnis erzielte.[25] Nach 1798 reduzierte sich die Profitrate jedoch tendenziell etwas, was sich zum einen auf eine Währungsabwertung als Folge der stark variierenden wirtschaftlichen Rahmenbedingungen zurück führen lässt, zum anderen auf ein singuläres Ereignis mit weitreichenden Folgen, auf das weiter unten noch näher einzugehen ist.

Abbildung 3: Warenhandel, Kommissionsgeschäfte und Zinseinkünfte bei Insinger & Co. 1786-1815

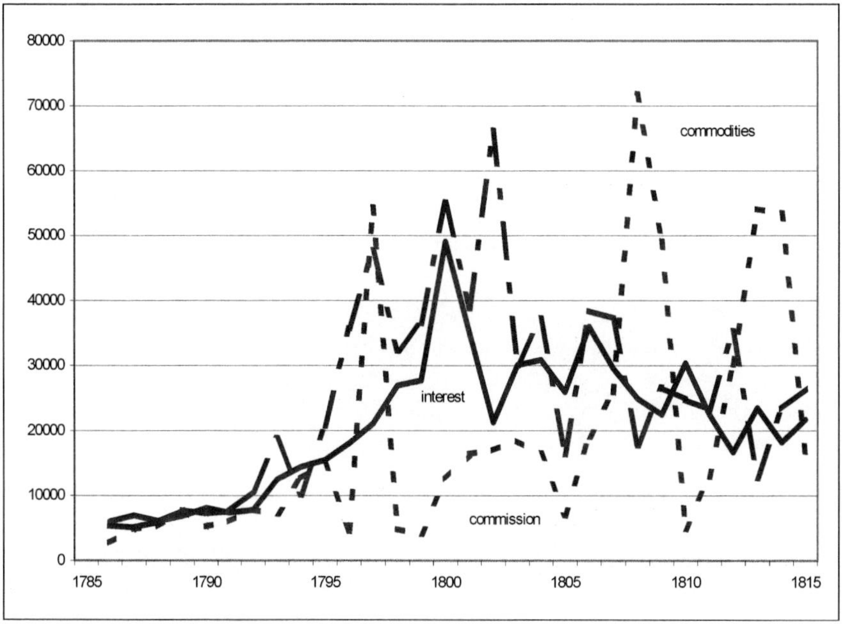

Quelle: wie Abbildung 1

Als Firma mit einem deutlichen Schwerpunkt im Kommissionshandel erzielte Insinger & Co. die meisten Gewinne in Kommissionsgeschäften und bei mit diesen in Zusammenhang stehenden Dienstleistungen sowie aus dem Warenhandel, aber auch aus Zinseinkünften aus Vorschüssen auf die Verschiffung von Waren, wie Abbildung drei deutlich zeigt. Alle Posten wuchsen in der letzten Hälfte der 1790er Jahre ständig an, als Insinger die Leitung zusätzlicher Geschäftsaktivitä-

[25] GAA, PA 1455, Insinger & Co., No. 1035-1057; Jonker, Merchants, S. 210..

ten im Bereich der Plantagenbewirtschaftung übernahm. Die Verwaltung von in diesem Zusammenhang emittierten Anleihen und der Verkauf von Waren brachte der Firma Einnahmen aus dem Kommissionshandel, während die Vorschüsse auf bereits in Rechnung gestellte, aber noch nicht abgesetzte Produkte Zinseinkünfte generierten. Außerdem war Insinger & Co. damit beauftragt worden, die Interessen des renommierten Bank- und Handelshauses Hope & Co. wahrzunehmen, das seine Geschäftszentrale nach London verlegte, nachdem die Franzosen die Niederlande 1795 besetzt hatten.[26] Auf diese Weise konnte sich das Handelshaus Insinger & Co. neue Geschäftsfelder erschließen. Dazu zählten unter anderem das Eintreiben von Zinszahlungen aus spanischen Obligationen, der Handel mit Diamanten als eine Folge spezifischer Tilgungsbedingungen einer portugiesischer Anleihe sowie die Überweisung englischer Unterstützungszahlungen an den früheren Statthalter Wilhelm V. und seine Frau Wilhelmina, die inzwischen im Exil auf ihren deutschen Besitztümern lebten.[27] Die aus den schwierigen wirtschaftlichen und politischen Verhältnissen resultierenden Probleme führten in einigen Fällen sowohl zu unvorhergesehenen Gewinnen als auch zu großen Verlusten. Dies galt selbst für die Geschäftsfelder, die zum Standardrepertoire niederländischer Handelshäuser gehörten, wie zum Beispiel die Übernahme von Garantien für die Einhaltung von Zahlungsfristen im Rahmen von kleinen Kommissionsgeschäften. Der Warenhandel auf eigene Rechnung kam unter den Geschäftsaktivitäten von Insinger & Co. erst an dritter Stelle. Wie einige andere Amsterdamer Handelshäuser hatte sich das Unternehmen dabei auf bestimmte Warengattungen spezialisiert, indem es seine Geschäftsaktivitäten auf den Handel mit Produkten aus der Karibik wie Kaffee, Zucker oder Baumwolle konzentrierte. Generell galt jedoch, dass die Firma den Handel mit allen Produkten aufnahm, bei denen sie ausreichende Profite erwartete. Dies traf vor allem für die Zeit der französischen Besatzung zu, als Insinger den Handel mit folgenden Produkten aufnahm: Strümpfe aus Irland, Koschenille, Federn, weißes Leinen, Indigo oder Kürbisfett. Diese Art von Handel war oft eng verbunden mit spekulativen Warengeschäften, so dass die Erträge in diesem Geschäftsbereich häufig stark variierten.[28]

---

[26] Buist, Hope & Co., S. 48-55, S. 159

[27] GAA, PA 1455, Insinger & Co., Nr. 2302, 2304, 2308; Memoiren A. F. Insingers; Nr. 46, mit Briefen von Prinzessin Wilhelmina aus den Jahrn 1803-1804

[28] GAA, PA 1455, Insinger & Co., Nr. 795. Vertrag vom 30. Dezember 1800; Jonker, Merchants, S. 149.

V. Ein abruptes Ende

1. Insinger & Co. nach dem Tod des Firmengründers

In der Zwischenzeit hatte Hermann Insinger Maßnahmen ergriffen, um die Entwicklung seiner Firma zu konsolidieren. Seine Firma arbeitete nun mit einer Belegschaft von fünf Personen, darunter auch sein früherer Chef Hermann Hespe, den er durch seine erste Gastfamilie in Amsterdam kennen gelernt hatte. Zu seinen Mitarbeitern zählte zunächst auch seine Schwager Hans Jacob Swarth, den er jedoch am 1. Januar 1801 zu seinem Geschäftspartner ernannte.[29] Ein Jahr später kaufte sich Insinger ein neues Haus in der Amsterdamer Herengracht 136, in der Nähe der Leliegracht, das ihm in der Folgezeit sowohl als Domizil für seine wachsende, inzwischen achtköpfige Familie, als auch als Geschäftszentrale dienen sollte. Insinger war es jedoch nicht vergönnt, sich an diesem Anwesen für längere Zeit zu erfreuen. Er starb plötzlich im Alter von nur 53 Jahren am 24. Mai 1805.

Seine Witwe, Anna Maria Swarth, musste sich nun sowohl um den Unterhalt für ihre große Familie als auch um die Probleme der immer noch aufstrebenden Firma kümmern. Sie versuchte, zusammen mit ihrem Bruder das Geschäft so wie bisher weiterzuführen. Pierre César Labouchère, die eigentliche treibende Kraft beim Bank- und Handelshaus Hope & Co. und zu dieser Zeit sicherlich einer der führenden Bankiers in Europa, spielte jedoch als Berater im Hintergrund eine wichtige Rolle bei Insinger & Co. Aufgrund ihrer gemeinsamen Anstrengungen gelang es den Geschäftspartnern der Firma, deren Aufwärtstrend auch während der nächsten Jahre fortzusetzen. Die Gesamtsumme der Aktiva stieg bis auf 2,5 Millionen Gulden im Jahr 1810, wobei Kapital und Reserven bis auf über 900.000 Gulden wuchsen. Auf den ersten Blick gewinnt man jedoch den Eindruck, dass der Nettoprofit in dieser Zeit dennoch sank. Dies lag jedoch vor allem daran, dass der Unterhalt für die gesamte Familie Insinger aus den Firmengewinnen zu bestreiten war, die dadurch nicht mehr die Höhe wie zur Zeit des Firmengründers erreichten. Lässt man diesen Faktor beiseite, so ist zu konstatieren, dass Insinger & Co. auch weiterhin ausgesprochen erfolgreich arbeitete. Zwar ließen sich keine Gewinnmargen von 20-30% mehr erzielen, doch konnten die Geschäftspartner auch in den Jahren 1806 bis 1813 Gewinne von bis zu 10% des Geschäftskapitals einstreichen, wobei die Zinsen auf den anfangs eingezahlten Kapitalanteil noch nicht mitgerechnet sind. Nach 1810 verringerte sich der Umsatz jedoch erheblich, vor allem aufgrund der strikten Anwendung von Bestimmungen der Kontinentalsperre. Die Arbeit im Kontor des Handels-

[29] GAA, PA 1455, Insinger & Co , No. 1049-1057.

hauses verringerte sich in einem solchen Umfang, dass Mutter Insinger sich dazu entschied, ihre beiden ältesten Söhne auf Auslandsreisen zu schicken, um hier Erfahrungen im Handels- und Bankgeschäft zu sammeln. Dies bewahrte sie jedoch auch davor, in die Garde d'Honneur aufgenommen zu werden, Napoleons „Elitecorps", in welches Angehörige prominenter Familien in Europa quasi als Geiseln gezwungen wurden. Aufgrund einer Intervention von Pierre Labouchère entging auch der dritte Sohn Insingers, Jan, diesem Schicksal. Ihm gelang es, sich nach Nantes in ein vergleichsweise sicheres Refugium zurück zu ziehen, indem er eine Stelle als Büroangestellter in der dortigen Filiale des bekannten Bankhauses Hottinguer annahm.[30]

2. Vertrauen als Bestandteil des Geschäftskapitals

Im Vergleich zu den führenden Amsterdamer Handelshäusern wie Hope & Co., D. Crommelin & Sn. oder Van Eeghen & Co. unterschieden sich die Firmen aus der „zweiten Reihe" wie Insinger & Co. vor allem im Hinblick auf ihr Geschäftskapital. Die drei Marktführer konnten bei weitem auf die größten Kapitalreserven zurückgreifen, die je nach Wirtschaftslage zwischen 1,5 und 2 Millionen Gulden variierten. Auch andere Handelshäuser wie Braunsberg & Co. gehörten in die Gruppe der Marktführer, zieht man ihre Kapitalstärke als entscheidendes Kriterium heran. Dies galt für Braunsberg & Co. jedoch auch, da die Firma ab 1830 als Agent der Rothschilds arbeitete. Über andere Geschäftsaktivitäten dieser Firma wissen wir leider wenig, aber sie muss über ein großes Geschäftskapital verfügt haben, zählten zwei ihrer Geschäftspartner doch 1813 zu den größten Steuerzahlern in Amsterdam. Der Firmengründer, F. L. Braunsberg hinterließ seinen Erben zudem ein Vermögen in Höhe von über zwei Millionen Gulden, als er 1815 verstarb.[31] Über andere durchaus wichtige Handelsfirmen, wie etwa Joan Hodshon & Sn., D'Arripe oder Enchenique, um nur einige zu nennen, besitzen wir so wenig Informationen, dass wir sie kaum in der Rangliste der größten Unternehmen am Amsterdamer Finanzmarkt einordnen können.[32]

---

[30] GAA, PA 1455, Insinger & Co., Nr. 2302, 2304, 2308, Memoiren A. F. Insingers: Siehe auch W. F. Lichtenauer, De Nederlanders in Napoleons Garde d'Honneur, Rotterdam 1971.

[31] Van Eeghen, Louis Splitgerber; Jonker, Merchants, S. 193, S. 320; Van Nierop, Hondred aangeslagenen, S. 36-39, S. 45.

[32] Siehe L. van den Berg, List der voornaamsten handelshuizen te Amsterdam en Rotterdam in het jaar 1800, in: Economisch historisch jaarboek 6, 1920, 265-271; J. Rogge, Inlichtingen omtrent een aandaal Amsterdamsche en buitenlandsche handelshuizen in 1804 verstrekt door P & C van Eeghen, in: Economisch historisch jaarboek 22, 1940-1942, 188-192; ders., Inlichtingen omtrent een aandal handelshuizen in Amstedram in het najaar 1816 vertrekt door de firma Van Eeghen & Co., in: Economisch historisch jaarboek, 22, S. 193-95.

Firmen wie Hope, Van Eeghen oder Crommelin hatten sich im internationalen Handelsgeschäft fraglos zudem das höchste Prestige erworben und verfügten damit über eine weitere Facette eines hoch zu veranschlagenden Kreditpotenzials. Die Unterschriften von Leitern dieser Handelsfirmen machten aus normalen Wechseln oder Tratten erstklassige Anlagepapiere, die von jeder Firma im Warenhandel sofort akzeptiert wurden. Darüber hinaus erarbeiteten sich diese Handelshäuser Schritt für Schritt ein hohes Prestige, da sie mehrmals Anleihen erfolgreich auf den Kapitalmärkten platzieren konnten. Hope & Co. waren zum Beispiel die wichtigste Bankverbindung des russischen Zarenhofes zu den europäischen Finanzplätzen. Bis 1860 besaß die Firma das exklusive Recht, Anleihen des Zarenreiches emittieren und mit ihnen handeln zu dürfen. Crommelin hatte sich dagegen eine hohe Reputation im Handel mit Nordamerika erworben, so dass sich diese Firma später auch auf die Emission von und den Handel mit Anleihen und Wertpapieren aus dieser Region spezialisierte.[33] Der Aufstieg des Handelshauses Van Eeghen lässt sich dagegen auf seine Erfolge im Karibikhandel zurückführen, wobei es sich später auch erfolgreich im Warengeschäft mit Nordamerika engagierte. Die Firma verwaltete zudem die Holland Land Company, einen Investmentfonds im spekulativen Hypothekengeschäft, dessen letzte Reste erst im späten 20. Jahrhundert den Besitzer wechselten.[34]

Genoss ein Handelshaus ein hohes Ansehen und hielt man es für ausgesprochen solide, so ließen sich selbst komplizierte Geschäftstransaktionen elegant und vergleichsweise kostengünstig durchführen. Eine hohe Wertschätzung auf den Märkten bildete daher einen Aktivposten von kaum zu bezifferndem Wert. Der Aufbau einer solchen Wertschätzung nahm oft Jahre in Anspruch, in denen ein Handelshaus sein korrektes Geschäftsgebaren und seine Solidität nachweisen musste. Dazu zählte vor allem, dass man in der Öffentlichkeit eine solide Kapitalbasis nachweisen konnte, zudem eine kluge Geschäftspolitik verfolgte und seine Zahlungen prompt erledigte. Handelshäuser von der Größenordnung der Marktführer auf dem Amsterdamer Platz führten im Laufe eines Jahres zwar eine voluminöse Korrespondenz durch, doch waren die persönlichen Kontakte unter einzelnen Kaufleuten in verschiedenen Ländern oft nur gering. Im Rahmen ihrer Ausbildung verbrachten junge Kaufleute zwar einige Jahre bei befreundeten Handelshäusern im Ausland, um hier deren Geschäftspraktiken kennen zu lernen, aber auch, um neue und intensive Kontakte zu knüpfen. Dies war aber in der Regel bereits ihre gesamte Ausbildung für das Auslandsgeschäft. Bereits etablierte Kaufleute reisten nach ihren Wanderjahren kaum noch ins Ausland.

[33] Jonker, Merchants, S. 194-196.

[34] Jonker, ebenda, S. 221-227; P. B. Evans, The Holland Land Company, Buffalo 1924; W. Wenekes, Van Eeghen, in: ders., Eeuwenoud, de lange levens van zeven Nederlandse bedrijven, Amsterdam 1989, S. 11-15.

Dies überließen sie speziell geschulten Angestellten oder extra dafür eingestellten Agenten, wie sich anhand des Beispiels von Insinger und Prins und ihren Reisen in die Karibik im Auftrag der Erben Berewouts im Jahre 1779 nachweisen ließ. Ein solches Verhalten war keineswegs die Folge von Nachlässigkeit oder einem Mangel an Unternehmergeist, sondern entsprach eher den Notwendigkeiten des täglichen operativen Geschäfts.[35] Der Waren- und Kommissionshandel basierte in der Regel auf der Funktionsfähigkeit internationaler personeller Netzwerke, die nur durch eine intensive Korrespondenz ihre Aufgaben erfüllten. Langfristige Reisen zu unternehmen war dagegen teuer, ineffizient und bedeutete eine Gefahr für das operative Geschäft der eigenen Firma, da viele Kaufleute in ihrem Unternehmen selber täglich rund um die Uhr arbeiteten und dabei zahlreiche wichtige Entscheidungen zu treffen hatten. Eine längere Absenz eines der Geschäftspartners von der Firma bedeutete dagegen oft eine Beeinträchtigung des operativen Geschäfts, wenn nicht sogar Gefährdung der Marktposition.[36]

Die Kaufleute aus Amsterdam kannten ihre Geschäftspartner im Ausland nur in seltenen Fällen persönlich. Wollten sie neue Geschäftskontakte knüpfen, so waren sie auf die internationale Reputation ihres Kontaktmannes und dessen Firma angewiesen. Empfehlungen und Informationen von dritter Seite halfen in der Regel, sich die notwendige Klarheit über das „standing" und die Vertrauenswürdigkeit einer ausländischen Firma zu verschaffen. Daher ist es nicht verwunderlich, dass viele Kaufleute versuchten, die Risiken einer neuen Geschäftsverbindung durch einen intensiven Informationsfluss mit befreundeten Handelshäusern, aber auch mit Wettbewerbern zu minimieren.[37] Der Grund für tägliche Besuche von Kaufleuten an der Börse war sicherlich die dringende Notwendigkeit, sich permanent Informationen über Geschäftstransaktionen, Warenpreise oder Effektenkurse beschaffen zu müssen. Nachrichten über die Solidität von Personen und Firmen zu erhalten, war jedoch eine ähnlich wichtige Aufgabe, die es immer wieder zu lösen galt. Jeder Kaufmann, der ohne nähere Erklärung zudem länger als einen Tag der Börse fern blieb, musste damit rechnen, dass über ihn Gerüchte über angebliche Zahlungsprobleme in die Welt gesetzt wurden.[38]

In Ermangelung von veröffentlichten Bilanzdaten oder Geschäftsinformationen war das äußere Erscheinungsbild eines Firmeninhabers eines der wichtigsten

[35] Jonker u. Slyterman, At home, S. 87-91.
[36] Jonker, Merchants, S 55-58; ders, The cradle of modern banking. Finance in the Netherlands between the Napoleonic Era and the first commercial banks 1813-1870, in: J. de Vries, W. Vroom u. T. de Graaf (Eds.), World wide banking. ABN Amro Bank 1824-1999, Amsterdam 1999, S. 49-93.
[37] Van den Berg, Lijst; Rogge, Inlichtingen 1804; ders. Inlichtingen 1816.
[38] Jonker, Merchants, S. 132/33.

Elemente für dessen Reputation in der Geschäftswelt. Als wesentliche weitere Kernelemente für die langfristige Wertschätzung eines Handelshauses galten seine Kapitalstärke, seine Solidität, seine Genauigkeit bei Geschäftstransaktionen, seine Pünktlichkeit und Vertrauenswürdigkeit. Ein imposantes Wohnhaus konnte ebenfalls zur Wertschätzung und Bildung von Sozialprestige beitragen. Ein zu üppiges Geschäftshaus sorgte dagegen bei Amsterdamer Kaufleuten nicht automatisch für eine entsprechende Wertschätzung. Sie unterschieden sich damit zum Beispiel von dem Pariser Bankier Jacques Lafitte, der sich in einem palastartigen Gebäude niedergelassen hatte, in dem er seine Geschäfte hinter einem eindrucksvollen Schreibtisch auf einem erhöhten Marmorpodium abwickelte. Mit Hilfe einer speziellen Sprechanlage gab er seine Anweisungen an eine Vielzahl von Angestellten weiter, während er mit einem Kreis von Kaufleuten die Notwendigkeiten des täglichen operativen Geschäfts diskutierte.[39]
Ein solcher Aufwand wäre von den Amsterdamer Kaufleuten jedoch eher missbilligt worden. Die Handelshäuser und ihre Leiter betrieben ihre Geschäfte von wenigen Kontorräumen aus, die dem Seniorpartner der Firma gehörten. Dies war in der Regel kein Problem, war der Geschäftsumfang der meisten Firma doch eher bescheiden. Das Personal bestand dabei außer den Geschäftspartnern in der Regel aus fünf bis sechs Angestellten. Die Lagerhaltung, die Zustellung der Waren, deren Verpackung und Transport hatte man dagegen anderen Firmen übertragen.[40] Die Angestellten eines Amsterdamer Handelshauses arbeiteten an in einer Reihe aufgestellten Pulten, während die Inhaber in einem wenn eben möglich abgetrennten Raum an Tischen ihren Geschäften nachgingen. Hope & Co., eines der renommiertesten Amsterdamer Handels- und Bankhäuser, besaß eine eigene Etage in einem allerdings etwas schäbigen Anwesen in der Keizergracht 579, während sich Stallungen und ein Lager im Haus Herengracht 478 befanden, wo der Seniorpartner der Firma lebte. Ein Stück die Straße weiter herunter befand sich die ähnlich schmucklose Zentrale von Braunsberg & Co. über einem Stall, der zum Haus Herengracht 448 gehörte.[41] Von keinem dieser Kontore und Geschäftszentrale kann man behaupten, dass der Geruch des großen Geldes eines ihrer hervorstechenden Attribute und Merkmale gewesen sei.

---

[39] V. Nolte, Fitfty years in both hemispheres, or reminiscences of a merchants life, London 1854, S 283.
[40] Jonker, Merchants, S. 66-68; ders., Cradle, S. 76.
[41] Jonker, Merchants, S. 76; ders., Mees Pierson. 275 jaar traditie en vernieuwing in het Nederlandse Bankwesen, Amsterdam 1997, S. 53-56; Van Eeghen, Splitgerber S. 1.

3. Der Aufbau einer nachhaltigen Reputation

Dass der Aufbau einer nachhaltigen Wertschätzung und Reputation im Geschäftsleben ein langer und komplizierter Prozess sein konnte, zeigt das Beispiel von Insinger & Co. Hermann Insinger verfügte in der Amsterdamer Geschäftswelt sicherlich über einen guten Namen und eine gehörige Portion an Vertrauensvorschuss, was allein seine Funktionen beim Bankhaus Hope & Co. beweisen. Zudem gelang es ihm, in relativ kurzer Zeit ein beträchtliches Geschäft aufzubauen und ein Vermögen anzuhäufen, was auch in der Amsterdamer Geschäftwelt nicht unbemerkt blieb. Dennoch konnte Hermann Insinger zu seinen Lebzeiten für sich nicht in Anspruch nehmen, zu den bekanntesten Amsterdamer Geschäftsleuten zu gehören. Seine Firma taucht zum Beispiel in Auflistungen der führenden Amsterdamer Handelshäuser aus den Jahren 1800, 1804 und 1816 gar nicht auf. Sein ehemaliger Geschäftspartner wird ebenfalls nicht erwähnt, obwohl er zu dieser Zeit zu den reichsten Einwohnern der Stadt zählte und zudem Mitglied des Kaufmannsgerichts war, das die Franzosen kurz zuvor eingerichtet hatten. Auch der Name Braunsbergs fehlt in den Listen der Jahre 1804 und 1816, obwohl er in einer Liste aus dem Jahre 1800 erwähnt wird, in der die möglichen Kandidaten für die Neuwahl der Handelskammer fixiert wurden.[42]
Offenbar reichten zwanzig Jahre oder eine Generation nicht aus, um einer Firma ein hohes Maß an Prestige und Reputation gerade mit Blick auf Geschäftskontakte in das Ausland zu verschaffen. Dies kann nicht völlig überraschen, da die Nachhaltigkeit eines soliden Geschäftsgebarens über einen langen Zeitraum hinweg zu prüfen war, zumal es nicht allein von einer einzigen Person wie etwa der des Firmengründers abhängen konnte. Dass eine solche Art von Sorgfalt im Falle Insingers sich als überflüssig erweisen sollte, hätte niemand zum Zeitpunkt seines frühen Todes tatsächlich verbürgen wollen. Ebenfalls konnte niemand vorhersehen, dass seinen Geschäftspartner Willem Borski neun Jahre später ebenfalls ein zu früher Tod ereilte. Ebenfalls war nicht zu erwarten, dass dessen Witwe, ebenso wie Anna Insinger-Swarth, mit den an sie gestellten Herausforderungen wachsen und sich ihre Firmen zu neuer Blüte entwickeln würden. Um 1825 konnten beide Firmen für sich in Anspruch nehmen, dass ihr Prestige und ihre Reputation als gesichert gelten konnten.
Insinger & Co. hatten dies wahrscheinlich vor allem Hans Swarth zu verdanken. Er war ein fähiger und ausgesprochen aktiver Kaufmann, da das Wachstum der

[42] Siehe dazu Van den Bergh, Lijst; Rogge, Inlichtingen 1804; ders. Inlichtingen 1816; Van Nierop, Hondred hoogst aangeslagenen. Vielleicht waren die Kaufleute in Rotterdam weniger sorgfältig, da der Kaufmann Van Hoboken, der seine geschäftliche Karriere in etwa der selben Zeit wie Insinger begann, in entsprechenden Vermögenslisten der Stadt bereits um 1800 auftauchte.

Firma unter seiner Führung angesichts der schwierigen politischen und wirtschaftlichen Rahmenbedingung keineswegs als selbstverständlich anzusehen ist. Als die französische Besatzung endete, entfaltete Insinger & Co. sofort wieder eine Reihe neuer geschäftlicher Aktivitäten. Am 1. Juni 1814 war es das erste Handelshaus, das einen Frachter ins chinesische Kanton schickte, um hier Tee zu laden und nach Holland zu bringen. Dies geschah offenbar in der Absicht, die Tradition und die Geschäftskontakte im Chinahandel wieder zur reaktivieren, den Insinger & Co. früher mit dem Handelshaus Van Baggen betrieben hatte.[43] 1816 begann Insinger eine Geschäftspartnerschaft mit dem Hamburger Handelshaus David Parish mit der Folge, dass Jan und Albrecht, der dritte und vierte Sohn Hermann Insingers, in die Antwerpener Niederlassung von Parish als Geschäftspartner eintraten. Die Firma existierte offenbar bis zu den politisch motivierten Unruhen in Belgien im Jahre 1830 unter dem Namen Agie, J. & A. Insinger.[44] Hans Swarth versuchte dagegen, seine wirtschaftliche und soziale Position in der Amsterdamer Stadtgesellschaft durch die Übernahme einiger öffentlicher Ämter auszubauen. In der Handelskammer riefen sein energisches Auftreten und seine kenntnisreichen Ratschläge allgemeine Hochachtung hervor, so dass man ihn auswählte, die Interessen Amsterdams bei den Verhandlungen über das Zollgesetz im Jahre 1816 zu vertreten.[45] Im Jahre 1817 akzeptierte Swarth schließlich, dass man ihm zum nicht geschäftsführenden Direktor der Niederländischen Bank ernannte, die damals seit drei Jahren existierte. Zu dieser Zeit war die Bank sicherlich ein völlig neues Phänomen in der Amsterdamer Geschäftswelt, der man zunächst mit Misstrauen begegnete. Ihre nicht geschäftsführenden Direktoren bildeten eine Art von einem exklusiven Klub, der sich bewusst aus Mitgliedern der bekannten Amsterdamer Firmen zusammensetzte, so dass die Ernennung Swarths als Beweis für seine Wertschätzung in Handel und Gewerbe der Stadt anzusehen ist.[46] In der Geschäftsleitung seiner Firma arbeitete Swarth in der Zwischenzeit nicht mehr allein, da 1811 zwei neue Partner als Geschäftinhaber eintraten, Fritz Insinger, der älteste Sohn Hermanns, und ein gewisser Gärtner als sein Vertrauter und Sekretär. Die zweite Generation der Insingers hatte in der Zukunft hart zu arbeiten, wenn es gelingen sollte, die Marktposition ihrer Firma zu verteidigen bzw. sogar auszubauen.

---

[43] A. J. Oosterwijk, Koning van de Koopvaart, Anthony van Hoboken 1756-1850, Rotterdam 1983, S. 100; GAA, PA 1455, Insinger & Co., Nr. 1056-1057.

[44] GAA, PA 1455, Insinger & Co., No. 795, Zirkular vom 10. Oktober 1816; PA 1455, Insinger & Co., No. 2302, 2304, 2308, Memoiren A. F. Insingers.

[45] J. C. Westermann, Gedenkboek van de Kamer van Koophandelen fabrieken voor Amsterdam samengesteld ter gelegenheit van het 125-jarig bestaan, Amsterdam 1936, S 73/74, S. 130.

[46] A.M. de Jong, Geschiednis van de Nederlandse Bank I, Haarlem 1967, S. 610.

VI. Die Illusion neuer Prosperität

Das Verschwinden des verhassten französischen Regimes im November 1813 führte dazu, dass weite Teile der Bevölkerung glaubten, die wirtschaftliche Prosperität der Niederlande ließe sich nun fast automatisch wieder herstellen. Durch die Aufhebung der Kontinentalsperre erwartete man einen deutlichen Anstieg im Schiffsverkehr und eine erhebliche Wiederbelebung des Handels, so wie es in der Vergangenheit nach längeren Kriegen immer der Fall gewesen war. Und in der Tat schien sich ein solches Szenario auch dieses Mal für eine gewisse Zeit zu wiederholen. Das Erbe der Franzosenzeit mit ihrer stets spürbaren Knappheit an Gütern mutierte zunächst in einen nachhaltigen Friedensboom, dem jedoch schon bald einige Missernten folgten, die ihrerseits erhebliche Getreideimporte aus dem Baltikum erforderlich machten. Dennoch: Im Juni 1814 verließ wieder das erste Schiff Amsterdam Richtung Asien und bereits fünf Jahre später übertraf der Handel mit Ostindien denjenigen aus der Zeit der VOC deutlich.[47] Für eine kurze Zeit erreichte der Außenhandel der Niederlande erneut einen wenn auch nur geschätztes Hoch von 260 Millionen Gulden, das in etwa dem Volumen aus dem 18. Jahrhundert entsprach.[48] Die großen Handelsfirmen wie etwa Hope & Co. kehrten aus ihrem Exil in London wieder nach Amsterdam zurück, wobei ihr neues Management sogleich auch die Chance ergriff, sich in die Verwaltung von Anleihen für Frankreich und Russland einzuschalten. Die Amsterdamer Handelshäuser verzeichneten erneut Rekordumsätze, so dass viele glaubten, ein neues „goldenes Zeitalter“ in der Wirtschaft des Landes stünde bevor.

Unglücklicher Weise erwies sich ein solche Einschätzung schon bald als ein Trugschluss, da schnell offenkundig wurde, dass die Niederlande ihre Funktion als Handels- und Umschlagsplatz Nummer eins in Europa endgültig verloren hatten. London hatte sich inzwischen zum Zentrum für Dienstleistungen für die internationale Geschäftswelt wie etwa für Finanzierungsfragen aller Art oder wie für Versicherungen entwickelt. Gerade dies waren früher auch Domänen der Amsterdamer Handelshäuser gewesen. Gewerbe und die frühe industrielle Produktion, die bereits im 18. Jahrhundert Krisensymptome gezeigt hatte, verloren schon bald wieder an Dynamik, so dass sie für ausländische Wettbewerber kaum noch ernsthafte Konkurrenten waren. Abgesehen von Käse und von holländischem Gin gab es schon bald kaum noch Waren, die als Exporte aus den Niederlanden ernsthaft auf den internationalen Märkten konkurrieren konnten. Der Handel der Niederlande besaß nur noch Wettbewerbsvorteile mit Blick auf die

[47] Jonker u. Sluyterman, At home, S. 157.
[48] Ebenda, S. 141

Versorgung des Heimatmarktes mit Importen aus Ostindien. Fast zwangsläufig setzte eine Periode der Umorientierung in weiten Teilen der Wirtschaft ein, deren Resultate sich jedoch erst nach 1840 deutlicher abzeichneten.
Insinger & Co. schienen bei der Ausrufung des neuen Königreiches der Niederlande als Handelshaus offenbar gut aufgestellt zu sein. Zwei Söhne des Firmengründers waren nun alt genug, um sich ganz dem Geschäft widmen zu können. Dies betraf Albrecht Frederik (1788-1872), in seiner Familie Fritz genannt, und Jacob Hermann (1794-1874). Als beide gemeinsam in die Firma eintraten, zog sich ihre Mutter Anna Insinger-Swarth nach sechzehn Jahre aus dem aktiven Geschäftsleben zurück. Das Geschäft der beiden neuen Inhaber florierte, so dass die Vermögenswerte von Insinger & Co. während des sogenannten Friedensbooms auf über zwei Millionen Gulden stiegen. Zu dieser Zeit hatte Insinger & Co. jedoch bereits mit einigen Strukturproblemen zu kämpfen. Dazu zählte zum Beispiel der deutliche Rückgang im Kommissionshandel und eine tiefe Rezession in der Plantagenwirtschaft Surinams, der früheren Domäne Hermann Insingers.

Abbildung 4: Einkünfte aus dem Kommmissionshandel von Insinger & Co. 1790 bis 1860 (Fünf-Jahres-Durchschnitte)

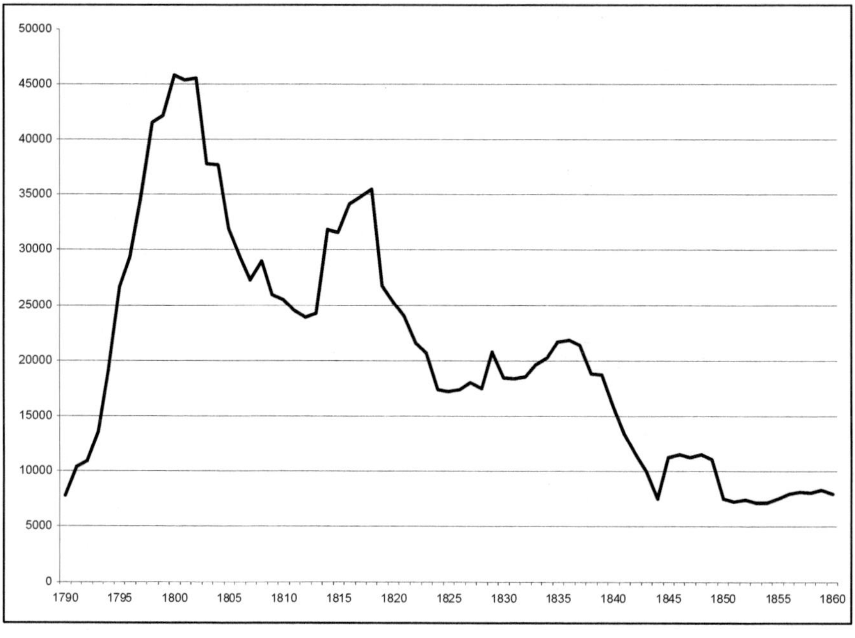

Abbildung 5: Die Netto-Gewinne der Plantagen Jagtlust and Nieuwe Grond, 1780-1849 (1810) (gleitende Fünfjahres-Durchschnitte

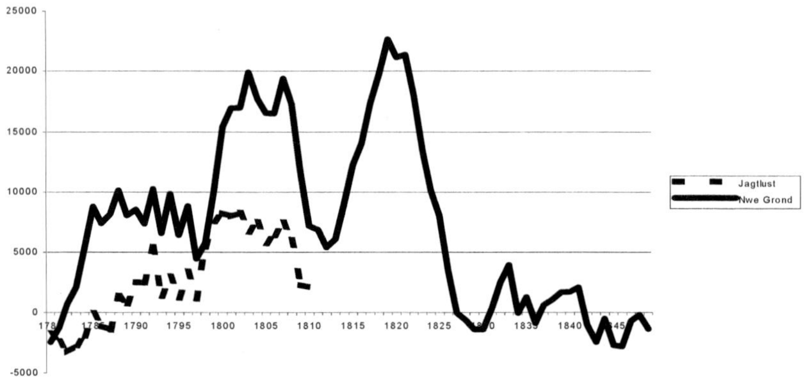

Quelle: wie Abbildung 1

Sei 1800 waren die Einkünfte aus dem Kommissionshandel beständig gefallen (siehe Abbildung 4). Der Frieden hatte zwar eine kurzfristige Erholung gebracht, doch bereits kurze Zeit später setzte erneut eine Phase sinkender Profite ein, obwohl sich Insinger & Co. sehr darum bemühten, diesen Geschäftszweig durch die Inbetriebnahme neuer Schiffe wieder deutlich zu beleben. Eine ähnliche Gewinnentwicklung musste Insinger bei den selbst verwalteten Plantagen hinnehmen. Auch hier bestand zunächst die Hoffnung auf wieder steigende Profite, bis in der zweiten Hälfte der 1820er Jahre ein scharfer Gewinneinbruch erfolgte. (siehe Abbildung 5). Die gesamten Vermögenswerte von Insinger & Co., die nach der Franzosenzeit ja zwischenzeitlich bis über zwei Millionen Gulden gestiegen waren, fielen in dieser Phase der Geschäftsentwicklung um fast die Hälfte auf ungefähr 800.000 Gulden (siehe Abbildung 6). In der selben Zeit reduzierten sich die jährlichen Profitmargen auf 3-4%, mit einem einmaligen Ausreißer nach oben: Im Jahre 1822 wurde ein Gewinn von 22% auf das eingesetzte Kapital erreicht. Diese Gewinnentwicklung suggeriert allerdings einen schlechteren Geschäftsgang für die Eigentümer, als er tatsächlich war. Die Geschäftspartner von Insinger & Co. konnten immerhin noch 5% an Rendite auf ihre Anteile einstreichen, was eigentlich zu den jährlichen Gewinnen der Firma hinzu gerechnet werden müsste. Allerdings mussten sie die Erfahrung machen, dass sich Gewinne und Verluste wesentlich häufiger als früher abwechselten und dabei deutlich schwankten. Zudem gab es auch deutlich häufiger Jahre, in denen die Firma einen Verlust verbuchen musste. (siehe Abbildung 7)

Abbildung 6: Die Vermögenswerte von Insinger & Co. 1810-1860

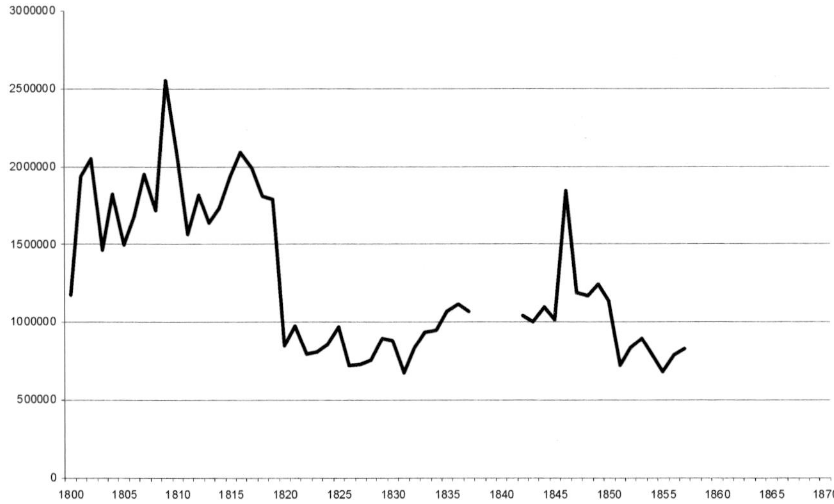

Abbildung 7: Die Nettogewinne von Insinger & Co., 1800-1870

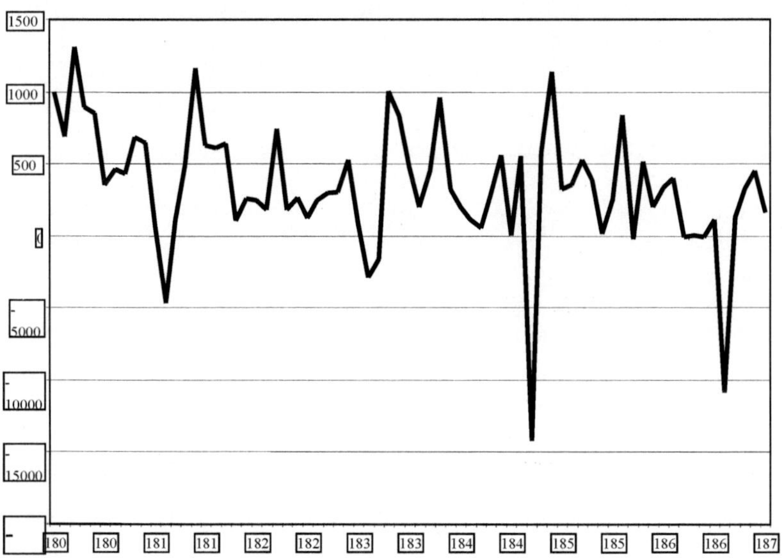

Quelle: wie Abbildung 1

Wie einige andere Amsterdamer Handelshäuser hatten auch Insinger & Co. offensichtlich Probleme, sich den veränderten wirtschaftlichen und politischen Rahmenbedingungen anzupassen. Früher gültige Problemlösungen griffen nun nicht mehr, so dass viel Zeit und Energie zu investieren war, um die neuen Geschäftsfelder zu entwickeln, die in Zukunft ausreichend Profite bringen sollten. Immerhin gelang es einigen Handelshäusern, diesen Umstrukturierungsprozess erfolgreich zu bestehen. Determeyer, Weslingh & Zn. und Van Eeghen & Co. wurden zum Beispiel nicht so hart von den Auswirkungen der veränderten Rahmenbedingungen getroffen wie Insinger & Co. und konnten ihre Geschäftsaktivitäten sogar ausbauen. Hope & Co. und D. Crommelin & Sn. sahen sich dagegen mit ähnlichen Schwierigkeiten konfrontiert wie Insinger & Co., nur zu einem späteren Zeitpunkt. Die Geschäftspartner von Hope & Co. waren in der Lage, sich erfolgreich auf die Herausforderungen der neuen Zeit einzustellen, was den Inhabern von Crommelin & Sn. trotz aller Anstrengungen nicht gelang. Sie gingen ebenso wie einige andere der früher tonangebenden Firmen wie etwa N., J & R. van Staphorst und W. & J. Willink in Liquidation. Beide Unternehmen prosperierten am Ende des 18. Jahrhunderts, indem sie erfolgreich mit amerikanischen Waren und Regierungsanleihen handelten. Am Anfang des 19. Jahrhunderts waren sie jedoch nicht mehr in der Lage, dem Wettbewerb aus den Vereinigten Staaten erfolgreich zu begegnen.[49]
Offenbar kam es auch unter den Geschäftsinhabern von Insinger & Co. zu Unstimmigkeiten über die Geschäftspolitik, da sich zwei der Seniorpartner für eine kurze Zeit aus dem aktiven Geschäftsleben zurück zogen. Swarth verließ die Firma 1823 und eröffnete ein Inkasso-Geschäft unter dem Namen Swarth und Schellwald, dem es in kurzer Zeit gelang, einen großen Kreis von Kunden zu akquirieren, darunter so namhafte Firmen wie Hope & Co.. Gaertner zog sich 1827 aus dem Geschäft von Insinger & Co. zurück, als er genügend Ersparnisse akkumuliert hatte, um davon leben zu können. Die Geschäftslage von Insinger & Co. verbesserte sich aber nur langsam. Die Gewinne stiegen ein wenig, aber die Vermögenswerte stagnierten. Erst in den späten 1820er Jahren belebte sich das Geschäft wieder etwas mehr.[50]

VII. Ein neuer Kurs

Um 1830 bildeten Aktivitäten auf dem Gebiet der Finanzdienstleistung für die meisten Amsterdamer Handelshäuser die wichtigsten Quelle für ihre Gewinne. Außer diesen Einkünften engagierten sie sich weiter im Warenhandel und ver-

[49] Jonker, Merchants, S. 191-229.
[50] GAA, PA 1455, Insinger & Co., No. 795, No. 1061-1068.

suchten, dort ihre Geschäftsbeziehungen zu revitalisieren. Dennoch. Immer deutlicher stellte sich während dieser Jahre heraus, dass der Löwenanteil ihrer Gewinne aus dem Börsenhandel, aus dem Lombardgeschäft und aus der Vergabe von Krediten resultierte, die durch Aktien oder Bonds gesichert waren. Nur bei Insinger & Co. vollzog sich die Geschäftsentwicklung in umgekehrter Richtung. Die Firma engagierte sich weiterhin in erster Linie im Warenhandel, während der Börsenhandel und das Hypotheken- und Kreditgeschäft erst an zweiter Stelle kamen. Diese Geschäftzweige banden jedoch häufig große Summen, warfen aber auch hohe Gewinne ab. Den Warenhandel führte die Firma dagegen meistens für eigene Rechnung durch, während andere Handelshäuser diese Geschäftssparte in der Regel als Agenten für andere Firmen betrieben. Bei Insinger & Co. muss eine eindeutige Absicht dieser Prioritätensetzung bei den einzelnen Geschäftszweigen zugrunde gelegen haben. Der Zeitpunkt, als diese Richtungsentscheidung getroffen wurde, lässt sich ziemlich genau anhand der vorliegenden Gewinnziffern bestimmen.

Als Insinger & Co. ihren Warenhandel noch in erster Linie als Agenten für andere Firmen betrieben, so wie zur Zeit Herman Insingers üblich, resultierte das Gros der Gewinne auch dementsprechend aus Kommissionsgebühren und Zinszahlungen, während Gewinne aus dem Handel auf eigene Rechnung erst an dritter Stelle kamen. Einkünfte aus Kommissionsgeschäften betrugen in der Regel 30-40% der Gewinne von Insinger & Co., während 10-15% aus dem eigenen Warenhandel stammten. Um 1820 entschieden sich die Geschäftspartner für einen Strategiewechsel, da die Einkünfte aus dem Eigenhandel stark anstiegen. Diese Entwicklung setzte sich bis 1870 fort, als sie ca. 70% der Bruttogewinne ausmachten. Diese Veränderung war vielleicht auch der Grund für den Rückzug Swarths aus der Firma im Jahre 1823. Zu diesem Zeitpunkt war er erst 55 Jahre alt und konnte im Gegensatz zu Gaertner einige Jahre später noch nicht von seinen Kapitaleinkünften leben. Es ist anzunehmen, dass er sich deshalb mit den Brüdern Insinger wegen des Kurswechsels in der Geschäftspolitik überwarf und die Firma aus diesem Grund verließ.[51]

In der Tat war der Warenhandel für eigene Rechnung nicht ohne beträchtliches Risiko. Im Kommissionsgeschäft band der Agent sein Kapital in permanent wechselnde Kredite, die durch die verschifften Waren gesichert waren, während es beim Handel auf eigene Rechnung in die Waren selbst investiert werden musste. Zudem sahen sich die Agenten nicht mit Preisrisiken beim Warenverkauf konfrontiert, das ihre Auftraggeber trugen. Offenbar glaubten die Insingers jedoch, zu einem Strategiewechsel keine großen Alternativen zu haben. Die Aussichten im Kommissionsgeschäft schätzten sie als immer weniger aussichts-

---

[51] GAA, PA 1455, Insinger & Co., No. 1061-1068.

reich ein, während sie den Wettbewerb im neuen Geschäftsfeld der Finanzdienstleistungen für außerordentlich heftig hielten, zumal sich hier eine immer größere Anzahl von Firmen engagierte. So setzten sie auf die Geschäftssparte des Warenhandels auf eigene Rechnung und sahen sich in ihrer Entscheidung zunächst bestätigt, da die Gewinne während der ersten Jahre auch stiegen. Die gesamten Vermögenswerte erhöhten sich vor diesem Hintergrund auch wieder auf über eine Million Gulden und die Gewinne ließen sich wieder in zweistelligen Ziffern schreiben. Nicht zu übersehen war jedoch, dass ein anderes Geschäftsfeld, die Plantagenwirtschaft in Surinam, weiterhin problematisch blieb.

VIII. Die Plantagenwirtschaft in Surinam

1. Konjunkturen der Plantagenwirtschaft

Das Auf und Ab in der Plantagenwirtschaft der Insingers lässt sich schnell aus den Verhandlungen über diesen Geschäftszweig feststellen, die in den Akten festgehalten sind. Insinger & Co. nahmen außer dem Mandat für die Verwaltung der Anleihen von Berewout, für die Hermann Insinger ja 1779 in die Karibik gereist war, mindestens noch drei andere Mandate wahr, nämlich das der Handelshäuser Dedel, Biesterbos und Hofham. Der Charakter von drei anderen Geschäftsbeziehung in dieser Sparte, nämlich zu den Firmen Kulenkamp-Lemmers, Linck und Cooke, lässt sich jedoch nicht eindeutig klären, aber es scheint, als ob Insinger dabei in erster Linie nur als Verwalter von Hypotheken aufgetreten ist. Schließlich betreute Insinger in einigen Fällen auch Grundbesitz, der einige Plantagen mit einschloss. Alle diese Mandate bezogen sich mindestens auf eine große Pflanzung, in der Regel jedoch auf mehr. Das Mandat für die Firma Biesterbos erstreckte sich zum Beispiel auf sechs Plantagen. Dies konnte zum einen das Resultat eines Zusammentreffens verschiedener Faktoren sein, wie zum Beispiel das mehr oder weniger zufällige Zusammenfassen von dringend benötigten Plantagenbewirtschaftern in der Karibik unter dem Dach eines Agenten. Zum anderen bedeutete die Kombination verschiedener Plantagenwirtschaften unter einem Mandat aber auch eine Maßnahme, um mögliche Risiken zu verteilen. Wetterkapriolen und Krankheiten bei Pflanzen zerstörten nur in seltenen Fällen alle Anpflanzungen während eines Jahres im gleichen Ausmaß, so dass eine Diversifizierung der Plantagenwirtschaft in verschiedene Früchte wie Kaffee, Baumwolle, Zucker oder Coca immer auch eine Sicherheitsmaßnahme bedeutete. Die Akten der Firma beinhalteten Informationen über mindestens vierzig Plantagenwirtschaften, mit denen man sich bei Insinger & Co. während des 18.

und 19. Jahrhunderts befasste. Auch dies ist als ein Beweis für die führende Stellung der Firma in diesem Geschäftszweig anzusehen.
Die Anleihen der Firma Biesterbos geben einen guten Überblick über die Geschäftsaktivitäten von Insinger & Co. auf dem Gebiet der Plantagenwirtschaft, da die Dokumente dazu nahezu komplett sind. Zudem liegen für eine der sechs Plantagen, De Nieuwe Grond, ausreichende Informationen über einen Zeitraum von mehr als siebzig Jahre bis zur Abschaffung der Sklaverei im Jahre 1863 vor.[52] Das Mandat stammte aus dem Jahr 1787 und umfasste einen Geschäftswert von 360.000 Gulden, die in 360 Anteile zu 100 Gulden eingeteilt waren. Insinger und sein Partner Jan van de Poll konvertierten diese wahrscheinlich in Aktien, als sie 1791 Verwalter der Plantagen wurden. Aus der Retrospektive können wir annehmen, dass bei zwei der Kaffeeplantagen, De Nieuwe Grond und Jagtlust, zu dieser Zeit eine Phase sinkender Profite einsetzte. Während der 1780er Jahre konnten beide Plantagen noch mit einer zufriedenstellenden Geschäftsentwicklung aufwarten, aber nach einem Hoch in den Jahren 1790 und 1792 sanken die Gewinne kontinuierlich. Die politischen Ereignisse veränderten die Situation dann dramatisch. 1795 besetzten französische Truppen die Niederlande, die sich von diesem Zeitpunkt an auch mit England im Krieg befanden. In einer Reihe von sogenannten Koalitionskriegen versuchten beide Seiten, die andere durch strenge Handelsblockaden deutlich zu schwächen und auszumanövrieren. Rasant steigende Preise waren das Resultat dieser Entwicklung und jeder, dem es gelang, den Patrouillen auf See zu entkommen, konnte mit Geschäftsaktivitäten im Handel und im Schiffsverkehr hohe Gewinne erzielen. Insinger versuchte offenbar, dies mit Hilfe neutraler dänischer Schiffe in seinen Diensten zu erreichen. Dennoch fielen in den Jahren 1796, 1797 und 1803 große Teile der Ernte der Plantage Jagthust in englische Hände. Insinger wählte darauf hin ein anderes Verfahren, indem er die bekannte Londoner Firma Baring Bros. einschaltete, mit der er über Hope & Co. in engen Geschäftsbeziehungen stand, vor allem aufgrund der Verbindungen im Diamantenhandel zwischen Brasilien, London, Amsterdam und Lissabon.[53] Plantagenbewirtschafter konnten nun ihre Produkte Baring Bros. überlassen, die die Waren dann an Insinger verkauften bzw. den Plantagenbetreibern den Erlös kreditierten. Dieser Fluchtweg erwies sich als äußerst nützlich, als England von 1799-1802 und erneut von 1804-1816 Surinam besetzte und damit den Handel mit holländischen Firmen komplett unterbrach.
Dank Insingers Findigkeit profitierten die Inhaber der Anteile von Biesterbos voll und ganz von den neuen Rahmenbedingungen. Aufgrund der Kriegsum-

[52] GAA, PA 1455, Insinger & Co., No. 1061-1068.
[53] Buist, Hope & Co., S. 383-428.

stände erreichten Waren in unregelmäßigen Intervallen die Häfen in Europa, so dass Erträge ebenfalls in wechselnden zeitlichen Abständen gezahlt wurden. Die Höhe der Erträge sorgte jedoch dafür, dass sich die Verantwortlichen für diese Geschäfte niemals irgendwelcher Kritik ausgesetzt sahen. Von 1790 bis 1813 erreichten sie eine Höhe von 375.000 Gulden, so dass die Anteilseigner ihre Einlage mehr als kompensieren und einen beträchtlichen Gewinn einstecken konnten. Dies war mehr als ein leuchtender Lichtblick in der sonst eher trüben wirtschaftlichen Lage während der Franzosenzeit, in der die Kurse von Aktien und Anleihen durch die Bank zusammengebrochen waren. Einige der früher wichtigsten Effekten am Amsterdamer Markt, wie zum Beispiel die Aktien und die Obligationen der VOC, hatten nach deren Konkurs ihren Wert komplett verloren. Die Schulden der öffentlichen Hand musste nach einem Dekret Napoleons um zwei Drittel reduziert werden, so dass Aktionäre und Inhaber von Anleihen nur noch für ein Drittel der Papiere in ihrem Besitz tatsächlich eine Rendite erhielten. Für einige ausländische Anleihen und Anteile an ausländischen Plantagenwirtschaften wurden keine Zinsen mehr gezahlt, was ihren Wert weiter sinken ließ. Nach Schätzungen verloren Finanzinvestoren in der Franzosenzeit ungefähr 300 bis 400 Millionen Gulden ihres Vermögens, indem sich Effekten und andere Anlageformen völlig entwerteten.[54]

Mit ihren 360 Anteilen war die Besitzung von Biesterbos in Surinam wie viele andere Plantagenwirtschaften zu klein für eine regelmäßige Notiz an der Börse, so dass diese Effekten bei in bestimmten Zeitabständen stattfindenden Auktionen gehandelt wurden. Bei einer dieser Auktionen im Oktober 1810, ließ sich für diese Anteilsscheine kein höherer Preis als 15% ihres Anfangswertes erzielen. Eine Tranche der Anleihe des Bankiers Deutz aus dem Jahre 1753, die ursprünglich einmal den Boom im Handel mit Effekten von Plantagenwirtschaften ausgelöst hatte, ließ sich sogar für nur 12% ihres Wertes verkaufen. Bis 1806 konnte die Anleihe von Berewout sich dem allgemeinen Abwärtstrend noch widersetzen und notierte zwischen 102 bis 104%, was sich als untrügliches Zeichen dafür ansehen lässt, dass Insinger eine effektive Überlebensstrategie für dieses Unternehmen gefunden hatte und in der Lage war, dafür auch Renditen zu erwirtschaften. Drei Jahre später war jedoch auch dieses Papier bis auf wenige Prozent seines Ursprungswertes gesunken. Nach 1810 wurde der Handel in diesen Effekten gänzlich beendet, so dass es zu keinen weiteren Notierungen mehr kam. Im Februar 1811 war die Anleihe Berewouts komplett vom Kurszettel verschwunden.

Die Anteilseigener der Biesterbos-Papiere konnten dagegen mit der Entwicklung relativ zufrieden sein. Zudem konnten sie auf eine positive Zukunft hoffen, da

---

[54] Riley, International government finance, S. 243.

der Firma die Plantagenwirtschaft in Surinam weiter gehörte. Als das Napoleonische Reich im November 1813 zusammenbrach, fielen auch die Preise für Baumwolle, Kaffee und Zucker deutlich. Nach der Rückkehr Napoleons an die Macht und seinem Interregnum von 100 Tagen bedeutete der Ausgang der Schlacht von Waterloo jedoch für Finanzinvestoren das eindeutige Signal, ihre Investments aus den Plantagenwirtschaften zurück zu ziehen, da nach Aufhebung der Handelsblockaden mit deutlich fallenden Preisen zu rechnen war. Auch Insinger & Co. reagierten schnell und verkauften aus dem Mandat für die Firma Biesterbos bis auf eine alle Plantagen. Aus den Erlösen erhielten die Anteilseigner noch einmal eine hohe Ausschüttung von 75%.
Unglücklicher Weise zeigten diese Verkäufe aber auch, dass die Kriegzeit für die Plantagen ein schwieriges Umfeld bedeuteten, so lukrativ ein Investment für manchen Kapitalanleger auch war. Die Plantage Jagtlust, deren Wert man 1781 auf 290.000 Gulden geschätzt hatte, erzielte nur einen Preis von 80.000 Gulden, als sie an einen ihrer Manager verkauft wurde. De Niuewe Grond wurde nicht verkauft, musste aber hinnehmen, dass ihm in kurzer Zeit der Großteil seiner Ressourcen entzogen wurde. Das Management hielt die Zeit durchaus geeignet für einen Verkauf, doch kam es trotz aller Bemühungen nicht dazu. Vor allem Kaffeeplantagen konnten einen guten Preis erzielen, da viele Käufer glaubten, die Zeit ihrer guten Ertragslage würde sich wie in der Vergangenheit weiter fortsetzen. Die hier zur Diskussion stehenden Verkaufspreise sind jedoch eher als Indiz für weiterhin optimistische Einschätzungen der Zukunft als für den tatsächlichen Wert der Plantagen anzusehen. Ein Teil des Preisverfalls für Plantagen ist sicherlich auf den Rückgang der Sklavenbevölkerung zurück zu führen, was wiederum eine Folge des Verbots für den Sklavenhandel während der englischen Besatzung war. Der größte Teil des Preisverfalls hatte seine Ursache jedoch in der Vernachlässigung der Infrastruktur, der Gebäude und des Grund und Bodens der Plantagen, also der rücksichtlosen Ausbeutung der Ressourcen, die für diesen Gewerbezweig in Übersee jedoch typisch war.

2. Ein sozialer und wirtschaftlicher Sumpf

Seit ihren Anfängen sah sich die Plantagenwirtschaft mit erheblichen Strukturproblemen konfrontiert.[55] Zunächst erwies sich ihre finanzielle Basis schon bald als ziemlich ineffizient. Die ausgegebenen Hypothekenpfandbriefe waren mit einem niedrigeren Zinsfuss ausgestattet als jede Art von vergleichbaren Effekten, die in den Niederlanden zu kaufen waren, doch machten hohe Verwaltungs-

[55] Van Stipriaan Luiscius, Surinaams contrast; G. Oostindie, Rosenburg en Monbijou, twee Surinaamse plantages, 1720-1870, Dordrecht, 1989.

kosten und unnötige Informationsprobleme, die durch den Sitz des Managements in Amsterdam hervorgerufen wurden, diesen Kostenvorteil wieder zunichte. Bei der Finnanzierung tendierten sowohl das Management von Anwesen in der Karibik, als auch Investoren dazu, auf die Ausgabe von oftmals hypothekarisch gesicherten Obligationen zu setzen. Dieses Finanzierungsinstrument erforderte ihrer Ansicht nach nur wenig Kontrolle durch Finanzagenten vor Ort, da die fest fixierten Zinssätze und die verbrieften Sicherheiten es seiner Natur nach schon ziemlich risikolos erscheinen ließen. Die Emission von Obligationen erwies sich jedoch schon bald für die Plantagenwirtschaft als nur wenig geeignetes Finanzierungsinstrument, da wechselhaft ausfallende Ernten sowie hohe Fixkosten bei der Plantagenbewirtschaftung für einzelne Objekte schnell große Probleme hervorriefen. Aus diesem Grund bevorzugten Insinger & Co. auch Aktien oder andere Formen von Anteilsscheinen als Finanzierungsinstrument für die Plantagenwirtschaft. Daher wandelte er sowohl sein Mandat für die Berewout Anleihe als auch andere Anwesen schnell in eine Gemeinschaft von Anteilseignern um, die einer Aktiengesellschaft vergleichbar war. Diese erzielte schon bald wesentliche bessere Gewinne als andere Anwesen, nicht zuletzt aufgrund einer strengere Kontrolle des Managements.
Von Amsterdam aus konnte selbst ein entschlossenes Management nur wenig tun, um die oft zweifelhafte wirtschaftliche Basis der Plantagenwirtschaften nachhaltig zu verbessern. Das größte Problem auf den Anwesen bestand in der Verfügbarkeit von Arbeitskräften. Freiwillige Arbeitskräfte waren für die harte Arbeit unter tropischen Witterungsbedingungen kaum zu finden, so dass die Arbeit auf den Westindischen Plantagen fast ausschließlich von Sklaven durchgeführt wurde. Die vorliegenden Ziffern zur Bevölkerungsentwicklung verdeutlichen bereits auf den ersten Blick die Probleme, die sich dadurch ergaben. Unter der schwarzen Bevölkerung Surinams überstieg die Todesrate die Geburtenrate fast immer erheblich. Die Zahl der Sklaven ließ sich nur aufrecht erhalten, indem Transporte aus West Afrika kontinuierlich neue Arbeiter für die Schufterei auf den Plantagen in die Karibik brachten. Als der Sklavenhandel während der englischen Besatzung Surinams von 1808 bis 1816 beendet wurde, sank auch die Zahl der Sklaven in der Karibik deutlich.
Die verschiedenen Repressionsinstrumente, die zur Aufrechterhaltung der Sklaverei erforderlich waren, riefen nicht nur elendige Lebensbedingungen für die schwarze Bevölkerung hervor, sondern führten die meisten Plantagenwirtschaften auch in ein unflexibles System von Produktion und Absatz. Als der Nachschub an neuer Arbeitskraft infolge des Verbots des Sklavenhandels versiegte, konnten die meisten Anwesen ihre Bewirtschaftung nicht mehr fortsetzen, da sie über keine greifbaren Alternativen bei der Rekrutierung von Arbeitskräften verfügten. Einschneidende Veränderungen in der Arbeitsorganisation zum Beispiel

durch Mechanisierung, Intensivierung der Produktion oder großflächigen Verbesserungen in den Anbaumethoden hätte eine freie und gut geschulte Arbeiterschaft vorausgesetzt, die aber so lange nicht zu bekommen war, so lange die Sklaverei mit ihren Methoden die Arbeitsverhältnisse dominierte.[56]
Ein anderes Problem für das Management, das zumindest ähnlich gravierend war, waren die schwierige ökologischen Rahmenbedingungen für die Plantagenbewirtschaftung. Die meisten Unternehmen verfügten über ein küstennahes marschähnliches Anbaugebiet, das hohe Kosten für den Bau von Deichen und von Entwässerungsgräben erforderte, zudem stetige Investitionen in die Aufrechterhaltung des Transportsystems. Diese Kosten wurden immer mehr zu einem Problem, je mehr sich die Ernteerträge veränderten und die Kurse für die Obligationen schwankten. Zeitweise bedrohten sie sogar den ordnungsgemäßen Ablauf des gesamten Geschäftsbetriebs. Zudem erwies sich die übliche Form der Bewirtschaftung schnell als massiver Raubbau. Düngung oder andere Maßnahmen, um die Ertragskraft des Bodens aufrecht zu erhalten, waren kaum gebräuchlich, da man Land für unbegrenzt verfügbar hielt. Wenn die Böden ausgelaugt waren, gingen die Plantagenbesitzer dazu über, bisher unbebautes Land zu kultivieren. Daher verwundert es nicht, wenn die Erträge in solchen Fällen zunächst sanken, wie es vor allem im späten 18. Jahrhundert zu beobachten war. Während der ersten Jahrzehnte des 19. Jahrhunderts führte eine Häufung dieser Probleme zu einer wachsenden Zahl von aufgegebenen Plantagenwirtschaften, die ihrerseits ein stummes Zeugnis für ein inzwischen obsolet gewordenes Produktionssystem in der Karibik abgaben.

3. Aktiv bis zum bitteren Ende

Trotz aller nicht zu leugnenden Anzeichen für den Niedergang der Plantagenwirtschaft und des Verkauf des Anwesens von Biesterbos, hielt Insinger daran fest, andere Plantagen weiter auszubeuten. De Nieuwe Grond konnte sogar eine Reihe von Jahren lang erfreuliche Erträge vorweisen, bis sich die Lage nach 1825 deutliche verschlechterte, als sich die Preise für Kaffee wieder normalisierten. Das Unternehmen manövrierte sich zunehmend in eine Sackgasse hinein. Fallende Erträge erzwangen eine sparsame Wirtschaftsführung, die sich ihrerseits als Hindernis für ein innovationsfreudiges Unternehmertum entpuppte und zudem zu einer Vernachlässigung der Anlagen und damit zu einer Bedrohung für die Existenz des Betriebes führte. Die Probleme bei der Beschaffung von Arbeitskräften hielten ebenfalls an, nachdem die Zahl der Arbeitssklaven gesun-

[56] Mit Blick auf die Sklaverei und die Debatte um ihre Abschaffung siehe G. Oostindie, Fifty years later. Antislavery capitalism and modernity in the Dutch orbit, Pittsburgh, 1996.

ken war, als ab 1827 kein Nachschub aus Afrika mehr in die Karibik gelangte. Ab den frühen 1830er Jahren dachte man daher über einen Verkauf der Plantage nach, doch ließ sich dieser Schritt nicht so schnell realisieren, da das Management den zur Diskussion stehenden Verkaufspreis von 60-70.000 Gulden für zu niedrig hielt. In der Zwischenzeit stiegen jedoch die Schulden und die Aktionäre mussten frisches Kapital ins Unternehmen investieren, um das Geschäft aufrecht zu erhalten. Nachdem man sich auf diese Weise eine gewisse Zeit lang hatte behaupten können, wurde De Nieuwe Grond 1855 schließlich für nur 25.000 Gulden verkauft und das Anwesen komplett aufgelöst.
In einem anderen Fall, wo die Plantagenwirtschaft in Form der Eigentümergemeinschaft betrieben wurde, versuchte Insinger die anstehenden Probleme durch Innovation und Mechanisierung zu lösen. Der Gesellschaft gehörte die Baumwollplantage Anna Catharina, die mit der Kaffeeplantage Jagthust in Verbindung stand und zu der wahrscheinlich schon ab den 1820er Jahren, sicherlich aber ab 1836 die Zuckerplantage Zoelen hinzugefügt wurde. Die Risikominimierung auf diese Art und Weise erwies sich jedoch nur als wenig effektiv, eher im Gegenteil, da sich Zoelen von Beginn als ein Fehlschlag entpuppte, deren schwache Ertragslage auch die Ergebnisse der anderen beiden Unternehmen deutlich beeinträchtigte. Trotz aller Versuche mit neuen Pflanzensorten und trotz erheblicher Investitionen in den Erwerb von Dampfmaschinen und anderen Maschinen, blieb die Rentabilität von Anna Katharina und Jagtlust schwach, so dass die Gesellschaft 1844 infolge schwerer Verluste in Liquidation gehen musste. Selbst dieser Rückschlag konnte Insinger & Co. jedoch nicht dazu veranlassen, sich aus der Plantagenwirtschaft in Surinam zurück zu ziehen. Die Firma blieb bei verschiedenen Anwesen engagiert und versuchte sogar, sich eine solide Basis für die Entwicklung neuer unternehmerischer Aktivitäten im letzten Viertel des 19. Jahrhunderts zu verschaffen, nachdem die Sklaverei endlich komplett abgeschafft worden war. Dieses bedarf jedoch noch einer gründlichen Analyse an anderer Stelle.
Zusammenfassend lässt sich sagen, dass die Plantagenwirtschaft für Investoren ein bemerkenswertes Phänomen darstellte, das zudem einen deutlichen Unterschied zum eher etwas überkultivierten Finanzplatz Amsterdam um 1750 bildete. Legt man strenge ökonomische Kriterien an, so fällt das Urteil über die Plantagenwirtschaft negativ aus, vor allem aufgrund des eher ineffektiven Einsatzes des von Investoren zur Verfügung gestellten Kapitals, vor allem aber aufgrund der zahlreichen sozialen Probleme, die durch die Sklaverei hervorgerufen wurden. Aus der Sicht des Bankwesens bildeten die Anleihen zur Finanzierung der Plantagenwirtschaft für lange Zeit eine wichtige Finanzinnovation, die zudem zuverlässig über einen längeren Zeitraum hinweg ausreichende Erträge abwarf, vor allem für die Firma von Insinger & Co., die die Emission und die Verwal-

tung der Anleihen organisierte. Die Investoren waren so lange mit ihrem Engagement zufrieden, so lange sie die Signale des Marktes zur Kenntnis nahmen und das Gefühl für seine Schwankungen nicht verloren. Dies war der Garant dafür, dass sie Käufe und Verkäufe zur richtigen Zeit durchführten und sich damit ihre Kapitalerträge sicherten. In dieser Hinsicht haben sich die Verhältnisse im Vergleich zur aktuellen Situation an den Finanzmärkten von heute kaum geändert.

IX. Schwierige Zeiten

Die 1850er und 1860er Jahre lassen sich als eine Phase der völligen Neuorientierung des internationalen Handels, hervorgerufen durch den immens wachsenden Einsatz von Kommunikationsmitteln wie des Telegraphen, aber auch als ein Resultat einer graduellen Liberalisierung des Warenverkehrs charakterisieren. Einige der Amsterdamer Handelshäuser sahen sich mit wachsenden Schwierigkeiten konfrontiert, sich unter diesen neuen Rahmenbedingungen zu behaupten. Die Firma Van Eeghen konnte noch eine Zeit lang prosperieren, da sie sich neue Möglichkeiten im Handel mit den Westindischen Inseln erschloss, wo die Monopolstellung früherer Handelshäuser, vor allem der Nederlandschen Handels Maatschappij, langsam ins Wanken geriet. Andere Handelshäuser stellten dagegen in dieser Zeit ihren Geschäftsbetrieb einfach ein, da ihre Inhaber sich außerstande sahen, sich dem neuen schärferen Wettbewerb zu stellen. Dies galt zum Beispiel für die Firma D. Crommelin & Sn., früher einmal eines der wichtigsten Häuser am Amsterdamer Platz.

Insinger & Co. sahen sich ebenfalls mit wachsenden Schwierigkeiten konfrontiert, vor allem seit den 1840er Jahren. Seit dieser Zeit schwankten die Nettogewinne um eine durchschnittliche Marge von 2%, so dass die Geschäftspartner eine Rendite von ungefähr 7% auf ihr investiertes Kapital erwirtschaften konnten, rechnet man ihre Zinseinkünfte hinzu. Dies war im Vergleich zum Aufwand und zum Risiko nicht viel. Während der 1850er Jahre begannen sich die Vermögenswerte der Firma langsam zu verringern, was sich ebenfalls als ein Anzeichen für einen unbefriedigenden Geschäftsgang interpretieren lässt. Die zunehmend prekärer werdende Lage der Firma veranlasste Co Insniger, einer der Geschäftsinhaber von Insinger & Co., dazu, 1844 den Posten eines Direktors der Niederländischen Bank anzunehmen. Diese Position war ausdrücklich als eine mögliche Alternative gedacht, wobei sich der Niederländischen Bank die Möglichkeit eröffnen sollte, das Wissen und die Geschäftskontakte von Personen auszunutzen, die schon lange am Amsterdamer Platz aktiv waren. Der Geschäftsinhaber von Insinger erhielt bei der Niederländischen Bank ein reguläres

Gehalt, so dass er weitaus weniger abhängig von der Ertragslage seiner eigentlichen Firma war.

Auch sein Bruder Fritz nahm im Laufe der Jahre eine Reihe von zusätzlichen Stellen an, die meisten davon im öffentlichen Dienst. Er war zum Beispiel während einer Reihe von Jahren im Stadtrat tätig, wo er sich intensiv um die Finanzen der Kommune kümmerte. Zudem wurde er Direktor der Nederlandschen Handelsmaatschappij (NHM). Diese Posten kosteten Fritz eine Menge Zeit, brachten ihm jedoch kaum nennenswertes Einkommen. Die NHM zahlte zum Beispiel keine Direktorengehälter, sondern nur Anwesenheitsgehälter. Die Posten im öffentlichen Dienst brachten auch keinen nennenswerten Verdienst, da man von den Amtsträgern erwartete, dass sie über ausreichende eigene Mittel verfügen würden. Fritz Insinger trat seinen Posten im öffentlichen Dienst jedoch aus innerer Überzeugung und nicht allein wegen des Geldes an. In der Zwischenzeit kamen auf seine Familie mitsamt ihren Geschäftsinteressen dramatische Herausforderungen und Veränderungen zu. Während der schweren wirtschaftlichen Rezession von 1857, die auch die Niederlande hart traf, mussten die zahlreichen Mühlenbetriebe seines Schwiegersohns einen Verlust von nahezu 1,7 Millionen Gulden verbuchen.[57] Um einen Konkurs und einen daraus resultierenden Imageverlust zu vermeiden, opferte Fritz einen großen Teil seines Vermögens, um diese Schulden zu bezahlen. Dieser Vorfall beeinträchtige ernsthaft die Beziehungen zu seinem Sohn Albrecht, der daraufhin aus der Firma ausschied und Amsterdam verließ.

Albrechts Entscheidung resultierte in erster Linie aus seiner Unzufriedenheit über den Geschäftsverlauf und aus ernsthaften Dissonanzen über die weitere Zukunft von Insinger & Co. Ein Jahr zuvor hatte Albrechts Neffe Maurits (1825 - 1891) einen Posten als Direktor der neu gegründeten Königlichen Niederländischen Dampfschifffahrtsgesellschaft angenommen. Er engagierte sich noch etwas in seiner alten Firma, plante seine Karriere aber offenbar in anderen beruflichen Bereichen. Zudem war Albrecht inzwischen bereits dreißig Jahre alt, jedoch noch immer kein Geschäftspartner von Insinger & Co. Für Fritz bedeutete Albrechts Rückzug eine herbe Enttäuschung, die sich nur dadurch ein wenig erleichtern ließ, als sein jüngere Sohn Anton Frederik, oder auch Fritz Junior genannt (1844-1920), großes Talent und große Ambitionen zeigte, die väterliche Firma zu übernehmen. 1864 erhielt Fritz junior Prokura, zwei Jahre später übertrugen ihm sein Vater und sein Onkel Co die Firma, die er nun gemeinsam mit Maurits Insinger führte. Die beiden repräsentierten von nun an die dritte Generation von Insinger & Co.

[57] Van Tijn, Twintig jaaren, S. 76-78; De Jong , Nederlandsche Bank, S. 412-413.

X. Zusammenfassung

Die Entwicklung von Insinger & Co. illustriert wie in einem Brennglas die Probleme, mit denen sich Amsterdamer Kaufleute mit ihren Firmen im 19. Jahrhundert konfrontiert sahen. Sich verändernde Rahmenbedingungen und Verhaltensmuster im Handel beeinträchtigten zunehmend auch die geschäftliche Basis, die sie sich über Jahrzehnte hinweg geschaffen hatten. Schließlich musste jeder Kaufmann damit rechnen, mit seiner Firma unterzugehen, wenn es ihm nicht gelang, sich auf die neuen Verhältnisse einzustellen. Gleichzeitig entlarvt die Geschichte des Hauses Insinger aber auch die Irrtümer vieler Kritiker, die den Amsterdamer Kaufleuten mangelndes unternehmerisches Engagement in dieser Zeit vorwarfen. Die Kaufleute ließen es keineswegs an Engagement und Courage fehlen. So versuchten sie statt dessen ohne Unterbrechung, sich neue Märkte zu erschließen und sich im Handel mit Produkten aller Art auf eigene Rechnung zu betätigen. Die Brüder Insinger hatten offensichtlich ein gewisses Geschick für den Warenhandel, aber selbst sie scheiterten, als es darum ging, aus dem Handel für eigene Rechnung eine neue, den veränderten Rahmenbedingungen entsprechende Handelsfirma zu entwickeln. Der Umsatz basierte weiterhin auf dem Handel mit einer Reihe von verschiedenen Produkten, was sich einerseits als Beweis für ihr kaufmännisches Talent, aber auch als Indikator dafür ansehen lässt, dass nur einige wenige Unternehmen mehr oder weniger stabile Gewinnmargen erzielten. Als die Plantagenwirtschaft in Surinam ihrem Ende entgegen ging, mussten auch die Insingers zur Kenntnis nehmen, dass es zunehmend schwieriger wurde, diese Art von Geschäft zu betreiben. Vor diesem Hintergrund lässt sich eine gewisse Tragik im Geschäftsleben der zweiten Generation der Insingers nicht übersehen, deren unermüdlicher Einsatz ohne den erhofften Nutzen blieb, bevor sich schließlich gegen Ende eine völlig unbefriedigende Entwicklung des einst wichtigen Handelshauses abzeichnete.

Summary

The development of Insinger & Co. offers a telling illustration of the problems facing Amsterdam merchants in the nineteenth century. Shifting trade patters undermined the business they had built up, anyone who failed to adapt went under. At the same time the history of the firm underlines the fallacy of the point of view of critics who blame the Amsterdam merchants for a lack of entrepreneurship. They did not lack courage, they went on trying to buy into new markets with all sorts of products for their own account. The Insinger brothers obviously had an aptitude for the commodities trade, but even they failed to develop trading for their own account into a regular agency business. Turnover was characterised by a large variety of products, witness to great merchant talents, but also an indication that few undertakings led to sustainable relationships and more or less stable margins. When the Surinam plantations went into decline, the Insingers also found it increasingly difficult to sustain this type of business. In that sense there is a certain tragedy involved in the lives of the second-generation in the firm of Insinger, whose intense efforts were not without reward, but in the end turned out to be unsatisfactory.

Vom Alchimisten zum Börsenspekulanten
Goethes „Faust", John Law und die moderne Ökonomie

Sabine Rossbach

Bekannt und dennoch mehr als erstaunlich ist die Bereitwilligkeit, mit der sich viele Fürsten des „siècle des lumières" der Geisterseherei in die Hände gaben, wodurch sie die obskuren spiritistischen und geheimwissenschaftlichen Machenschaften von Schwarzkünstlern und Magiern unterstützten, die „die Einbildungskraft der Großen aufzuregen, ihren Geist zu verblenden, ihr Vertrauen zu erschleichen wußten".[1] Um das Jahr 1780 erregte M. M. Cagliostro, auf den sich auch der oben zitierte Brief Mirabeaus bezieht, in Paris und an anderen europäischen Höfen allergrößtes Aufsehen mit dem Versprechen, er wisse um das Geheimnis der Diamanten-, Perlen- und Goldmacherei.[2] Die aristokratische Gesellschaft des späten „ancien régime", die hoch verschuldet war, brannte verständlicherweise darauf, das Geheimnis zu erfahren. Zu gerne wäre man mit Cagliostros Hilfe zu Gold oder Diamanten gekommen. Die Gunst der Großen war Cagliostro also gewiss, wohin er auch kam, bis sich nach der Pariser Halsbandaffäre im Jahre 1785 die Nachricht zu verbreiten begann, Cagliostro sei nichts weiter als ein Scharlatan.[3]

Die große Zeit der Alchemisten, als deren verspäteten Vertreter man Cagliostro ansehen kann, war freilich im „aufgeklärten" 18. Jahrhundert längst vorüber. Die Epoche der Suche nach dem künstlichen Gold auf alchemischem Wege war das Mittelalter. Einer der vielen Schwarzkünstler, die sich an dieser Suche beteiligten, war der historische Doktor Faust. Von ihm ist noch heute auf einer Gedenktafel des Gasthauses *Zum Löwen* in Staufen, südlich von Freiburg im Breisgau, zu lesen: „anno 1539 ist im Leuen zu Staufen Doctor Faustus, so ein wunderlicher Nigromanta gewesen, elendiglich gestorben". Tatsächlich soll sich der Doktor Faust zu Lebzeiten gerühmt haben, „daß er in der Alchemie von allen, die je gewesen, der Vollkommenste sei" - so heißt es jedenfalls in einem Brief

---

1 Lettre du Comte de Mirabeau à M... sur M. M. Cagliostro et Lavater, Berlin 1786

2 Vgl. dazu Sabine Kleine-Roßbach, Larven - Rollen - Staffagen: Cagliostro, in: Horst Albert Glaser u. Sabine Kleine-Roßbach, Abenteurer als Helden der Literatur oder: Wie wurden oder machten sich Schwindler, Spione, Kolonialisten oder Militärs zu großen Gestalten der europäischen Literatur?, Stuttgart 2002, S. 187-199.

3 Augustus Moszińsky, Cagliostro in Warschau. Oder Nachricht und Tagebuch über desselben magische und alchymische Operationen in Warschau im Jahre 1780, geführt von einem Augenzeugen. Königsberg 1786; in: Klaus H. Kiefer (Hg.), Cagliostro. Dokumente zu Aufklärung und Okkultismus. München 1991, S. 149-174, hier S. 170-172.

des Abtes Johannes Trithemius an Johann Virdung vom 20. August 1507.[4] Um der Nigromantie, also der Schwarzkunst oder Alchemie willen, befand sich auch der historische Faust an seinem Todestag in Staufen. Er war vom überschuldeten Freiherrn Anton von Staufen geholt worden, damit er ihm künstliches Gold herstelle. Ob Faust dem Herrn von Staufen aus der Goldnot hätte helfen können, muss dahingestellt bleiben. Der Tod ereilte ihn, bevor er tatsächlich eine Probe abliefern konnte.

Gleichsam ein Revenant aus dem Mittelalter, erscheint kein anderer als dieser Doctor Faustus im Jahre 1832 im *Zweiten Teil* von Goethes Drama am Hof eines kriselnden Kaiserreiches, unter dessen „Kostüm" das satirisch gezeichnete Gewand des „ancien régime" deutlich durchscheint. So prunkvoll die Hofhaltung, so luxuriös die Vergnügungen, denen man sich hingibt, so bedrohlich ist auch die Verschuldung des Kaisers. Aus der Staatsverschuldung wissen aber Faust und Mephisto einen Ausweg. Man solle nur neues Papiergeld ausgeben lassen - dessen aufgedruckter Kapitalwert sei durch die Bodenschätze des Landes gedeckt. So lässt Goethe daher den Kanzler im Faust sagen: „Zu wissen sei es jedem, ders begehrt: / Der Zettel hier ist tausend Kronen wert. Ihm liegt gesichert als gewisses Pfand / Unzahl vergrabnen Guts im Kaiserland. / Nun ist gesorgt, damit der reiche Schatz, / Sogleich gehoben, diene zum Ersatz".[5]

Auf diese Weise, so wissen die Alchemisten aus *Der Tragödie Erstem Teil*, verwandelt sich Papier augenblicklich in Gold - und der Kaiser ist saniert. Man braucht, um die Transmutation zu vollenden, nur noch eine Wechselstube oder - moderner - eine Bank zu eröffnen. Oder in Goethes Worten: „Die Wechslerbänke stehen sperrig auf: / Man honoriert daselbst ein jedes Blatt / Durch Gold und Silber, freilich mit Rabatt."[6] Wird, wenn auch nicht Blei, so doch Papier zu Gold, so ist das Rätsel der Alchemie – freilich mit anderen Mitteln – gelöst. Insofern ist C. G. Jung zuzustimmen, der schrieb: „*Faust*...ist ein alchemistisches Drama von Anfang bis Ende."[7] Die mittelalterlichen Schwarzkünstler treten als moderne Wirtschaftsmanager und Finanzjongleure wieder auf, und dies mit umso größerem Erfolg.[8]

---

[4] Vgl. Günther Mahal, Faust, Bern u. München 1980, S. 64.

[5] Johann Wolfgang von Goethe, Faust. Der Tragödie Zweiter Teil, in: Goethe: Gesamtausgabe der Werke und Schriften in zweiundzwanzig Bänden. Erste Abteilung: Goethes poetische Werke. Vollständige Ausgabe, fünfter Band: Die großen Dramen. Stuttgart 1959. S. 323-587, hier S. 373.

[6] Goethe, ebenda, S. 374.

[7] C. G. Jung, Psychologie und Alchemie, Zürich 1946, S. 104.

[8] Vgl. dazu Hans Christoph Binswanger, Geld und Magie. Deutung und Kritik der modernen Wirtschaft anhand von Goethes Faust, Stuttgart 1985.

Die literarische Kritik hat die Methode der Papiergeldschöpfung am Kaiserhof in Bausch und Bogen verurteilt, ja für ungesetzlich erklärt. Faust und Mephisto werden umstandslos als skrupellose Geldfälscher hingestellt, worauf ja auch die Bedenken hinzudeuten scheinen, die der Kaiser in Goethes Drama gegen das Unternehmen äußert. Er argwöhnt daher:„Ich ahne Frevel, ungeheuren Trug."[9] Hiermit stimmt beispielsweise Bielschowskys Kommentar überein, der anmerkt, dass das „Papiergeld...sich freilich alsbald als Teufelsgeld" entpuppe und „seinen Besitzern keinen Segen bringt".[10] Und Borchmeyer glaubt sogar, dass „der Kaiser sich aufgrund der Genehmigung des von Mephisto erfundenen, durch imaginäre Schätze ‚gedeckten', inflationären Papiergelds, das den Staatsbankrott nur um so sicherer herbeiführt, aller Rechtlichkeit begibt".[11]
Das Papier, das der Kaiser anstelle von Gold ausgibt, so meinen die Kommentatoren, ist in Wahrheit vollkommen wertlos. Als Papier bleibt es immer Papier und kann niemals zu Gold werden - wie auch bei allen alchemischen Bemühungen niemals aus einem wertlosen Material künstliches Gold gemacht werden konnte. Glaubt man der Germanistik, dann ist die Finanzwirtschaft eine Art von Scharlatanerie, wie auch die Alchemie. Doch die Manager aus Wirtschaft und Industrie haben sich um die Ansichten der gelehrten Philologen nicht gekümmert. Trifft der Vorwurf der Betrügerei für die Alchemie nicht zu - es ist mit Hilfe der Atomphysik inzwischen tatsächlich möglich, aus Quecksilber „künstliches" Gold herzustellen -,[12] so gilt er auch für die Finanzmärkte nicht. Im Gegenteil: Die moderne Ökonomie ist ohne „falsches" Geld - vom Notengeld bis zur Börsenaktie - undenkbar. Sie könnte ohne diese Surrogate von „echtem Wert" nicht funktionieren, die heute zumeist selbst schon nicht mehr real, sondern nur noch digital existieren, das heißt computertechnisch simuliert werden.
Doch gehen wir der Reihe nach vor. Die in Goethes Faust geschilderte Szene von der Papiergeldschöpfung besitzt ein historisches Vorbild in der französischen Monarchie. Nach dem Tode von Louis XIV. wurde hier durch den Privatbankier John Law das Notengeld eingeführt. Bemerkenswert ist, dass just als der damalige Regent, der Duc d'Orléans, John Law engagierte, er seine sämtlichen Hofalchemisten entließ - und zwar mit der Begründung, „er habe jetzt eine bessere und sichere Methode entdeckt, zu Gelde zu kommen."[13].

---

9 Goethe, Faust. Der Tragödie Zweiter Teil, S. 373.
10 Albert Bielschowsky, Goethe. Sein Leben und seine Werke. Bd. 2, München 1904. S. 648.
11 Dieter Borchmeyer, Die Weimarer Klassik. Eine Einführung. Bd. 2, Königstein/Taunus, 1980, S. 347.
12 Vgl. etwa Richard Kerschagl, Die Jagd nach dem künstlichen Gold. Der Weg der Alchemie, Berlin 1973, S. 103/04.
13 Kerschagl ebenda, S. 64.

In der Geschichte des französischen Staates wurde tatsächlich die veraltete Alchemie durch das „moderne" Finanzmanagement abgelöst. Der Wechsel, den Goethes Faust in der Wandlung seines Auftretens vom *Ersten* zum *Zweiten Teil* verkörpert, ist also ganz richtig gesehen. Man kann sagen, dass die historischen Versuche zur Herstellung des künstlichen Goldes nicht aufgegeben, sondern – außerhalb des Laboratoriums – in anderer Form weitergeführt wurden. Die neue Art der Alchemie ist die Wirtschaft, insofern man hier zu Geld kommen kann, ohne es vorher durch irgendeine Anstrengung verdient zu haben – etwa, indem der Duc d'Orléans Laws gerade erst begründete Privatbank bevollmächtigte, Papiergeld zum Goldwert auszugeben, das heißt, mit der Garantie zu versehen, dass die Bank jedem, der dies wünsche, das Papiergeld gemäß dem aufgedruckten Nennwert in Gold umwechseln werde. Ökonomisch gesprochen, liegt hier eine „echte" - und grundsätzlich sogar unbegrenzte - Wertschöpfung vor. Sie macht den französischen Regenten ohne jede Anstrengung und ohne eigene Aufwendungen reich - und ist in diesem Sinne sogar Zauberei.
Jedenfalls versprach dies John Law, der schon seit Jahren dem französischen Königshaus seine Dienste angeboten hatte, weil er meinte, mit seinem Finanzstreich die Staatsschulden beseitigen zu können. Law hatte seine Schriften *Considérations sur le numéraire & le commerce* (1705) und *Mémoire pour prouver qu'une nouvelle espèce de monnaie peut être meilleure que l'or & l'argent* (1707), in denen er für die sofortige Einführung des Papiergeldes plädierte, bereits Louis XIV. übergeben, aber mit seiner Idee kein Gehör gefunden. Tatsächlich führten das neue Papiergeld und die Aktien der von ihm neu gegründeten Überseehandelsgesellschaft *Compagnie d'Occident*, genannt *Mississippi Company*, zu einem ungeheuren Reichtum in Frankreich, und zwar nicht nur für das Königshaus, sondern beinahe bei allen, die sich am damaligen Pariser Börsengeschäft beteiligten. Die Papiere der Kompanie stiegen monatelang unaufhörlich. Das französische Wort „millionaire" stammt aus dieser Zeit, da die Aktien der *Mississippi Company* höher und immer höher stiegen und über Nacht den kleinen Mann wenn nicht zum großen, so doch zum reichen machen konnten. Doch folgte diesem „Börsen-Bubble", nach seinem Auslöser Mississippi-Bubble genannt, der erste Börsencrash auf dem Fuße. Dennoch beruht der moderne Börsenhandel auch heute noch auf Laws Ideen. Ja, alle modernen Finanzinstrumente wurden zu Laws Zeiten bereits eingeführt: Außer dem Papiergeld vor allem die Aktien, Equities, Commodities, Futures oder Optionen. Mit ihnen lebt auch die Gier nach dem schnell gemachten Geld an der Börse ebenso weiter wie die ruinösen Katastrophen angesichts von Börsencrashs, von denen „The Dot-Com" und „9/11/2001" bisher die letzten waren, aber es gewiss nicht bleiben werden. Daher lohnt es sich, das System Laws zu analysieren, will man etwas über die Kulturgeschichte der modernen Ökonomie lernen.

Zunächst die Fakten. John Law stammte aus Edinburgh, Schottland, wo er 1671 geboren wurde. Laws Vater war Goldschmied und Geldverleiher. Der Sohn John besuchte die besten Schulen, studierte in London Mathematik und Finanzwesen und führte ansonsten das unbeschwerte Leben eines jungen Gentleman zwischen Glücksspiel und Liebesaffären, bis er, dreiundzwanzigjährig, im Duell seinen Gegner erschoss, daraufhin verhaftet und zum Tode verurteilt wurde. Law konnte jedoch fliehen und reiste seither auf dem Kontinent umher, wo er in Amsterdam, Venedig, Genua und anderen Finanzmetropolen der Frühen Neuzeit Gelegenheit hatte, das moderne Finanz- und Bankenwesen zu studieren. Seinen Lebensunterhalt soll er sich jedoch mit dem Glücksspiel verdient haben. Wenn das stimmt, so ist jedenfalls der Weg vom Spieler zum Börsenmann, der Law im Jahr 1717 in Paris wurde, nicht weit. „Stock-jobbing", schrieb zu dieser Zeit der englische Dichter Daniel Defoe, „stock-jobbing, properly speaking, is only another word for gaming."[14]

Im Jahr 1714 kam Law, wie bereits erwähnt, nach Paris, um dem König seine Ideen zur Beseitigung der immensen Staatsverschuldung zu unterbreiten. Louis XIV. lehnte zunächst ab, doch als ein Jahr später der Duc d'Orléans zum Regenten für den erst fünfjährigen Louis XV. ernannt wurde, engagierte man Law. Im Mai 1716 erhielt Law die königliche Erlaubnis zur Gründung einer Privatbank, der *Banque Générale*, die nach dem erfolgreichen Modell der Wisselbank in Amsterdam, einer der ersten modernen Bankinstitute in Europa, arbeiten sollte. Das Geschäft des Pariser Instituts bestand darin, für ihre Kunden gegen Einzahlung von Gold- und Silbermünzen Depots zu eröffnen, wobei ihnen die Bankleitung den Gegenwert in neu gedrucktem Papiergeld auszahlte. Die *Banque Générale* garantierte jedem Kunden, dass er für das Papiergeld jederzeit den ungeschmälert hinterlegten Gegenwert in Gold und Silber erhalten könne, sollte er dies wünschen. Das Papiergeld war also von den damals üblichen Auf- und Abwertungen der Münzwährung ausgenommen und somit sicherer - so meinte Law. Überdies würde durch die neuen Geldscheine die Menge des in Umlauf befindlichen Geldes vermehrt, was Handel und Konsum ankurbele. Zudem bot Law interessierten Investoren eintausendzweihundert Aktienanteile an seiner Bank an, jede bewertet mit fünftausend Livres. Hätte Law seine Aktien verkauft, so hätte das Eigenkapital der Bank sechs Millionen Livre betragen. In Wirklichkeit war es aber weitaus geringer, weil nur ein Viertel der Aktien abgenommen wurde und die Investoren drei Viertel der fälligen Kaufsumme von fünftausend Livres pro Aktie in *billets d'état*, also staatlichen Schuldverschreibungen, be-

[14] Daniel Defoe: The Gamester, London 1719; ders., The Case of Mr. Law, London 1721. extracts from Daniel Defoe: His Life, and recently discovered writings, extending from 1716 to 1729. By William Lee. London 1869, Vol. 2, pp. 153, 172f., 180f., 189, 202-204, 256.

gleichen konnten. Auf diese Weise kam nur wenig Bargeld und damit Betriebskapital in Laws Bank hinein.
Wie aber lässt sich ein Zusammenhang zwischen den Geschäften von Laws Privatbank mit den königlichen Schulden herstellen, war doch – wie bereits erwähnt – Law beim Duc d'Orléans mit dem Versprechen angetreten, sein Institut werde diese Schulden beseitigen? Dahinter steckt der erste in einer Reihe von Finanztricks, die Law gemeinsam mit dem Regenten ausheckte, um – in der Tat – die französischen Staatsschulden zu senken. Stellte nämlich Laws Privatbank Aktienanteile zum Verkauf und ließ sich diese teils in Münzgeld, überwiegend aber mit staatlichen Schuldverschreibungen honorieren, so ging mit jeder dieser Transaktionen ein Teil der Staatsschulden von den Gläubigern auf die Bank über. Anders gesagt: die Bank kaufte die Staatsschulden zurück, wobei sie in Gestalt von Law mit dem französischen Staat, in Gestalt des Regenten, gemeinsame Sache machte. Im Gegenzug wurden die ehemaligen Staatsgläubiger zu Aktionären von Laws Bank.
Der Schachzug gelang tatsächlich mit dem gewünschten Erfolg. Zwar verkauften sich Laws Aktien zunächst nur schleppend, aber als im Spätsommer 1716 der Regent vor den Augen der erstaunten Öffentlichkeit seine Kutschen vor Laws *Banque Générale* vorfahren und Dutzende schwer mit Gold beladener Kisten hineinschleppen ließ, um eine Million Livres in Goldmünzen einzuzahlen und gegen Notengeld einzutauschen, kam der Aktienabsatz – und damit der Rücklauf der staatlichen Schuldverschreibungen – in Schwung. Später, im Januar 1719, konnte der Regent sogar mit Hilfe eines großzügigen Kredits der von Law geleiteten Überseehandelsgesellschaft *Compagnie d'Occident* selbst alle Aktien der *Banque Générale* aufkaufen und diese – jetzt unter dem Namen Banque Royale – übernehmen! Damals änderte man übrigens, wie es heißt, gegen Laws erklärten Widerstand[15], die Richtlinien der Bank dahingehend, dass eingehendes Notengeld mit Münzgeld nur noch nach dem gültigen Tageskurs honoriert wurde. Das Papiergeld war somit der Währungsfluktuation unterworfen.
Obwohl Law die Schulden des französischen Königs hatte senken können, blieben sie beträchtlich. Selbst nach der Übernahme der *Banque Royale* schätzte man sie immer noch auf beinahe zwei Millionen Livres.[16] Das war mehr, als an Münzgeld in Gold und Silber in ganz Frankreich im Umlauf war. Dies betrug nur eine Summe von rund einer Million zweihunderttausend Livres. Die ver-

15 Vgl. James Steuart, An Inquiry into the Principles of Political Economy. Book IV: Of Credit and Debts. Chap. XXV, London, 1767.

16 Steuart, An Inquiry into the Principles of Political Economy. Book IV, Chap. XXVIII u. XIX. London 1767

bliebenen Staatsschulden wollten Law und der Duc D'Orléans mit einem neuerlichen und gewagten Finanzmanöver tilgen. Es begann im August 1717 mit der Übernahme der abgewirtschafteten Überseehandelsgesellschaft *Mississippi Company* unter dem neuen Namen *Compagnie d'Occident* durch John Law. Es handelt sich um die vielleicht erste Gründung einer Scheinfirma in Europa.[17]
Laws *Mississippi Company* ließ sich das königliche Privileg für alle Handelsabkommen zwischen Frankreich und Louisiana sowie Canada zusichern, außerdem das Recht, eine Verwaltung in Louisiana einzusetzen sowie das Land zu erschließen und zu besiedeln. Was man in Louisiana vorfinden würde, wusste niemand so recht. Man plante, zur Sondierung einen Trupp von sechstausend Siedlern und dreitausend Sklaven zu entsenden. Das nötige Kapital wollte Law aufbringen, indem er Aktien der *Mississippi Company* ausgab. Doch niemand wollte diese Aktien kaufen, noch fanden sich Freiwillige, die bereit gewesen wären, nach Louisiana zu gehen. Die Anwerber der *Mississippi Company* sollen damals jeden, den sie nur aufgreifen konnten, unverzüglich per Schiff nach Louisiana befördert haben: Arme, Verschuldete, Verbrecher und jegliches Gesindel wurden ins neue Land jenseits des Ozeans verschickt. Um zahlungskräftige Investoren zu locken, waren freilich andere Mittel notwendig. Man setzte das Gerücht in die Welt, dass in Louisiana wertvolle Bodenschätze, vor allem Gold und Silber, zu finden seien. Diese Schätze würden jeden, der sich Anteile an dem Unternehmen sicherte, binnen kurzem reich machen. Diese Idee der Kapitaldeckung durch Bodenschätze, vor allem die Aussicht auf schnellen Reichtum, lockte die dringend benötigten Geldgeber in der Tat an. Die Käufer rissen sich um Laws Aktien, umso mehr, als man ihnen eine üppige Dividende in Aussicht stellte.
Der Aufstieg John Laws und seiner *Mississippi Company* ging Hand in Hand: Im September 1718 erwarb das Unternehmen das Handelsmonopol für Tabak in Afrika, im Mai 1719 erweiterte Law die *Mississippi Company* um Handelsgesellschaften für China und Indien, die nun den Namen *Compagnie des Indes* erhielt. Nach und nach erwarb die Gesellschaft weitere Handelsprivilegien und sogar das Recht, Münzen zu prägen sowie die Steuern in Frankreich einzutreiben. Zu dieser Zeit, im Januar 1720, wurde Law zu Frankreichs *Intendant général du commerce* ernannt. In all diesen Jahren stiegen die Kurse der *Mississippi*-Aktien in sagenhafte Höhen. Wann immer Law neue Aktienpakete auflegte, riss man sie ihm fast aus den Händen. Jeder in Frankreich, ja in halb Europa scheint damals davon geträumt zu haben, mit Laws Gesellschaft reich zu werden – und das, ohne dass die Gesellschaft jemals einen Rechenschaftsbericht vorgelegt hätte. Die Schätze, die es in Louisiana geben sollte, fand man jedenfalls

[17] Dennoch nannte man die Gesellschaft in der Regel weiterhin die Mississippi Company.

nicht. Jahrelang war der Kurswert der *Mississippi*-Aktien angestiegen, von etwa fünfhundert Livres im Mai 1719 auf beinahe zehntausend Livres im Januar und Februar 1720. Unmittelbar darauf brach der Kurs ein. Im September 1721 standen die *Mississippi*-Aktien wieder bei fünfhundert Livres, also genau bei ihrem Eröffnungskurs.[18]
Seither steht Laws Name in der Geschichte der Ökonomie stellvertretend für den „Mississippi Bubble“,[19] mit dem man den spekulativen Höhenflug und den anschließenden Kurssturz der *Mississippi*-Aktien bezeichnet. Die Gewinne, die man sich von Laws Handelsgesellschaft erhofft hatte, blieben aus. Dass sie aus Übersee Schiffsladungen von Gold, Silber und Diamanten nach Frankreich bringen würde, beruhte auf reiner Spekulation. Mit dem Mississippi-Traum musste auch die Spekulationsblase der *Mississippi*-Aktien zerplatzen.
Der französische Regent hatte die Gesellschaft jedoch vielleicht zu einem ganz anderen Zweck als dem der wirtschaftlichen Rentabilität ins Leben gerufen. Daher erscheint der Gedanken als durchaus berechtigt, sie als erste Scheinfirma der Wirtschaftsgeschichte anzusehen. Von ihren Betreibern wurde die *Mississippi Company* vielmehr zur Produktion schier unerschöpflicher Mengen von Geld in Form von Papiergeld und Aktien eingesetzt, bis die vorauskalkulierte inflationäre Notengeldentwertung dem Spuk ein Ende machte. Bei diesem Manöver arbeiteten die königliche Bank und Laws Firma Hand in Hand. Immer wenn die *Mississippi*-Gesellschaft ein neues Aktienpaket auf den Markt warf - zuletzt waren mehr als sechshundertvierzigtausend *Mississippi*-Aktien im Umlauf -, gab die *Banque Royale* – unter ihrem Geschäftsführer Law – neues Notengeld aus, insgesamt mit einem Nominalwert von vielen Millionen Livres. Manchmal konnte sich die Menge des Papiergeldes, das sich im Umlauf befand, von einem Tag auf den anderen vervielfachen. So wurde im Mai 1720 die Papiergeldmenge mit einem Schlag von fünfhundertzwanzig Millionen Livres auf mehr als zweitausendsechshundert Millionen Livres erhöht.[20]
Eine Golddeckung für diese Notengeldmenge war natürlich nicht annähernd vorhanden. Die Goldreserven beliefen sich auf nicht mehr als eine Million zwei-

---

[18] www.few.eur.nl/few/people/smant/m-economics/johnlaw.htm; Antoin E. Murphy: John Law. Economic Theorist and Policy-Maker, Oxford 1997.

[19] Jean Daridan, John Law, père de l’inflation, Paris 1938; Edgar Fauré, Le Banqueroute de Law. Paris 1977; Peter Garber, Famous First Bubbles, in: Journal of Economic Perspectives. Vol. 4 (2), spring 1990; ders., Famous First Bubbles. The Fundamentals of Early Maniacs, Cambridge/MA, 2000; ders. u. Robert Flood (Eds.), Speculative Bubbles, Speculative Attacks and Policy Switching, Cambridge/MA 1994; Janet Gleeson, The Money-Maker, London 1999; James Steuart, An Inquiry into the Principles of Political Economy. Book IV: Of Credit and Debts. Chap. XXIII-XXXIII, London 1767.

[20] Steuart, An Inquiry into the Principles of Political Economy. Book IV, Chap. XXX.

hunderttausend Livres. In dieser unübersichtlichen Lage war es möglich, die verbliebenen französischen Staatsschulden zu tilgen. Allerdings mussten dazu wieder einige Finanztricks angewandt werden, bei denen neues Papiergeld der königlichen Bank und Aktien der Lawschen Kompanie gegeneinander verbucht wurden.[21]

Durch die explosionsartige Vermehrung des Volksvermögens durch das viele Papiergeld fiel die Aktienflut andererseits nicht mehr ins Gewicht. In einer Zeit, die jeden über Nacht zum Papiergeldmillionär machen konnte, war das Geld verglichen mit seinem ursprünglichen Substanz nichts mehr wert. Nichts mehr wert war der Besitz von Millionen. Ein Millionär hätte damals auf den Straßen von Paris verhungern können. Gleich Null waren aber auch die Millionen Livres alter Schulden des französischen Königshauses. In dieser Zeit soll es vorgekommen sein, dass Gläubiger die Abermillionen an Papiergeld und Aktien, mit denen der Staat endlich seine Schulden bezahlte, öffentlich verbrannten. Man hatte plötzlich begriffen, dass sie doch nur das Papier wert waren, aus dem man sie gemacht hatte.

In diesem Sinne ist John Law tatsächlich als moderner Alchemist zu bezeichnen. Er wollte nicht mehr aus Quecksilber Gold machen wie seine älteren Kollegen und verließ die mittelalterliche Hexenküche. Das schicke Outfit des Managers und Wirtschaftsbosses verlieh ihm die Macht, aus Papier echtes Gold zu machen – wenn auch nur für einige Zeit. Auf Laws System beruhen dennoch einige Elemente des moderne Finanz- und Börsenwesens. Nicht nur das Papiergeld, vor allem das Geschäft mit Aktien, Optionen und anderen virtuellen Vermögenswerten hat sich ökonomisch weltweit durchgesetzt.[22]

Die Person Laws erfuhr im 19. Jahrhundert in einschlägigen Werken von Ökonomen so manche kritische Würdigung. Auch Karl Marx setzte sich mit ihm und

---

[21] Vgl. Steuart, An Inquiry into the Principles of Political Economy. Book IV, Chap. XIX-XXXII.

[22] Janet Gleeson, The Money-Maker, London 1999; John Hamilton, John Law of Lauriston. Banker, Gamester, Merchant, Chief, in: American Economic Review, Jg.(1967) S. 74-81; Henry Montgomery Hyde, John Law. The History of an Honest Adventurer. London 1969; Charles Kindleberger, A Financial History of Western Europe. New York 1993 (2. Aufl.); ders., Maniacs, Panics, and Crashes, New York 1996 (2. Aufl.); L. Lande, The Rise and Fall of John Law, 1716-1720. London 1982; Charles Mackay, The Mississippi Scheme. Andrew Pub. Co. 1980; Robert Minton, John Law, Father of Paper Money. London 1975; Antoin E. Murphy, John Law. Economic Theorist and Policy-Maker, London 1997; Larry Neil, How it all began: The monetary and financial architecture of Europe during the first global capital markets, 1648-1815, in: Financial History Review. Vol. 7, Part 2, Oktober 2000, S. 117-140; ders., The Rise of Financial Capitalism. International Capital Markets in the Age of Reason, Cambridge 1990; John Philip Wood, Memoirs of the Life of John Law of Lauriston, London 1824.

seinen Methoden auseinander und kam dabei zu folgender Schlussfolgerung: „Die dem Kreditsystem immanenten doppelseitigen Charaktere: einerseits die Triebfeder der kapitalistischen Produktion, Bereicherung durch Ausbeutung fremder Arbeit, zum reinsten und kolossalsten Spiel- und Schwindelsystem zu entwickeln [...]; andrerseits aber die Übergangsform zu einer neuen Produktionsweise zu bilden, – diese Doppelseitigkeit ist es, die den Hauptverkündern des Kredits von Law bis Isaak Péreire ihren angenehmen Mischcharakter von Schwindler und Prophet gibt."[23] Laws Zeitgenossen, darunter Daniel Defoe, der als Journalist aus der Londoner Börse berichtete, nannten Law – getreu dem Satz vom Börsenhandel gleich Glücksspiel[24] – ein Opfer desselben. Tatsächlich soll Law, der einmal der reichste Mann Frankreichs war, als Spieler am Roulettetisch in Venedig geendet sein.

Die Faszination des modernen Alchimisten Law und seines Systems scheint bis heute dennoch ungebrochen zu sein. Millionen träumen weiter den Traum vom Vermögen, das aus dem Nichts kommt. Nicht selten endet er im persönlichen Ruin, manchmal – wie im Fall Nick Leeson – im Zusammenbruch einer Bank, manchmal sogar im kompletten Kollaps einer ganzen Branche, wie zuletzt beim „Dot-Com Bubble" vom März bis Oktober 2003. Die Börse selbst, die Aktien mit ihren Kurshochs und -tiefs, ihre psychologischen Gesetze zwischen Masseneuphorie und Massenpanik sind dieselben geblieben, auch wenn seit Goethes Drama zweihundert Jahre, seit Laws Zeiten sogar dreihundert Jahre vergangen sind. Millionen und Milliarden entstanden wie durch Zauberei, Millionen und Milliarden wurden ebenso wieder vernichtet. Vielleicht landet eines Tages eine dieser Millionen auf einem unserer Konten. Sollte sie auch nichts sein als pure Einbildung, so machte sie das Leben jedenfalls angenehmer, solange die Illusion dauert.

Summary

This essay John Laws famous bankruptcy, the so called Mississippi-Bubble, in close connection with its cultural background. A combination of the history economy with cultural and literary history, as demonstrated here, suggests a methodologically new approach in historiography.

[23] Karl Marx, Das Kapital. Kritik der politischen Ökonomie. Hg. von Friedrich Engels. Hamburg 1894, Bd. III, Buch III. S. 457.

[24] Defoe, The Gamester. Vgl. auch ders., The Anatomy of Exchange-Alley, or: A system of stock-jobbing: proving that scandalous trade, as it is now carry'd on, to be knavish in its private practice and treason in its publick [...] to which is added some characters of the most eminent persons concern'd now, and for some years past, in carrying on this pernicious trade, by a jobber, London 1719..

Bankiers und „Hasardeure“ - Die Rolle bürgerlicher Tugenden im Bankgeschäft, Deutschland und Frankreich, 1800-1912

Monika Pohle Fraser

I. Einleitung

Neuere Studien zur Industriefinanzierung im 19. und frühen 20. Jahrhundert haben gezeigt, dass die Rolle ungedeckter Personalkredite bei der Industriefinanzierung weitaus grösser war als lange Zeit angenommen.[1] Diese Kredite basierten vor allem auf Vertrauen zwischen Kreditgeber und -nehmer und waren selten durch Verträge, Versicherungen anderer Art oder Grundbesitz abgesichert.[2] Da diese Art Bankgeschäft, der nach heutigen Vorstellungen unge-

[1] Lucy Newton, Trust and virtue in English banking: the assessment of borrowers by bank managements at the turn of the nineteenth century, in: Financial History Review, Vol 7, Heft 2, 2000, S. 177-200; Mae. Baker u. Michael Collins, English industrial distress before 1914 and the response of the banks, in: European Review of Economic History, Vol. 3, Heft 1, 1999, S. 1-24; Ray E. Wright, Bank ownership and lending patterns in New York and Pennsylvania, 1781-1831, in: Business History Review, Vol. 73, Heft 1, 1999, S. 40-60; A. G. Crothers, Banks and economic development in post-revolutionary Northern Virginia, 1790-1812, in: Business History Review, Vol. 73, Heft 1, 1999, S. 1-39; Monika Pohle, Risk, information and noise: risk perception and risk management of French and German banks during the 19th century, in: Financial History Review, Vol. 2, Heft 1, 1995, S. 25-39; dies., Noisy Optimists. Risk management in French and German banks during the 19th and early 20th centuries, bisher unveröffentlichte Dissertation, European University Institute, Florenz, 1999; Forest Capie and Michael Collins, Industrial lending by English commercial banks, 1860s to 1914: Why did banks refuse loans?, in: Business History, Vol. 38, Heft 1, 1996, S. 26-29; Philipp Cottrell, The Coalescence of a Cluster of Corporate International Banks, 1855-1875, in: Business History, Vol. 33, Heft 3, 1991, S. 31-52; Naomi Lamoreaux, Information Problems and Banks. Specialization in Short-Term Commercial Lending: New England in the Nineteenth Century, in: Peter Temin (Ed.), Inside the Business Enterprise. Historical Perspectives on the Use of Information, Chicago, 1991, S. 161-165. Zu gegenteiligen Effekten Naomi Lamoreaux, Insider Lending. Banks, Personal Connection and Economic Development in Industrial New England, Cambridge, 1994, S. 84-89; R. Vicat Turrell u. al., The Rothschilds, the Exploration Company and Mining Finance, in: Business History, Vol. 28, Heft 2, 1986, S. 181-205; Eric Bussière, Entre la Banque Mixte et la Banque d'Affaires: La Banque de Paris et des Pays-Bas et sa stratégie industrielle, 1900-1930, in:Entreprises et Histoire, Vol. 2, 1992, S. 49-64; Phil Ollerenshaw, Banking in 19th-Century Ireland – The Belfast Banks, 1825-1914, Manchester 1987; Philipp Marguerat, Banque et investissement industriel: Paribas, le pétrole roumain et la politique francaise, 1919-1939, Genf 1987; Charles Jones, The Transfer of Banking Techniques from Britain to Argentina, 1862-1914, in: Revue Internationale d'Histoire de la Banque, Vol. 26-27, 1983, S. 251-264.

[2] Zum Konflikt zwischen Vertrauen und Versicherung siehe: P. Kollock, The Emergence of Exchange structures: An Experimental Study of Uncertainty, Commitment and Trust, in: American Journal of Sociology, Vol. 100, Heft 3, 1994, S. 313-45, vor allem S. 338; L. D.

sicherte Kredit, eine grosse Rolle spielte, ist nach den Kriterien zu fragen, nach denen Bankiers ihre Geschäftspartner und Kunden als kreditwürdig einstuften. Die Beantwortung dieser Frage fußt auf der Auswertung von Festschriften und ähnlicher Literatur und auf der Auswertung von Korrespondenz aus den Archiven deutscher und französischer Bankhäuser.

II. Die Substitution von Geschäft und Person I

In ihrer Selbstdarstellung scheinen die Bankiers und ihnen nahestehende Autoren weitestgehend dem idealtypischen Risikomanagement der ökonomischen Literatur zu folgen. Eine Besonderheit verdient es allerdings, hervorgehoben zu werden. Zwar kennt auch die betriebswirtschaftliche Literatur die Substitution von Geschäft und Person. In der idealtypischen Bonitätsprüfung ist die Einschätzung der Person des Geschäftspartners jedoch höchstens eine Ergänzung zur Sachprüfung. Die Festschriftenliteratur und Korrespondenz der Bankiers ist aber reich an Beispielen für die weitgehende Substitution von Geschäft und Person.

1. Ehre

In dem Maße, in dem ungedeckter Kredit auf der Basis von Vertrauen gegeben wird, wird die Schuldentilgung zur Frage der persönlichen Ehre, wobei diese durch den bürgerlichen und kaufmännischen Verhaltenskodex definiert zu sein scheint.[3] Über die Inanspruchnahme von Kredit - hier allem durch die Bankiers,

Molm u. a., Risk and Trust in Social Exchange: An Experimental Test of a Classical Proposition, in: American Journal of Sociology, Vol. 105, Heft 5, 2000, S. 1396-1427; Larry Neal u. Stephen Quinn, Networks of information. Markets and institutions in the rise of London as a financial centre, 1660-1720, in: Financial History Review, Vol. 8, Heft 1, 2001, S. 7-11.

[3] Nicolaus Magens allgemeiner Kaufmann: worin enthalten das nach wahren Grundsätzen dargethane theoretische und praktische der Handlung: eine Untersuchung der Natur und des Wesens der Banken: ihres Vermögens, Nutzens, Einflusses und Würkung… Nebst der fortgesetzten Erläuterung. Aus dem Englischen übersetzt, Berlin 1762 und 1763; M. Pöhls, Darstellung des gemeinen Deutschen und des Hamburgischen Handelsrechts für Juristen und Kaufleute, Bd. 2: Darstellung des Wechselrechts nach gemeinem und hamburgischem Rechte und nach den Gesetzen der vorzüglichsten handelnden Staaten Europas, Hamburg 1929; F. Otto (Hg.), Das Buch berühmter Kaufleute oder der Kaufmann zu allen Zeiten. Vorbilder, Charakter- u. Zeitgemälde, vornehmlich Schilderungen interessanter Lebensgänge hervorragender Kaufleute, Industrieller, sowie Förderer des Handels, 2 Sammlungen, Leipzig u. Berlin 1868 u. 1869, Sammlung 1, S. 565, 603; Richard Tilly, Unternehmermoral und -verhalten im 19. Jahrhundert. Indizien deutscher Bürgerlichkeit, in: Jürgen. Kocka (Hg.), Bürgertum im 19. Jahrhundert. Deutschland im europäischen Vergleich, Bd. 2, München 1988; Norbert Elias, Studien über

die den Kredit und das Vertrauen[4] sowohl des anlagesuchenden Publikums geniessen, als auch durch den Gewerbetreibenden, der den Kredit der Bank sucht), wird vor dem Hintergrund persönlicher Eigenschaften, etwa der in der Vergangenheit bewiesenen guten Zahlungsmoral, entschieden.[5]
Der Wirtschaftsdelinquent, der zahlungsunfähige Schuldner, verliert seine bürgerlichen Ehrenrechte, etwa das Wahlrecht. Die Begriffe Risiko und Schulden sind eindeutig negativ belegt.[6] Überhaupt mag die Einstellung zu den Begriffen Ehre, Risiko und Schulden als Gradmesser für die Unbeherrschbarkeit von geschäftlichen Risiken und die damit einhergehende Betonung persönlicher Ehre dienen. Die Hervorhebung der Ehrenhaftigkeit scheint umso wichtiger zu sein, je mehr das industrielle Geschäft in seinem Risikocharakter in die Nähe des Spiels und der Spekulation rückt. Diese Nähe war den Zeitgenossen wohl bewusst, was die zahlreichen Abgrenzungsversuche zeigen. Der Zwiespalt Bankier – Spieler, Spekulant, Abenteurer[7] durchzieht sowohl die affirmative zeitgenössische Literatur als auch die polemische zeitgenössische Literatur, die in ihrer Kritik wiederum die Tugenden aufzählt, die man von einem Bankier eigentlich erwartet hätte.[8] So werden aus den „schlichten deutschen Ehrenmännern am

die Deutschen. Machtkämpfe und Habitusentwicklung im 19. und 20. Jahrhundert, Frankfurt 1989, hier Kapitel, Die satisfaktionsfähige Gesellschaft.

[4] Otto, Kaufleute, Sammlung 1, S. 535: Geschäfte in Vertrauen oder Baarschaft.

[5] Otto, Kaufleute, Sammlung 1, S. 561, 634. Zu Ruf und Geschäft siehe William P. Kennedy u. a., Portfolioverhalten und wirtschaftliche Entwicklung im späten 19. Jahrhundert. Ein Vergleich zwischen Grossbritannien und Deutschland, in: Richard Tilly (Hg.), Beiträge zur quantitativen vergleichenden Unternehmensgeschichte, Stuttgart 1985, S. 77; Richard Tilly, Banking Institutions in Historical and Comparative Perspective: Germany, Great Britain and the United States in the 19th and Early 20th Century, in: Journal of Institutional and Theoretical Economics, Vol. 145, 1, 1989, S. 189-208, hier S. 192; Wilfried Feldenkirchen, Kölner Banken und die Entwicklung des Ruhrgebiets, in: Zeitschrift für Unternehmensgeschichte, 27. Jg., Heft 2, 1982, S. 81-106, hier S. 86, Anm. 31; ders., Banken und Stahlindustrie im Ruhrgebiet. Zur Entwicklung ihrer Beziehungen 1873-1914, in: Bankhistorisches Archiv, 5. Jg. Heft 2, 1979, S. 26-52, hier S. 48. Die Rheinischen Stahlwerke erhielten noch in den 1870er Jahren Bankkredite gegen persönliche Garantien der Vorstandsmitglieder.

[6] Otto, Kaufleute, Sammlung 1, S. 548; Bertrand Gille, La Banque en France au XIXe siècle, Genf 1970, S. 278. Zur moralischen Qualität der Verschuldung siehe Knut Borchardt, Zur Frage des Kapitalmangels in der ersten Hälfte des 19. Jahrhunderts in Deutschland, in: Jahrbücher für Nationalökonomie und Statistik, Bd. 173, 5, 1961, S. 401-421, hier S. 411.

[7] Siehe dazu G. Hamilton, The structural sources of adventurism. The case of the Californian gold rush, in: American Journal of Sociology, Vol. 83, No. 6, 1978, S. 1466-1490.

[8] Otto Glagau, Der Börsen- und Gründungsschwindel in Deutschland, Leipzig 1877; Franz Perrot, Der Bank-, Börsen- und Actienschwindel. Eine Hauptursache der drohenden socialen Gefahr. Beiträge zur Kritik der politischen Oeconomie, Bd. 1: Der Eisenbahn-Actienschwindel, Bd. 2: Das Bankwesen und die Zettel-Privilegien. Eine Untersuchung über die Principien der modernen Wirtschaftsführung und über das Verhältnis zu denselben, Rostock 1873 und 1874. Zum Bankier als Glücksspieler im 20. Jahrhundert siehe Susan Strange, Casino Capitalism, Oxford 1986.

Comptoirpulte“[9] und dem „Kaufmann-Ehrenmann, wie er sein soll“[10] des Bankierstilisten Otto der als „leibhaftige Bruder Grund-Ehrlich“[11] verhöhnte Bankier bei Glagau und die „Vasallen des Fürsten Gold, die höchst ehrbaren Leute“ des Kladderadatsch, „denn Ehrbarkeit ist eigen ihnen Allen!“[12]
Der Öffentlichmachung der Ehrenhaftigkeit widmen Bankiers und ihnen nahestehende Autoren ihre besondere Aufmarksamkeit. Denn diese Öffentlichmachung ist sicherlich der erste Schritt zur Einleitung und Aufrechterhaltung des Geschäfts: „Der Ruf eines Kaufmanns ist eine seiner wichtigsten Stützen und Hebel zugleich... Mit seinem Herzblut muss er dafür einstehen, gleichwie der Offizier für seine Ehre.“[13] Der Wappenspruch des Hauses Eichborn lautet daher: „omnia si perdas, famam servare memento!“[14]
Der zeitgenössische Begriff „Ehre“ scheint dem heutigen „standing“ nahe zu kommen, obwohl auch der Begriff „ehrbar“ zumindest im Kreditwesengesetz von 1952 noch auftaucht.[15] Wilhelm Ahlmann besass keine Ausbildung in Bankdingen, als er 1852 sein Bankgeschäft eröffnete. Immerhin galt er als „ehrbar“ und besass „die für seine Tätigkeit erforderliche Zuverlässigkeit“.[16] Nach der misslungenen Begebung einer Anleihe besteht der Initiator Rothschild nicht darauf, dass seine Unterbeteiligten Zahlungen auf diese Anleihe leisten. Ein Bankier insistierte aber mit den folgenden Worten auf Zahlung seiner Schuld: „Als Kaufmann geht die Ehre mir über Alles; Geld kann ich wieder gewinnen, meine verlorene Ehre gibt mir keine Macht der Welt zurück!“ Rothschild bietet ihm daraufhin eine Interessenvertretung an einem bestimmten Bankplatz an, „denn einen ehrenhafteren Vertreter wüssten wir nicht zu erlangen.“[17]
Otto schildert einen weiteren „Wettstreit zwischen dem Edelmuthe Heines“ und der strengen Redlichkeit eines Klienten. Heine hatte einen ungedeckten Kredit auf eine persönliche Empfehlung hin gegeben. Der Schuldner erweist sich als zahlungsunfähig. Der Verwandte, der die Empfehlung ausgesprochen hatte, will, um seine Ehre wiederherzustellen, die Schulden übernehmen. Heine, auch Ehrenmann, lehnt ab, was ihn 30.000 Mark kostet.[18] Später bei den Aktienbanken finden wir dieselbe Einstellung. In den Gründungsstatuten sowohl des Crédit mo-

---

[9] Otto, Kasufleute, Sammlung 1, S. 48/49.
[10] Ebenda, S. 667.
[11] Glagau, Börsen- und Gründungsschwindel, S. 38.
[12] Zeile eines mit „Unpersönlich“ überschriebenen Gedichts aus dem Kladderadatsch vom 13. April 1873, abgedruckt bei: Glagau, Börsen- und Gründungsschwindel, S. XVIII.
[13] Otto, Kaufleute , Sammlung 2, S. 603.
[14] Kurt v. Eichborn, Das Soll und Haben von Eichborn & Co. in 200 Jahren. Schicksal und Gestaltung eines Bankhauses im Wandel der Zeiten, München u. Leipzig 1928 (1903), S. 5.
[15] Wilhelm Ahlmann (Hg.), 100 Jahre Wilh. Ahlmann Kiel, 1852-1952, Glückstadt 1952, S. 16.
[16] Ebenda.
[17] Otto, Kaufleute, Sammlung 1, S. 565.
[18] Otto, Kaufleute, Sammlung 1, S. 632.

bilier als auch der Darmstädter Bank für Handel und Industrie „verpflichten sich“ die Vertragspartner „auf Ehre“ (resp. „Les contractans s'engagent d'honneur“), alles zu unterlassen, was den neuen Gesellschaften schaden könne.[19]

2. Bürgerliche Tugenden

Wie sieht nun der „gute Ruf“ aus? Was rechtfertigt Vertrauen? Die französische und deutsche Festschriftenliteratur und Bankierskorrespondenz gibt zahllose Beispiele für den mit bestimmten, nämlich den 1) menschlichen, 2) bürgerlichen und 3) geschäftlichen Tugenden versehenen, idealtypischen Schuldner und Geschäftspartner. Diese Reihenfolge, das heisst die Betonung allgemein menschlicher, persönlicher Qualitäten vor den beruflichen, sachlichen, soll die Integrität von Person und Geschäft betonen.[20] Das Börsenpublikum, wie auch andere Bankiers als Geschäftspartner, schliessen von der Solidität des Bankiers auf die des Geschäfts. Der Bankier muss als Teil der Gesellschaft berechenbar sein, da das Geschäft als nicht berechenbar gilt.

Die bürgerliche und kaufmännische Ehre ist an die Verkörperung bestimmter Tugenden gebunden, deren Darstellung bei den Bankiers und ihren Stilisten einem Ritual zu folgen scheint. Allen Stilisierungen gemeinsam ist, dass sie um das Vertrauen des Publikums kreisen und die persönlichen Eigenschaften der Bankiers zunächst weniger auf ihre moralische Qualität, als vielmehr auf ihr Vorhandensein im Mass oder Übermass hin beobachten. Das Mass, genauer das Mittelmass als bürgerliche Tugend, scheint das Ziel zu sein.[21] Otto kritisiert 1868 Ouvrard für dessen „Zersplitterung der Kräfte ohne Mass und Ziel.“[22] Hansemann kennzeichnet dagegen „kaufmännische Nüchternheit“, die „niemals der Überspannung verfiel.“[23]

Henri Germain gehört laut Boudet zu den Geschäftsleuten, «qui mènent une vie large mais bourgeoise et non exempte d'une certaine sévérité et qui ne signalent pas un éclat particulier.»[24] Pinner schreibt 1925 über die Dresdner Bank: „Was sonst noch im Kreise der Dresdner Bank lebt, ist tüchtige organisatorische Fachlichkeit ohne persönliche Eigenzüge hervorstechender Art.“ Gustav Pilster von

[19] Rondo Cameron, Die Gründung der Darmstädter Bank. Dokumente zur Gründung, in: Tradition, Nr. 2, Heft 1, 1957, S. 104-131, hier S. 129-131..

[20] Siehe etwa die Wappen der Familien Rothschild und Oppenheim, die beide dasselbe Motto tragen: concordia, industria, integritas.

[21] Zur Mittel- und Mittlerstellung, also zur Verbindlichkeit bürgerlicher Normen sowie zur Betonung von Mass und Mittelmass siehe Helmut Bausinger, Bürgerlichkeit und Kultur, in: Jürgen Kocka (Hg.), Bürger und Bürgerlichkeit im 19. Jahrhundert, Göttingen 1987; Werner Sombart, Der Bourgeois, München 1983 (1928), S. 152-160.

[22] Otto, Kaufleute, Sammlung 2, S. 524.

[23] Ebenda, Sammlung 2, S. 609.

[24] Jean Boudet, Le monde des affaires en France, Paris 1952, S. 727.

der Commerz- und Privatbank bescheinigt Pinner, ein „sehr gewiefter und geweckter Bankmann ohne sonderlich originelle Note, der Prototyp des gesunden Bankmenschenverstandes zu sein."[25] Über Georg von Siemens heisst es bei Achterberg und Jabusch: „War er ein Temperament, das sich nicht zu zügeln wusste? Die Bejahung würde sein Charakterbild verzerren...das Dasein als Daueralarm gehörte für ihn zum Wesen des guten Bankdirektors, ohne Rücksicht auf den hiermit verbundenen übermässigen Kräfteverbrauch...Das alles kontrastiert merkwürdig mit seinem bürgerlich-ruhigen Auftreten im familiären Kreis..."[26]

Weitere bürgerliche Tugenden, deren Schilderung die Bankiers grösseren Raum widmen als der Darstellung von Bankgeschäften, sind: Arbeitseifer, Ordnungssinn, Familiensinn, Pünktlichkeit, Sparsamkeit und eine Anti-Glücksspielhaltung.[27] Als gelungenes Beispiel für die Zähmung der rein geschäftlichen Instinkte führt Otto den gesellschaftlichen Aufstieg der Rothschilds an: „was ein mit Scharfsinn begabter, vom Glück begünstigter Kaufmann zu erreichen vermag, wenn sich bei ihm Klugheit, Pünktlichkeit und Sparsamkeit die Hand reichen."[28] David Hansemann ist „sparsam" mit Geld und Zeit: „Wir können uns versichert halten, dass er diese letztere weder an Spieltischen noch bei Gelagen verschwendete."[29]

Sein Sohn Adolph hat einen „bis ins Kleinste geregelten und streng durchgeführten Tagesablauf", und ist „jederzeit zur Arbeit bereit".[30] Otto kontrastiert den „durch Geschäftsfleiss und Sparsamkeit reich gewordenen Bankherrn" Heine mit dem „zwar geistreichen, aber verschwenderischen Dichter" Heine.[31] Henri Germain, „l'homme d'ordre" ist ein rastloser Arbeiter und von einer „austérité si simple".[32] Bauert-Keetman zitiert Gustav Mevissen: „Der Kaufmann fürchtet, dass sein die Universität besuchender Sohn den Sinn für fleissige, ausdauernde Tätigkeit, den Sinn für Sparsamkeit, Pünktlichkeit und Ordnungs-

[25] Felix Pinner, Berliner Bankdirektoren, Charlottenburg 1925, S. 225-226.
[26] Erich Achterberg u. a., Lebensbilder deutscher Bankiers aus fünf Jahrhunderten, Frankfurt 1963, S. 229.
[27] Zu «activité, économie, l'esprit d'ordre und austérité bourgeoise»; «l'épargne» als « vertu bourgeoise » siehe Jean Bouvier, Pour une analyse sociale de la monnaie et du crédit: XIXe-Xxe siècles, in: Annales ESC, 29, 4, 1974, S. 46-70, hier S. 822,
[28] Otto, Kaufleute, Sammlung 1, S. 586. Siehe auch Paul Münch (Hg.), Ordnung, Fleiss und Sparsamkeit. Texte und Dokumente zur Entstehung der „bürgerlichen Tugenden", München 1984; und die „starke Affinität zum Bieder-Tüchtigen" bei Bausinger, Bürgerlichkeit und Kultur, S. 134.
[29] Otto, Kaufleute, Sammlung 2, S. 603.
[30] Walter Däbritz, David Hansemann und Adolph von Hansemann, Krefeld 1954, S. 93, 144. Siehe auch S. 153 zu Arbeit, Fleiss und Pedanterie.
[31] Otto, Kaufleute, Sammlung 1, S. 643.
[32] A. Germain, Henri Germain. Le Fondateur du Crédit Lyonnais, Paris 1921, S. 7, 11, 26.

liebe verliere".[33] Benjamin Delessert ist «laborieux» und besitzt einen «esprit d'ordre et de méthode».[34]

III. Menschliche und geschäftliche Tugenden

1. Stilmittel

Man kann die Stilisierung des Bankiers am Beispiel des Buchs der berühmten Kaufleute verfolgen, das stellvertretend für ähnliche Werke steht.[35] In dem Bemühen, den idealen Bankier darzustellen, gibt es zunächst einen Überblick über die Eigenschaften, welche die Betätigung im Bankgeschäft erfordert, um dann konkrete Personen mit eben diesen Attributen auszustatten. Zunächst zum Geschäft: Das Geschäft verlangt Scharfsinn, Geschick, Mut, Gewinnorientierung, Rechnung und Berechnung.[36] Diese Eigenschaften sind noch neutral. Sie können zum Guten wie zum Schlechten hin eingesetzt werden, lassen aber in Bezug auf den Bankier bereits an ihre negativen Konnotationen denken.[37] Diese Ambivalenz muss aufgehoben werden, um Vertrauen zu rechtfertigen. Ihre guten Seiten werden doppelt abgesichert: durch eine Natur und ei-

[33] Inge Bauert-Keetman, Deutsche Industriepioniere, Tübingen 1966, S. 54.
[34] G. Petit-Dutaillis, Portraits des Banquiers, Paris 1982, S. 188/89.
[35] Dazu zahlreiche Beispiele in: Otto, Kaufleute.
[36] Otto, Kaufleute, Sammlung 1, S. 540-43; Sammlung 2, S. 600-603. Siehe auch Däbritz, Hansemann, S. 93, 144, 153; Eichborn, Soll und Haben von Eichborn & Co., S. 20, 303; Walter Däbritz, Gründung und Anfänge der Disconto-Gesellschaft, Berlin, München, Leipzig 1931, S. 63/64, 169; Disconto-Gesellschaft (Hg.), Die Disconto-Gesellschaft 1851-1901, Berlin 1901, S. 29; Ahlmann, Wilhelm Ahlmann, S. 53; Allgemeine Deutsche Credit-Anstalt, ohne Jahr, ohne Seitenangabe; G. Biedenkapp, Bahnbrecher des Weltverkehrs, Berlin 1904, S. 104, S. 114; In memoriam Carl Fürstenberg (28. 8.1850 - 10. 2.1933), Gedenkworte, anlässlich des Todes von Carl Fürstenberg, von seinen Mitarbeitern in der Berliner Handelsgesellschaft, Berlin 1933, S. 5-6; Germain, Germain, S. 7, 20/21, 26, 30; C. Eckert, August Freiherr von der Heydt, in: Bank-Archiv, Nr. 9/10, 1909, S. 145-148, hier S. 146; Moritz Leiffmann, Stellung und Aufgaben des Privatbankiers im heutigen Wirtschaftsleben, in: Verband deutscher Banken e.V. (Hg.), Verhandlungen des 4. Allgemeinen Deutschen Bankiertages zu München am 17. u. 18. September 1912, Berlin 1912, S. 54; Achterberg, Lebensbilder, hier Mendelssohn, S. 121, 125, hier Mevissen, S. 185; Siegfried Merzbach, Friedrich Hengst & Co. Ein Privatbankhaus in seinem Wirtschaftsraum, 1832-1957, Frankfurt 1957, S. 34; Bauert-Keetman, Deutsche Industriepioniere, hier Mevissen, S. 54; G. J. Ouvrard, Mémoire sur sa vie et ses diverses opérations financières, 2. Ausg., 3 Bde, Paris 1926 u. 1927, S. 56.
[37] Hans Rosenberg, Grosse Depression und Bismarckzeit, Berlin 1976, wo vor allem die polemische Literatur wie etwa Glagau rezipiert wird.

ne Moral.[38] Die schlechten Seiten werden anderen zugeordnet, häufig den französischen Bankiers: Abgrenzung als Stilmittel.

2. Natur

Zunächst zur Absicherung der guten Eigenschaften durch die Natur: Der Bankier Salomon Heine ist „tief gemüthlich und naiv", „grossherzig", ein „zärtlicher Gatte und Vater"[39] und begegnet so dem Verdacht, seine ihm andernorts zugeschriebene kühle Rechnernatur könne in die negativ besetzte Berechnung umschlagen,[40] „natürliche" Gewinnorientierung[41] als Triebfeder des Geschäfts könne in Gewinnsucht zum Schaden des Publikums mutieren. Die Arglosigkeit, die Naivität dieser Naturen wird dadurch betont, dass die Autoren ihnen mangelndes Redetalent, Hemdsärmeligkeit und ungeniertes, nicht affektiertes Benehmen bescheinigen,[42] und sie so erneut vor dem Vorwurf der Berechnung in Schutz nehmen. Heine glich: „dem ungeschliffenen Diamant..., der rauh, eckig, seltsam geformt ist, aber gleichwohl einen hohen Werth in sich selbst trägt. Mangels einer guten Jugenderziehung artete nicht selten bei ihm das berechtigte Selbstgefühl, wie es aus dem Bewusstsein selbsterworbenen Wohlstandes entspringt, in verletzende Schroffheit aus. Aber wie reichlich ward der Abgang äusserer Politur durch die biedere Einfachheit seines Wesens ersetzt, durch eine seinem Charakter zu Grunde liegende Gutmüthigkeit, durch warmes Mitgefühl für jedes Leiden und jedes nützliche Streben."[43]
David Hansemann ist ein „lebhafter, tatkräftiger, aber wenig um äusserlichen Pomp bekümmerter Herr."[44] Adolf von Hansemann ist „wortkarg" und

[38] Zur Unterscheidung von "natural affections" ("generosity and benevolence") und "unnatural affections" ("inhumanity", "envy"), "benevolent" und "selfish passions", "calm" und "violent motions of the will" bei Shaftesbury and Hutcheson, siehe Albert O. Hirschman, The passions and the interests. Political arguments for capitalism before its triumph, Princeton 1977, S. 63-65.
[39] Otto, Kaufleute, Sammlung 1, S. 636.
[40] Otto, Kaufleute, Sammlung 1, S. 561. Eine Charakteristik bürgerlicher Lebensführung findet sich bei Kocka, Bürgerlichkeit, Bd. 1, S. 27: „besonderes Familienideal, ... eine durch emotionale Beziehungen statt durch Zweckhaftigkeit und Konkurrenz geprägte Sphäre in Absetzung zu Wirtschaft und Politik" Vgl. dagegen die bürgerliche Familie als „basic social and busness unit" bei Charles A. Jones, International business in the 19th century: the rise and fall of a cosmopolitan bourgeoisie, Brighton 1987, S. 4. Hier ist eine Parallele zum Treueideal des „bourgeois vieux style" festzustellen, der die Frühphase des Kapitalismus beherrscht: Konkurrenz ist verpönt, wird sogar mit Strafe belegt. Siehe Sombart, Bourgeois, S. 23-30.
[41] Otto, Kaufleute, Sammlung 2, S. 600.
[42] Ebenda, 612, 636; dagegen polemisch Glagau, Börsen- und Gründungschwindel, S. 127.
[43] Otto, Kaufleute, Sammlung 2, S. 630.
[44] Biedenkapp, Bahnbrecher, S. 118.

„schlicht".[45] Schon sein Vater gab wenig auf „modische Kleidung" und war „ohne Eitelkeit".[46] Georg von Siemens Hals „wird von einem der Mode längst entwöhnten Umlegekragen umschlossen; eine schwarze Binde der ursprünglichsten Art lugt unter dem Kragen hervor."[47] Die Autoren geben ein „familiäres Zeugnis für die gmütliche Atmosphäre in seinem Hause. Er liebte es, „bequem auf dem Sofa zu liegen,... Romane, auch Indianergeschichten zu lesen."[48] Boudet grenzt Laffitte: «actif, amoureux du risque, vaniteux » von dem Bankier Poirier ab: «cette simplicité de manières, de ces allures bourgeoises, de cette affabilité»'[49]

Vor diesem Hintergrund ist die Aufregung des Autors Otto über den Satz David Hansemanns: „Bei Geld hört die Gemütlichkeit auf"[50], verständlich, gefährdet er doch die Bemühung der Stilisten, eine Einheit von Person und Geschäft, eine Integrität, zu suggerieren. Eine ungeteilte Gemütlichkeit[51] soll also die erste Sicherung vor dem Missbrauch der Kreativität zum Schaden des Publikums darstellen. Ist der Bankier offenkundig redebegabt, wie etwa Hansemann, so muss dieses Talent mit dem Attribut „nicht verführerisch"[52] versehen werden. Adolf von Hansemann ist eine „streng sachliche Natur", „nüchtern", „kühl", und hat einen „durchdringenden Verstand". Gleichzeitig ist er aber „persönlich immerfort einfach und schlicht im menschlichen Verkehr und von einer angeborenen Liebenswürdigkeit" und geniesst ein „ungetrübtes Eheglück".[53]

Harkort war „ein Rechner mit menschlichen und gesellschaftlichen Beziehungen, aber kein kleinlich Berechnender, dessen Kalküle in Pfennigfuchserei, Streberei oder kalte Raffiniertheit ausarteten."[54] Die notwendige Rechnung darf nicht in Berechnung umschlagen: Hier kommt das Gemüt zum Einsatz. Dies wird wiederum durch die kühle Rechnung davor bewahrt, Schaden im Geschäft anzurichten.

---

45 Däbritz, Hansemann, S. 154-155.
46 Achterberg, Lebensbilder, S. 141, 151.
47 Zeitungsberichte von 1899 über Reichtagsreden von Siemens, zitiert in: Achterberg, Lebensbilder, S. 229.
48 Ebenda, S. 230.
49 Boudet, Monde des affaires, S. 591.
50 Otto, Kaufleute, Sammlung 2, S. 613.
51 Siehe Hirschman, Passion and interest, S. 56. Hier heißt es: "it was necessary to endow the obstinate desire for gain with an additional quality: harmlessness."
52 Otto, Kaufleute, Sammlung 2, S. 608.
53 Däbritz, Hansemann, S. 16, 58, 37, 66, 150.
54 Allgemeine Deutsche Credit-Anstalt, Harkort (ohne Seitenangaben).

3. Moral

Die Moral bekehrt den Scharfsinn und das Geschick zu „ehrenvollem“ Verhalten, bevor sie ins Gewiefte umschlagen können. Der zunächst noch wertneutrale, amoralische „Muth“ bricht sich nur in „gesetzlichen Geleisen Bahn“.[55] Maier Amschel Rothschild ist „ebenso klug und thätig, wie streng rechtlich und zuverlässig.“[56] Noch 1952 übernimmt Boudet die Charakterisierung Rothschilds aus der Brockhaus-Enzyklopädie von 1826: „son inlassable activité et la droiture de son esprit.“[57] Bei David von Hansemann ist „die kaufmännische Beweglichkeit mit voller Solidität verbunden.“[58] Beweglichkeit und Geschick scheinen besonders verdächtige Eigenschaften zu sein, die umgehend durch Gemessenheit und Solidität neutralisiert werden müssen. Eugen Gutmann von der Dresdner Bank ist laut Pinner „eine Vollblutnatur, ein Draufgänger, eine Persönlichkeit voll Konstruktionen und Ideen, die sich manchmal durch ihr Temperament zu weit und zu schnell fortreissen liess, aber doch der bauenden Kraft nicht ermangelte.“ Im folgenden grenzt Pinner den blossen „Börsen- und Geschäftsinstinkt“ gegen „bauende Kraft“ ab, und kontrastiert den Bankier mit dem Finanzier: Jacob Goldschmidt von der Danatbank ist: „voll von Gedanken, mit Geschick und Schick in den Fingern, noch nicht ganz ausgereift, mit scharfem, kritischem Blick begabt, vielleicht kein grosses Baugenie, aber ein gescheiter, agiler Former.“[59]

Hansemann dagegen kombiniert „Scharfblick und Energie“ mit „eiserner Charakterfestigkeit“ und „eine rastlose Betriebsamkeit“ mit „solider Geschäftsführung“ und „strenger Zuverlässigkeit.“[60] Camphausen ist ein „nicht nur scharf, sondern auch rechtlich denkender Geist.“[61] Fürstenberg, ist laut Jeidels ein „imponierender Geldverdiener für die Bank“, ist „von höchster persönlicher und beruflicher Moral.“[62]

Das Gewinnstreben ist vor dem Hintergrund eines Denkens und Handelns im Sinne der gesamten Volkswirtschaft, des Allgemeinwohls, legitimiert.[63] Die Eichborns sehen sich 1822 als „rationelle Kaufleute“, die „der arbeitenden Volksklasse ein reichliches Auskommen verschaffen konnten.“ Eine Unterneh-

---

[55] Otto, Kaufelute, Sammlung 2, S. 608.
[56] Otto, Kaufleute, Sammlung 1, S. 553.
[57] Boudet, Monde des affaires S. 648-649.
[58] Disconto-Gesellschaft, S. 191. In etwa mit gleichem Inhalt: Allgemeine Deutsche Credit-Anstalt, Becker (ohne Seitenangaben).
[59] Pinner, Berliner Bankdirektoren, S. 225/26.
[60] Otto, Kaufleute, Sammlung 1, S. 602/03.
[61] Biedenkapp, Bahnbrecher, S. 104.
[62] In memoriam Carl Fürstenberg, S. 16.
[63] Pinner, Berliner Bankdirektoren, S. 224.

mensfinanzierung brachte Verluste, so dass sich die Eichborns „mit dem Bewusstsein trösten, der heimischen Industrie einen wichtigen Dienst geleistet zu haben."[64]

Selbst der grosse Spekulant Ouvrard scheint die Notwendigkeit zu fühlen, sein Gewinnstreben zu legitimieren: «Je suis né avec la passion des grandes affaires; elles sont un besoin de l'activité de mon esprit; c'est une espèce de jeu don't l'expérience et la raison ne corrigent pas; mais il a du moins cela d'honorable que, s'il este décévant pour l'intéret de celui qui si livre à ses chances périlleuses, il est utile pour le pays qui y trouve des moyens de puissance, de crédit et de succès.» [65]

Gegen die 1856 bevorstehende Gründung der Allgemeinen Deutschen Credit-Anstalt wehrt sich die Konkurrenz mit der folgenden Begründung: „Die dem Lande bisher eigenen Anstalten hätten die Bestimmung gehabt, dem Wohl des Landes oder einzelnen Zweigen der Industrie zu dienen. Unternehmungen der Art des Crédit mobilier dienten nur dem Interesse der Unternehmer, deren einzige Triebfeder der eigene Gewinn sei."[66]

Otto beschreibt das Engagement der Disconto-Gesellschaft in Bergwerken wie folgt: „Geld im Kasten übt einen zauberhaften Einfluss auf den aus, der darüber zu disponiren hat. Er ist von dem unwiderstehlichen Triebe, es immer nutzbarer anzulegen, fortdauernd geängstigt, am meisten natürlich dann, wenn ...die Nutzbarmachung zugleich Pflicht und Ehrensache ist."[67] Boudet unterscheidet «Financiers et Banquiers». Der «financier» ist « l'homme qui entreprend sans se préoccuper du public», währender der Bankier «soucieux du capital qu'on leur confie et de la pérennité del'oeuvre engagée» ist.[68] Benjamin Delessert sieht das Geschäft als „utile concours au pays."[69]

Die Schattenseiten Berechnung und Gewinnsucht werden moralisch mit Stifter- und Mäzenatentum in Schach gehalten, also den Qualitäten Uneigennutz und Selbstlosigkeit. Dabei ist die notwendige Zurschaustellung persönlichen Reichtums sorgfältig gegen den Luxus abzugrenzen. Bohner schreibt daher über Maier Amschel Rothschild: „Der bescheidene Mann hätte auch nie ohne Not ein grosses Haus machen wollen."[70] Boudet beendet seine seitenlange Aufzählung überbordenden Luxus indem er die «hommes d'affaires » vor 1914 davon aus-

[64] Eichborn, Soll und Haben von Eichborn & Co, S. 265, 307.
[65] Ouvrard, Memoires, Bd. 1, S. VIII.
[66] Allgemeine Deutsche Credit-Anstalt, hier Kapitel „Gründung, Kampf – Festigung 1856-1869" (ohne Seitenangaben).
[67] Beispiele dazu in: Otto, Kaufleute.
[68] Boudet, Monde des affaires, S. 35.
[69] Petit-Dutaillis, Portraits, S. 189.
[70] T. Bohner, Der ehrbare Kaufmann. Vom Werden und Wirken deutscher Wirtschaft, Hamburg 1956, S. 495.

nimmt: «Riens dans le bureau du banquier ou du grand commerçant qui peut évoquer la splendeur ni même le luxe. Des meubles cossus, mais sévères, des rideaux aux teintes sombres; les portraits des ancêtres de la maison. La puissance finançière de l'homme d'affaires se contentait en général d'un cadre discret et ne cherchait pas à s'affirmer par une mise en scène tapageuse. Dans leur demeure particulière également la plupart des grands hommes d'affaires mènent une vie comfortable, mais sans ostentation. »[71]
Georg von Siemens ist „persönlich …extrem bescheiden". Dennoch versäumte er seine Repräsentationspflichten nicht. Er ist ein „Schaffer, kein Raffer".[72] Beides, sichtbarer Profit und Uneigennutz, sind Voraussetzungen, um das Vertrauen des Publikums zu gewinnen. Aus diesem Spagat besteht der grösste Teil der Stilisierung, die so auch dem Zerrbild des Bankiers, dem Wucherer, begegnet.[73] David von Hansemann zeichnet eine „souveräne Geringschätzung materieller Werte" aus.[74] Adolf von Hansemann „ohne raffgierig zu sein, wusste Verdienen zu schätzen. Er war einer der reichsten Männer Berlins und war es gern. Das zeigt sich in seiner Lebensführung, die grossartig, aber beileibe nicht protzig war."[75] Über das Leben Henri Germains heisst es: «melé très étroitement …aux contingences brutales de l'argent, elle a su garder un isolement et une pureté.»'[76] Otto erwähnt Hamburgs „geistige Temperatur, durchweht von den Prinzipien der Ordnung und Pflichttreue, auch der Plusmacherei, die dem Kaufmann, will er anders ehrenhaft dastehen, so zu sagen aufgezwungen wird."[77] Felix Kaskel schreibt über den 1845 verstorbenen Michael Kaskel: „Michael war sich auch der caritativen Verpflichtungen bewusst, die der zunehmende Reichtum mit sich brachte. …Zu erwähnen bleibt noch, dass Michael Kaskel nicht nur ausschliesslich ans Geldverdienen dachte, sondern auch ein grosser Musikfreund war, wie ein Opernabonnement vom 2. Oktober 1830 beweist."[78]

---

[71] Boudet, Monde des affaires, S. 728.
[72] Achterberg, Lebensbilder, S. 229, 238.
[73] Rosenberg, Große Depression, S. 71-74; Wilhelm Treue, Der Privatbankier an der Wende vom 19. Jahrhundert zum 20. Jahrhundert, in: Tradition, 15. Jg., Heft 5, 1970, S. 225-238, hier S. 230.
[74] Däbritz, Hansemann, S. 147/48.
[75] Achterberg, Lebensbilder, S. 142.
[76] Germain, Germain, S. 32.
[77] Otto, Kaufleute, Sammlung 1, S. 600.
[78] Joachim F. Kaskel, Vom Hoffaktor zur Dresdner Bank: Die Unternehmerfamilie Kaskel im 18. u. 19. Jahrhundert, in: Zeitschrift für Unternehmensgeschichte, 28. Jg., 1983, S. 159- 187, hier S. 173.

4. Abgrenzung

Nun zum dritten Mittel der Stilisierung, der Abgrenzung von anderen. Der „Buhmann“ des deutschen Bankiers ist sein französisches Pendant. Bei Otto ist der französische Bankier, wie sein deutscher Kollege, „beweglich“, „schöpferisch“, „schlau“, „lebhaft“, aber „ohne Mass und Ziel“, mit einem „ins Ungemessene strebenden Geschäftsgeist.“[79] Gegen den „romantischen Finanzier“, der es versteht, „durch die Feinheit seines Benehmens alle Welt zu entzücken“, „jenes merkwürdige, bewegliche Brüderpaar“, den „lebhaften, zungenfertigen Franzosen“, der „mit Millionen wie mit Federbällen um sich wirft“,[80] hebt sich der ungenierte, wortkarge, eben nicht verführerische deutsche Bankier als Muster an Seriosität vortrefflich ab: „Ceremoniel und Feinheit zu affektiren, dazu gab er sich nicht her“, so Otto über den „ungenirten“ Salomon Heine.[81]

Das Negativbild des französischen Bankiers lässt die vom deutschen Bankier erwarteten Tugenden schärfer hervortreten und liefert ein klares Bild davon, wie der deutsche Bankier auf keinen Fall sein soll. Die Schwächen Ouvrards: „Heisshunger nach grossartigen Spekulationen“, „vorhandene Anlage zum Leichtsinn“, seine „Eitelkeit ..., die seine Spekulations- und Gewinnsucht womöglich noch überwog“, „wurzeln indes zum nicht geringen Theil im Nationalcharakter seines Volks. Ouvrard war vor allem durch und durch Franzose.“[82]Auch der Luxus des Landgutes Ouvrards, Raincy, „das an Pracht mit jedem Fürstensitz wetteiferte“,[83] lässt die Bescheidenheit der deutschen Bankhäuser nur umso deutlicher hervortreten. Was das Verhältnis zum Luxus betrifft, hat Ouvrard sich jedoch selbst zum leichten Opfer der Bankierstugendwächter gemacht. In seinen Memoiren schwärmt er von Raincy: „grande chère, élégant...“.[84] Über seine Landsleute sagt er zudem, sie besässen „le goût de la société, des plaisirs, du luxe.“[85] Der schlichte deutsche Bankier kontert: Eichborn macht sich über einen „Verschwender“ lustig, dessen Wappen den Spruch „Die Tugend ist sich selbst Lohn“ führe. Er habe Bankrott gemacht, besässe aber „Geschmack“[86]

Während der Spekulant Ouvrard sich am städtischen Salonleben ergötzt,[87] gibt sich der Bankier dem Landleben hin. Henri Germain «avait ignoré les snobis-

[79] Otto, Kaufleute, Sammlung 2, S. 522, 532, 606, 615. Siehe auch S. 540.
[80] Otto, Kaufleute, Sammlung 1, S. 523, 541, 588: gemeint sind die Pereires.
[81] Otto, Kaufleute, Sammlung 2, S. 636.
[82] Ebenda, S. 514, 516, 530, 532.
[83] Ebenda, S. 518.
[84] Ouvrard, Memoires, S. 52-54.
[85] Ebenda, S. 16.
[86] Eichborn, Soll und Haben von Eichbron & Co., S. 61, Anm. 61.
[87] Ouvrard, Memoires, Bd. 1, S. 17.

mes, condamné les voluptés, dédaigné les communes ambitions. Pour le reposer de son oeuvre, il n'avait demandé à la vie que de lui offrir parfois un peu d'air pur et l'horizon des bois pacifiants.»[88] Favreau von der Allgemeinen Deutschen Credit-Anstalt tut es ihm gleich: „Seine Berufsarbeit füllte seine Zeit, und in den Stunden der Erholung konnte der Naturfreund ihm oft auf einsamen Pfaden der heimatlichen Wälder begegnen."[89] Auch Benjamin Delessert liebte «une vie simple et paisible ».[90] Ouvrard dagegen preist «l'urbanité et l'esprit de salon au milieu de nos moeurs nouvelles » und «les femmes qui contribuèrent à mettre en rapport les hommes marquans de l'époque. »[91]
Der seriöse französische Bankier grenzt sich davon wie folgt ab. „Dans l'atmosphère simple et élévée qui était celle de son salon, il ne pouvait supporter les frivolités ou les coquetteries, les compliments fades débités aux femmes. »[92]
Die Bemühungen der deutschen Autoren klingen durch das ganze 19. Jahrhundert hindurch wie Antworten auf den Vorwurf der französischen Leichtigkeit: Anselm Rothschild sei „bei aller Schlichtheit seines Wesens, allen denen, welche ihn kannten, wohl als ein sehr kluger Kopf, aber nicht als ein salonmässig plaudernder Feuilletonist erschienen."[93] Und Fürstenbergs „goldener Humor" sei „mehr als die Gabe des Einfalls und der sprühenden Unterhaltung. Er machte keine Witze und erzählte keine."[94]
Diese Art der Abgrenzung scheint sich durch das ganze 19. Jahrhundert und darüber hinaus gehalten zu haben. Seinen „Kleinen Katechismus für die liebe Finanzjugend" versieht ein deutscher Autor 1832 mit dem boshaften Seitenhieb auf die französischen Nachbarn: „Geschrieben für jedes Experimental-Land unterm Monde, wo Plusmacher und aufgeschossene Finanzpilze noch mit der Stange im Nebel herumfahren."[95] Noch 1913 charakterisiert Liefmann Frankreich „als von jeher das Land der Bankenexperimente."[96] Däbritz berichtet 1931 genüsslich, Pereire habe Mevissen als „altmodischen Deutschen behandelt, als er sich zu Börsenmanövern nicht hergab."[97]

[88] Germain, Germain, S. 31.
[89] Allgemeine Deutsche Credit-Anstalt, Kapitel über Favreau (ohne Seitenangaben).
[90] Petit-Dutaillis, Portraits, S. 31.
[91] Ouvrard, Memoires, Bd. 1, S. 17.
[92] Germain, Germain, S. 11.
[93] Otto, Kaufleute, Sammlung 1, S. 568. Siehe dazu auch die „niederdeutsche Wesensgewichtigkeit" Georg von Siemens bei Pinner, Berliner Bankdirektoren, S. 158.
[94] In memoriam Carl Fürstenberg, S. 16.
[95] „Kleiner Katechismus für die liebe Finanzjugend. Geschrieben für jedes Experimental-Land unterm Monde, wo Plusmacher und aufgeschossene Finanzpilze noch mit der Stange im Nebel herumfahren", Regensburg 1832.
[96] Robert Liefmann, Beteiligungs- und Finanzierungsgesellschaften, Jena 1913, S. 426.
[97] Däbritz, Gründung und Anfänge, S. 62.

Aber auch die französischen Autoren folgen dem gleichen Muster in der Abgrenzung des Bankiers vom Spekulanten. Der Bankrotteur Mirès sei «doué d'une activité fébrile et d'une forte volonté, il est ardent jusqu'à la violence.»[98] Gegenüber den Mitgliedern der haute banque « un Mirès fait grossière figure. Mais quel aplom, quel flair, quelle vitalité! »[99] Dagegen heben sich die «vertus françaises de prudence et d'épargne ...en se dressant partout, à l'encontre des spéculations malsaines et des grandes pilleries internationales, comme le protecteur du travail honnête et patient. »[100] Boudet bezeichnet den Crédit mobilier als eine dem französischen Bankwesen wesensfremde Kreatur.[101]
Der „Buhmann" des französischen Bankiers ist der englische Banker. Thiers grenzt 1851 die Franzosen deutlich von den englischen Handelsgepflogenheiten ab: «En Europe on ne nous regarde pas comme un peuple sensé en politique..., mais en industrie, nous sommes parfaitement sensés: il n'y a pas un commerce qui ait été plus mésuré, moins hasardeux que le nôtre.»[102] Sherman dagegen zitiert Tocqueville, der 1856 Napoleons Versuche beschreibt „to make us English; to give us a taste for great and hazardous undertakings; leading to great gains, great losses, profuse expenditure, and sudden fortunes and failures. Such things suit the English, they don't suit us. Our habits are economical and prudent, perhaps timid ... We like to grow moderately rich by small profits, small expenditures, and constant accumulation."[103] Wie die Bankiers mit der Reputation zur Einschätzung von Risiken in konkreten Einzelfällen umgingen, geht aus den folgenden Auszügen aus Briefwechseln französischer und deutscher Bankiers hervor.

IV. Die Substitution des Geschäfts durch die bürgerliche Person II

1. Charaktereigenschaften

Welche Eigenschaften hat der idealtypische Kunde und Kollege zu zeigen, um wirkungsvoll sachliche und technische Informationen über ein Geschäft ersetzen zu können? Die verlangten bürgerlichen Tugenden sind Pünktlichkeit, Fleiss, Sparsamkeit, Risikoscheu, eine regelmässige und damit eine vorhersagbare Lebensführung sowie ein geordnetes Familienleben. Die Disconto-Gesellschaft

[98] Petit-Dutaillis, Portraits, S. 206.
[99] Boudet, Monde des affaires, S. 35.
[100] Germain, Germain, S. 21.
[101] Boudet, Monde des affaires, S. 34.
[102] Ebenda, S. 18.
[103] D. Sherman, Governmental Responses to Economic Modernization in Mid-nineteenth Century France, in: Journal of European Economic History,Vol. 6, 3, 1977, S. 717-736, hier S. 733.

lehnt 1905 ein von der Norddeutschen Bank an sie herangetragenes Geschäft mit der Begründung ab, dass der Kreditnehmer, James von Bleichröder, „ein leichtsinniger Mensch ist, der von seiner Frau geschieden sich öffentlich mit seiner Maitresse zeigt & auf die Pflichten die er als Theilhaber seiner Firma hat, nicht die mindeste Rücksicht nimmt.“[104] Im selben Jahr zögert die Disconto-Gesellschaft, sich an einer vom Bankhaus Oppenheim angeregten „Automobil- und Sport-Versicherungs-A.G.“ zu beteiligen, weil es „nicht recht schicklich sei für die Disconto-Gesellschaft, mit Sportkreisen in Verbindung gebracht zu werden.“[105]

Im Jahr 1911 empfiehlt ein Gutachter der Deutschen Bank, die Leitung einer Projektgesellschaft mit zwei Chefs zu besetzen, die sich in folgender Weise ergänzen sollen: „Mc Ilravy ist ein mit allen Hunden gehetzter business-man…; er macht aber allgemein einen nicht besonders gebildeten Eindruck. Ich würde deshalb empfehlen, ihn als General Sales Manager (Vice President) neben einem repräsentativen Präsidenten, der aber die geschäftliche Gebahrung nur mehr kontrolliert, im übrigen die Ausführung dem Herrn Mc.Ilravy überlässt, anzustellen.“

Der Gutachter schlägt als Präsidenten einen Montanunternehmer vor, ein „durchaus vornehmer, tüchtiger, ruhiger Mann von umfassender allgemein kaufmännischer, wie auch als hervorragender Ingenieur, technischer Bildung.“[106] Bei der Suche nach einem geeigneten Leiter für ihre rumänischen Erdölinteressen besteht die Disconto-Gesellschaft 1910 sowohl auf „nötiger Sachkenntnis“ als auch auf dem „nötigen gesellschaftlichen Standing“ und „guten gesellschaftlichen Gaben“.[107]

Die Auswertung einer umfanreichen Korrespondenz ergab, dass Bankiers Informationen über die persönlichen Eigenschaften von Geschäftspartnern und Schuldnern sammeln. In diesem Zusammenhang mag es interessieren, dass die erste, 1841 gegründete, *credit rating agency* (Norris & Dun) hauptsächlich Informationen über Charaktereigenschaften und Gewohnheiten der Unternehmer und weniger Daten über die Unternehmen selbst erhob und auswertete.[108] In der Regel betrauen Bankiers befreundete Kollegen mit der Überwachung von Ge-

[104] Historisches Archiv der Deutschen Bank AG (HADB), Bestand Disconto-Gesellschaft, NB 56, Brief Alexander Schoellers an Max von Schinckel vom 10. Februar 1905.

[105] Es handelte sich dabei wohl um ein Geschäft der Münchener Rückversicherungs-Gesellschaft, HADB, Bestand Disconto-Gesellschaft NB 56, Brief der Disconto-Gesellschaft an Max von Schinckel vom 9. August 1905.

[106] HADB, Bestand Lehigh Coke Co., A 576, Bericht Caro vom 12. Juli 1911.

[107] HADB, Bestand Disconto-Gesellschaft, NB 54, Brief der Norddeutschen Bank an Georg Solmssen vom 3. März 1910.

[108] J. D. Norris, R. G. Dun & Co., 1841-1900: The Development of Credit Reporting in the 19th Century, Westport Conn., 1978.

schäftspartnern und Kunden vor Ort, wo sie Urteile über deren „Moralität" und „Charakter" einholen.[109]

Gelegentlich werden diese Informationen noch einmal von anderen Kollegen – streng vertraulich – überprüft. 1825 hatte der Pariser Bankier Isaac Thuret die Firma Schlumberger et Grosjean um Auskunft über eine neue Firma gebeten. Schlumberger antwortete, die Firma habe zunächst Anfangsschwierigkeiten gehabt, aber dies sei normal. Schlumberger rühmte deren technische Kenntnisse und fuhr dann fort: «Quant à leur moralité nous n'avons rien entendre dire qui leur serait défavorable & nous les croyons de très braves gens. ... Nous vous prions de faire un usage discrêt de ce que nous vous disons & de disposer libremt. de nous en pareille ou toute autre occasion. »[110]

1828 machte Thuret von diesem Angebot Gebrauch und befragte Schlumberger zu drei verschiedenen Firmen, die ebenfalls mit Schwierigkeiten zu kämpfen hatten. Schlumberger empfahl trotzdem, zu diesen Firmen Beziehungen zu unterhalten, weil sie vermögend seien, aber vor allem, weil sich ihre Zahlungsmoral in der letzten Krise bewährt habe: „Elle s'est cependant tirée de la der crise de la manière la plus honorable."[111] Aus der Korrespondenz zwischen Thuret und Koechlin et Cie ist aus dem Jahr 1828 eine Liste mit Auskünften über 18 Firmen erhalten, die während der Krise in der Textilindustrie ihre Zahlungen einstellten. Koechlin hatte diese Liste für Thuret erstellt, «pensant qu'il pourra vous interesser de connaitre en peu la marche des maisons en suspension». Koechlin schreibt, wieviel die aussergerichtlichen Vergleiche mit den Häusern jeweils bringen könnten. Drei Schuldner bieten Hypotheken an, zwei bieten Bürgschaften. Als sicherer gelten die Bürgschaften – „avec la garantie de la famille".[112] Informationen über die Familien- und Vermögensverhältnisse eines anderen potentiellen Kunden von Thuret schliesst Koechlin mit der Bemerkung ab: „Mr. S. est très-rangé, sage & économe."[113]

Für den Bankplatz Berlin übernimmt es das Bankhaus Bleichröder, die Kunden der Kölner Privatbankhfirma Oppenheim zu beobachten und auf ihre Kreditwürdigkeit hin zu beurteilen. Im Jahre 1843 übergab Oppenheim Bleichröder eine Liste mit den Namen der Berliner Bankhäuser, die für den Kölner Bankier

---

[109] HADB, Karolinen-Syndikat, S. 481, Brief der Deutschen Bank an die Oberrheinische Bank vom 10. März 1904.

[110] Archives Nationales, 68 (Thuret) AQ 114, Schlumberger et Gosjean an Thuret vom 7. Februar 1825.

[111] Archives Nationales, 68 (Thuret) AQ 114, Schlumberger et Gosjean an Thuret vom 6. Juni 1828.

[112] Archives Nationales, 68 (Thuret) AQ 114, Koechlin et Cie an Thuret vom 7. u. 20. März 1828.

[113] Archives Nationales, 68 (Thuret) AQ 114, Koechlin et Cie an Thuret vom 4. Dezember 1830.

den Verkauf der Aktien der Colonia Versicherung und der Rheinischen Eisenbahnen an der Berliner Börse übernehmen sollten: „Wir bemerken Ihnen, dass diese sämmtlichen Häuser (Wolff & Co., E. & J. Meyer, J. Gebest & Co., A. H. Heymann & Co., Nathan & Co., Krohn Gebr. & Co., Liebermann & Co., F. M. Magnus, Arons Wolff, A. J. Saling, S. Herz) für ihre Rechnung bei uns arbeiten, und wir wünschen daher über jedes genau und specielle Auskunft. ... Können wir bei Summen von Th 40/ à 50/m bei deren Accept ruhig schlafen?“[114]
Aufgrund der Information, die Bleichröder Oppenheim über das Haus Arons vermittelte, hielten die Kölner Bankiers einen Kredit an Arons zurück. Oppenheim erneuerte seine Bitte an Bleichröder, ihn über die Lage einzelner Häuser detailliert aufzuklären: „Was Sie uns über die beiden angefragten Häuser sagen, haben wir mit Verwunderung vernommen. Da wir Gebr. Arons über jeden Zweifel erhaben glaubten so hatten wir denselben ... fr. 50/m Einschuss wegen des Laffitte'schen Anlehens in Paris zur Verfügung gestellt ... Nach Ihrer Warnung haben wir heute das Accreditif in Paris widerrufen. ... Sagen Sie uns ob wir bei allen diesen Leuten ruhig seyn können und halten sie uns genau und täglich von allem in Kenntnis was dort vorgeht. Wir werden Ihnen dafür sehr dankbar seyn. ... Es versteht sich von selbst, dass gegenwärtiges ein strenges Geheimnis bleibt und bitten wir Sie uns dieses Schreiben mit Ihrer Antwort zu retourniren.“[115]
Die positiven Beurteilungen von Schuldenern enden meist in der Formel „solide und vermögend“, wobei der Begriff „solide“ nicht auf die Zahlungsfähigkeit, sondern auf die Zahlungswilligkeit abhebt.[116]
Zwischen 1857 und 1859 führten die Oppenheims eine Liste von über 101 „Banquiers“, „Speculanten“, „Wechsler“, „Caissiers“ und „Makler“, mit denen sie Geschäfte machten. Die Häuser wurden klassifiziert mit „Noten“ zwischen 1aa, 1a, 1b, 2a, 2b und 3, die sich aus „geschätztem Vermögen“ und „Handlungsweise“ zusammensetzten. Das einzige Haus mit der Note 1aa, gleichzeitig das Haus mit dem grössten geschätzten Vermögen, ist Gebr. Schickler. Bei der Schätzung des Vermögens wird vermutlich zwischen liquidem Vermögen und Immobilien unterschieden. Das liquide Vermögen wird auf 8 Millionen (vermutlich Taler) geschätzt, das Gesamtvermögen, einschliesslich der Fabriken und Güter, auf 16 Millionen. Die Handlungsweise wird als „chevaleresque“ bezeichnet. Die meisten Geschäftspartner, darunter auch zwei Spekulanten, deren Vermögen laut Oppenheim „zwischen 100 mille und Null“ liegt, werden in der Liste als „coulant“ geführt. Einer dieser Spekulanten, Louis Kudzschinsky, wird als

[114] Oppenheim Archiv, Bd. 93, Brief Oppenheims an S. Bleichröder vom 5. November 1843.
[115] Oppenheim Archiv, Bd. 23, Brief Oppenheims an S. Bleichröder vom 10. Juni 1844.
[116] Oppenheim Archiv, Bd. 94, Brief Oppenheims an Götz Meyer vom 9. Januar 1847. Siehe auch Brief Oppenheims an S. von Haber vom 5. Oktober 1840; Brief Oppenheims an Max von Haber vom 24. September 1840; Brief Oppenheims an S. Herz vom 28. Juni 1842; Bd. 28, Brief Simon Oppenheims an seinen Bruder Abraham vom 4. Februar 1853.

„intelligenter Mann, doch zu viel Theoretiker" eingestuft. Ein dritter Spekulant, Louis Meyer, dessen Vermögen „zwischen 200 mille und Null" schwanken soll, wird dagegen als „Wagehals" bezeichnet. Die anderen Adjektive, neben dem am häufigsten verwendeten „coulant", mit denen die Oppenheims ihre Geschäftspartner beschreiben, lauten: „schwerfällig", „wenig kaufmännisch", „wankend", „kleinlich", „steif", „unbeliebt", „brav", „gentil", „raffiniert", „schlau", „geldgierig" und „schmutzig". Einer ist ein „Pedant", ein anderer ein „Chicaneur". Über den „braven" Bankier Philipp Kaufmann heisst es noch, er sei erst „durch Verluste klug geworden". Mendelssohn & Co. wird „europäisches Renommée" bescheinigt. Über den Bankier Jos. Jacques schreibt Oppenheim: „ausgezeichnete Leitung (Mann der Neuzeit)".[117]

Wenig ändert sich mit dem Aufkommen der Aktienbanken seit den 1850er Jahren. Im Jahr 1853 beraten Abraham Oppenheim und Gustav Mevissen über einen Marcuse aus New York, der Agent oder sogar Kommanditist der Darmstädter Bank werden will: „Er beruft sich auf die bedeutendsten amerikanischen Häuser, und es spricht sehr zu seinen Gunsten, dass er Procurant von dem bedeutenden Hause Geb. Reiss war. Bei demselben können wir die genauesten Erkundigungen über seine Moralität haben."[118]

Nach Abschluss des Syndikatsvertrags zum Hanfanbau auf den Karolinen erkundigte sich die Deutsche Bank bei der Oberrheinischen Bank in Mannheim nach einer Firma aus der Seilindustrie, die der Partner Jaluit-Gesellschaft an dem Projekt auf der Inselgruppe beteiligt hatte. Die Deutsche Bank will vor allem wissen, „wer jetzt der massgebende Mann in ihrer Leitung ist und welchen Character er hat." Die Oberrheinische Bank schreibt zurück, der Leiter der Firma gelte als „grosspurig, rücksichtslos und [sei] mit grösster Vorsicht zu geniessen." Ausserdem liege die Firma mit ihrer Hausbank im Prozess.[119] Aufgrund dieser Information zieht sich die Deutsche Bank aus dem Geschäft zurück. Im Jahr 1906 erkundigte sich die Disconto-Gesellschaft bei der Dresdner Bank nach einem ihr bis dahin unbekannten Kunden, den die Dresdner Bank als „respektabel, bemittelt und kreditwürdig" bezeichnet. Da die Dresdner Bank jedoch die Hausbank der betreffenden Firma ist, stellt die Norddeutsche Bank aus Hamburg „streng vertraulich!" zusätzlich weitere Erkundigungen an. In ihrem Antwortschreiben warnt das Institut aus Hamburg die Disconto-Gesellschaft zusätzlich vor einem Direktor, der „zu Chikanen neigt und gern processirt." Dessen früherer

[117] Oppenheim Archiv, Ordner Banken-Verzeichnis zwischen 1857 u. 1859.

[118] Oppenheim Archiv, Bd. 27, Brief Abraham Oppenheims an Gustav Mevissen vom 19. Juli 1853.

[119] HADB, Karolinen-Syndikat, S. 481, Brief der Deutschen Bank an die Oberrheinische Bank vom 10. März 1904; Brief der Oberrheinische Bank an die Deutsche Bank vom 11. März 1904.

Kompagnon, der jetzt im Verwaltungsrat eines argentinischen Montanunternehmens auftaucht, wird getadelt, weil er „für recht unternehmend gilt."[120]
Es fällt auf, dass die Bankiers, je höher das Risiko einer gemeinsamen Unternehmung, desto grösseren Wert darauflegen, dass der Geschäftspartner grundsätzlich risikoscheu sei. Rothschild hatte bereits 1852 in seinem Kampf gegen den Crédit mobilier den „esprit d'entreprise qui caractérise notre èpoque" beklagt. Weitere Beispiele sollen belegen, dass zuviel Geschäftssinn als negative Eigenschaft eingestuft wird. Bourgeois, Geschäftspartner Thurets, beurteilt 1832 einen Schuldner ungünstig: «M. Moreau me parait si versatil dans ce qu'il fait, que je n'y ai beaucoup de confiance! »[121] Koechlin äussert sich in ähnliche Weise über einen Kunden Thurets: «Cette maison [Tilot et Chastilleux] est gérée avec beaucoup d'activité et d'économie & un esprit d'ordre désirable ... malgré que cette maison soit peut être un peu entreprenante.»[122] Oppenheim preist Hess, den jüngeren, billigeren, Direktor der Darmstädter Bank (nachdem Mevissen das Amt abgelehnt hatte), „une fameuse acquisition à ce prix", ist aber besorgt, dieser sei „trop ardant dans les affaires".[123] Eine gewisse Schwerfälligkeit scheint hingegen als Gütesiegel zu gelten. 1908 äussert sich Max von Schinckel von der Norddeutschen Bank lobend über einen Kollegen: „Herr Director Schwarz gilt für einen zwar sehr schwerfälligen, aber im Uebrigen sehr zuverlässigen Mann!"[124]
Als die Disconto-Gesellschaft 1907 die Errichtung einer Dependance in New York erwägt, empfiehlt ihr ein Gewährsmann, sich an Goldman, Sachs & Co. zu beteiligen, die „zu den befähigsten und konservativsten Geschäftsleuten zu rechnen sind." Dabei sei die Disconto-Gesellschaft „von vornherein der Sorge enthoben, dass unprofitable oder riskante Geschäfte zum Abschluss kommen könnten. ... In Bezug auf solche Geschäfte ist die erste Vorbedingung absolutes persönliches Vertrauen, und das verdienen wohl Goldman, Sachs & Co. mehr als die meisten anderen New Yorker Firmen, die ja fast alle zu wirklich spekulativen Geschäften hin neigen."[125]

[120] HADB, Bestand Disconto-Gesellschaft, NB 68, Brief Max von Schinckels an die Disconto-Gesellschaft vom 1. Juni 1906.
[121] Archives Nationales, 68 AQ 126, Bourgeois an Thuret vom 19. Okt. 1832.
[122] Archives Nationales, 68 AQ 126, Koechlin an Thuret vom 22. April 1832
[123] Oppenheim Archiv, Bd. 27, Brief Abraham Oppenheims an Gustav Mevissen vom 19. Mai 1853.
[124] HADB, Bestand Disconto-Gesellschaft, NB 54, Brief von Schinckels an Salomonsohn vom 8. Februar 1908.
[125] HADB, Bestand Disconto-Gesellschaft, NB 68, Bericht Rintelens vom 7. Februar 1907.

2. Glücksspiel und Börsenspiel

In ihren Korrespondenzen unterschieden Bankiers zwischen Glücksspiel und Geschäft sowie Bankier und Spekulant, um Geschäftsverbindungen zu charakterisieren, die sie ablehnen oder eingehen wollten. Die Norddeutsche Bank versorgte 1910 die Disconto-Gesellschaft mit Informationen über ein Privatbankhaus, das letztere übernehmen wollte: „Alles was sie sind und haben, verdanken sie dem alten Namen Ephraim Meyer & Sohn: Börsenspekulanten gehören nicht zu ihrer Kundschaft."[126]

Die Korrespondenzen bestätigen zunächst die Selbstdarstellung der Bankiers, in der die Antiglücksspielhaltung als bürgerliche Tugend eine zentrale Rolle spielt. Aus den Briefwechseln geht aber auch hervor, dass sich Bankiers privat durchaus an Glücksspielen beteiligen oder ihre Börsenengagements als solche bezeichnen. Die Disconto-Gesellschaft ist im Grunde genommen sogar damit einverstanden, dass man unbefriedigende Gewinne im Depositengeschäft mit Gewinnen aus Börsengeschäften kompensiert: „ohne Spekulationen und hohe Vorschüsse geht es dabei nicht ab."[127] Im nachfolgenden Schreiben an den erschreckten Partner Norddeutsche Bank macht die Disconto-Gesellschaft dann doch einen Rückzieher und führt den grundsätzlichen Unterschied zwischen Spiel und Geschäft wieder ein: „Gegen eins möchte ich mich aber wehren: dass Sie etwa auch die Disconto-Gesellschaft im Verdacht haben, dass wir unser Effektengeschäft in unseren Stadtkassen so betrieben, wie Sie in Ihrem Briefe schildern. Unseren Depositenkassen-Vorstehern ist es streng verboten, die Kundschaft zu Spekulationsgeschäften irgendwie durch Aufforderung oder Anreizung, oder gar durch Besuche zu animieren, und wenn etwa hiergegen gesündigt werden sollte, so wird seitens der Direktion stets streng eingeschritten. Ich pflichte vollständig darin bei, dass es ein Segen wäre, wenn seitens der kleinen Leute in Deutschland nicht so viel spekuliert würde und wieder ein etwas soliderer Geist die Oberhand gewinnen würde. Freilich gelten ja auch wir in vielen Kreisen als arg rückständig."[128]

Ein anderer Begriff für die Börsenspekulation ist „Liebhaberei".[129] Simon Oppenheim spekuliert auf fallende Kurse wegen der Verzögerung der Konzession für die Spiegelmanufaktur Aachen-Stolberg und dann auf einen Anstieg bei der

---

[126] HADB, Bestand Disconto-Gesellschaft, NB 54, Brief von Schinckels an Schoeller vom 19. März 1910.

[127] HADB, Bestand Disconto-Gesellschaft, NB 56, Brief der Disconto-Gesellschaft an die Norddeutsche Bank vom 9. März 1912.

[128] HADB, Bestand Disconto-Gesellschaft, NB 56, Brief der Disconto-Gesellschaft an die Norddeutsche Bank vom 22. März 1912.

[129] Oppenheim Archiv, Bd. 28, Briefe Simon Oppenheims an Abraham Oppenheim vom 28. Dezember 1852 und 13. Januar 1853.

Erteilung der Konzession. Ähnlich spielt er mit Eisenbahnaktien und mit Aktien von Banken: „Steigen die Actien um 20 fr. so werde ich sie wieder verkaufen lassen, fallen sie dann wieder, sie wieder einkaufen und immer so hin und her mit 100 Actien handeln; dann kann man immer an Ort und Stelle etwas naschen ohne viel zu riskieren." Simon riskiert vielleicht nicht viel Geld, jedoch, nach Ansicht seines Buders Abraham, den guten Ruf von Oppenheim. Abraham hatte Simon wiederholt vor dem Börsenbesuch gewarnt und fürchtet, dass Simon ihm diesen verschweigt. Simons Antwort ist nicht sehr überzeugend, zeigt aber, dass er sehr wohl weiss, was er aufs Spiel setzte: „Dass ich dir nicht von der Börse schreibe, liegt einfach darin, dass ich nicht hingehe. Ich bin ja nicht hier, um die Börse zu besuchen, und würde das nur schlechten Effect machen. Man kann Geschäfte machen ohne an die Börse zu gehen [durch Makler]."[130]
Die Beteiligung an einer durch einen Geschäftsfreund als „riskantes Spiel" identifizierten Baissespekulation soll deshalb „privatim" und nicht offiziell für den Namen Oppenheim erfolgen.[131] Noch 1912 nimmt die Norddeutsche Bank sich zunächst „ihrer ganzen Tendenz und Ueberlieferung nach" von jedem „Spekulationsgeschäft" aus, das sie „nicht *besonders* [handschriftlich ergänzt] zu fördern gesucht hat" und lobt die Hamburger Kaufleute. Die würden zwar „jeden Morgen" von ihren Börsenmaklern besucht, gingen diesen Geschäften aber diskret nach: „In dem alten Hamburger Kaufmann lebt aber noch immer der gesunde Sinn, nach welchem für einen wahren Kaufmann Börsenspekulationsgeschäfte sich eigentlich nicht recht schicken; wenn er sich aber dazu entschliesst, so wendet er sich noch lieber an seinen Makler als an eine Bank, bei der er vielleicht Credit hat. Gern gebe ich zu, dass der Zug der Zeit auf die Börse hinweist, ob das aber geschäftlich und moralisch ein grosses Glück ist, bleibt mir noch zweifelhaft."[132]

V. Bankiers und „Hasardeure" - Schlussbetrachtung

Die Stilisierungen zielen, um die Eigenschaft der Berechenbarkeit kreisend, vornehmlich auf die Abgrenzung des Bankiers vom Spieler beziehungsweise auf die Abgrenzung des Bankgeschäfts vom Spiel. Die ausdrückliche Ächtung des Glücksspiels in zeitgenössischen Schriften findet ihren Widerhall sowohl in den

[130] Oppenheim Archiv, Bd. 28, Brief Simon Oppenheims an Abraham Oppenheim vom 2. Januar 1853.
[131] Oppenheim Archiv, Bd. 28, Brief Simon Oppenheims an Abraham Oppenheim vom 3. März 1853; Schreiben von Unbekannt in Wien an Oppenheim vom 4. März 1853.
[132] HADB, Bestand Disconto-Gesellschaft, NB 56, Brief Petersens an Solmssen vom 11. März 1912.

Selbstdarstellungen der Bankiers als auch in deren Privatkorrespondenz.[133] Die Häufigkeit und Intensität dieser Abgrenzungen spiegelt nur die tatsächlich empfundene Nähe des Geschäfts zu Spekulation, Risiko, Glücksspiel wider – Synonyme für unsolides, unbürgerliches Verhalten.[134] Ouvrard beklagt sich daher über die gesellschaftliche Ächtung, die dem faillierten Geschäftsmann sicher ist: „Manquer de parole à un spéculateur est une des maximes commodes de leur morale."[135]

Die Gleichsetzung von Spiel und Geschäft betont deren Hasardcharakter, wobei der Begriff Spekulation im frühen 19. Jahrhundert oft, aber nicht ausschliesslich abwertend gebraucht wird.[136] Er drückt, wie auch die Bilder, die zur Bezeichnung der Geschäftswelt dienen, die Unberechenbarkeit der Risiken aus. Die Geschäftswelt ist ein „Tummelplatz", „ein von Klippen strotzendes Meer", „ein Papierturm".[137] Neue Geschäfte haben grundsätzlich „un caractère aléatoire" - eine Charakterisierung, die der Bankier für seine Person widerlegen muss, um Geschäftspartner zu gewinnen. Das Geschäft beginnt immer mit dem „guten Ruf", der bürgerlich und darin vor allem durch eine Anti-Glücksspielhaltung gekennzeichnet ist. [138]

---

[133] Diese enthält natürlich Elemente der Selbstdarstellung. Da sie aber an Insider wie Kollegen und Kunden gerichtet ist, muss sie nicht unbedingt mit den hagiographischen Schriften übereinstimmen.

[134] Glagau, Börsen- und Gründungsschwindel, S. 4, 20, 32; Sombart, Bourgeois, S. 162; Rondo Cameron, Some French Contributions to the Industrial Development of Germany, 1840-1870, in: Journal of Economic History, Vol. 15, 3, 1956, S. 281-321, hier S. 303; Gille, Banque en France, S. 186; Alain Plessis, Le retard français: la faute à la banque? Banques locales, succursales de la Banque de France et financement de l'économie sous le second Empire, in: Patrick Fridenson et al. (Hg.), Le Capitalisme Français 19e-20e siècle. Blocages et dynamismes d'une croissance, Paris 1987, S. 205.

[135] Ouvrard, Memoires, Bd. 1, S. IX.

[136] Otto, Kaufleute, Sammlung 1, S. 573; Fritz Seidenzahl, Eine Denkschrift David Hansemanns vom Jahre 1856. Ein Beitrag zur Entstehungsgeschichte der deutschen Aktienbanken, in: Moderne Wirtschaftsgeschichte, Köln u. Berlin 1966, S. 86.

[137] Otto, Kaufleute, Sammlung 1, S. 568, 603.

[138] Zur Anti-Glücksspielhaltung als „bourgeois habit" und zur Parallele wirtschaftliches Risiko-Glücksspiel siehe auch zahlreiche Zitate in Sherman, Economic Modernization, S. 722.

Bankiers als Kunstmäzene: Die Kunstsammlungen der beiden sächsischen Direktoren der Dresdner Bank Gustav und Victor von Klemperer

Andreas Graul

I. Einleitung

Zwei Generationen der Familie von Klemperer haben die Geschichte der Dresdner Bank vom letzten Drittel des 19. Jahrhunderts bis zur sogenannten „Machtergreifung" der Nationalsozialisten maßgeblich mit geprägt. Gustav von Klemperer und sein Sohn Victor erwarben sich bei der Etablierung dieser deutschen Großbank vor allem in Sachsen und damit auch um die Entwicklung des sächsisch-mitteldeutschen Wirtschaftsraumes große Verdienste.[1] Von 1890 bis zum Ende des Jahres 1913 war Gustav von Klemperer Mitglied des Vorstands der Dresdner Bank und ihr Direktor in Dresden, danach stellvertretender Vorsitzender, in seinem letzten Lebensjahr sogar Vorsitzender des Aufsichtsrates des Instituts. Auf seinen Sohn Victor von Klemperer geht dagegen die Gründung der wichtigen Leipziger Filiale der Dresdner Bank im Jahre 1909 zurück. Von 1914 bis zu seinem erzwungenen Ausscheiden aus der Bank im Jahre 1934 leitete er das Dresdner Stammhaus, bis er aufgrund der von den Nationalsozialisten erlassenen antijüdischen Maßnahmen und Gesetze seinen Posten aufgeben musste. Aufgrund seiner bis dahin ausgeübten Funktionen erscheint es durchaus als denkbar, dass Victor von Klemperer ein potentieller Kandidat für einen Vorstandsposten bei der Dresdner Bank war. Durch die nach der „Machtergreifung" eingeleiteten Maßnahmen zur Verdrängung der Juden aus allen Leitungspositionen bei der Dresdner Bank war ihm dieser Weg jedoch verbaut.[2]

Die von Klemperers verdienten sich nicht nur als Bankiers ihre Meriten, sondern exponierten sich als Mitglieder des sächsischen Groß- und Wirtschaftsbürgertums auch als Förderer von Wissenschaft und Kunst. Beide waren darüber hinaus begeisterte Kunstsammler. Gustav von Klemperer sammelte Porzellan und

[1] Zur Entwicklung der Dresdner Bank in dieser Zeit: Felix Jüdell, Erfahrung lässt sich nicht vererben. Die Dresdner Bank - ihre Entwicklung von 1872 bis 1914, Dresden 2005 (Publikationen der Eugen Gutmann-Gesellschaft, Bd. 1); Hans G. Meyen, 120 Jahre Dresdner Bank, Frankfurt 1992, S. 53-67; Harald Wixforth, Bank für Sachsen oder Bank für das Reich, in: Simone Lässig u. Karl-Heinrich Pohl (Hg.), Sachsen im Kaiserreich. Politik, Wirtschaft und Gesellschaft im Umbruch, Köln u Weimar 1997, S. 310-342.

[2] Zur Verdrängung des jüdischen Personals bei der Dresdner Bank nach 1933 siehe Dieter Ziegler, Die Verdrängung der jüdischen Angestellten, in: ders, Die Dresdner Bank und die

Miniaturen, sein Sohn Victor Bücher, Handschriften und vor allem Werke der frühen Druckkunst.[3] Durch die von den Nationalsozialisten eingeleiteten antijüdischen Maßnahmen, die auch eine bewusste Erinnerung und Würdigung der Verdienste von jüdischen Funktionsträgern und Wirtschaftsbürgern verhindern sollten, geriet die Bedeutung der von Klemperers für die Wirtschaft Sachsens und Mitteldeutschlands, aber auch für die Entwicklung der Dresdner Bank fast in Vergessenheit, bis in einer von der Eugen Gutmann-Gesellschaft im Jahre 2004 herausgegebenen Doppelbiographie ihr Lebenswerk noch einmal eingehend nachgezeichnet wurde.[4]
Anders als ihre Tätigkeit im Bankwesen waren die Sammlungen Gustavs und Victors von Klemperer sowie deren wechselvolles Schicksal bereits mehrfach Gegenstand wissenschaftlicher Aufarbeitungen. Zudem fanden sie publizistische Beachtung. Beide Aspekte, der berufliche Werdegang sowie die Sammlertätigkeit und die Beschäftigung der Klemperers mit Wissenschaft und Kunst, gehören jedoch zusammen, will man ihre Persönlichkeit und ihre Stellung im sächsischen Wirtschaftsbürgertum korrekt einschätzen. Dies soll im folgenden geschehen, wobei die Bedeutung ihrer Kunstsammlungen im Vordergrund der Betrachtung steht.

II. Zur Forschungslage

In seiner 1973 veröffentlichten Publikation „Chronik der Juden in Dresden" legte Adolf Diamant zum ersten Mal Dokumente über die Beschlagnahmung der Kunstsammlungen Gustav und Victor von Klemperers durch die Nationalsozialisten vor, die Rückschlüsse sowohl auf ihren Umfang, als auch auf ihren Wert zuließen.[5] Erst mehr als zwanzig Jahre später erinnerte Manfred Mühlner in einem Aufsatz an die Inkunabelnsammlung der Klemperers, wobei er im Wesentlichen den Ausführungen Victors im Vorwort des Katalogs folgte, der anlässlich einer Ausstellung publiziert worden war.[6]

deutschen Juden, München 2006, ders.; Die Verdrängung der Juden aus der Dresdner Bank, in: Vierteljahrshefte für Zeitgeschichte, Nr. 47, 1999, S. 187-216.

[3] Zum Mäzenatentum von Wirtschafsbürgern vor allem in Leipzig und Köln: Thomas Aden, Stiften in deutschen Bürgerstädten vor dem Ersten Weltkrieg. Das Beispiel Leipzig, in: Geschichte und Gesellschaft, 33. Jg., Heft 1, 2007, S. 46-71; Viola Effmert, Sal. Oppenheim jr. & Cie., Kulturförderung im 19. Jahrhundert, Köln 2006.

[4] Andreas Graul, Gustav und Victor von Klemperer. Eine biographische Skizze, Dresden 2004 (Veröffentlichungen der Eugen Gutmann-Gesellschaft, Bd. 2.)

[5] Adolph Diamant, Chronik der Juden in Dresden, Darmstadt 1973.

[6] Manfred Mühlner, Begeistere Liebe für die Erzeugnisse der Buchkunst – Die Inkunabelnsammlung Victor von Klemperers, in: Sammler und Mäzene in Dresden. Dresdner Hefte, 15. Jg., Heft 49, 1/1997, S. 55-60. Mühlner war von 1985 bis 1997 Leiter der Sondersammlungen und vertrat in der Angelegenheit Klemperer den Direktor der Sächsischen Landesbibliothek.

Die Aufzeichnungen Victor von Klemperers, die er von Juni 1938 bis Juni 1942 im Exil verfasste und von denen Exemplare im New Yorker Leo-Baeck-Institut und im Wiener Institut für die Geschichte der Juden in Österreich existieren, sowie die Erinnerungen von Victors Ehefrau und seinem Sohn Gustav-Victor wurden damals jedoch nicht herangezogen. Mit dem Schicksal der Porzellansammlung befasste sich dagegen im Jahre 2001 intensiv die Kunsthistorikerin Annette Loesch. Fünf Jahre später untersuchte die Juristin Sabine Rudolph nochmals die Inkunabelnsammlung Victors und deren Verbleib.[7]
Nach wie vor ist das Interesse an den beiden Sammlungen relativ groß, was zum einen auf deren kunsthistorische Bedeutung, zum anderen auf deren Schicksal während der NS-Diktatur, des Krieges und der Nachkriegszeit zurückzuführen ist. Beide Sammlungen entstanden in einem kulturellem Umfeld, das an Bedeutung und Tradition in Europa seinesgleichen sucht. Seit der Zeit des sächsischen Kurfürsten und polnischen Königs August des Starken gehörte Dresden zu den wichtigsten Kunstmetropolen des Kontinents. Unmittelbare Auswirkungen dieser kulturellen Blütezeit waren bis Ende des 19. Jahrhunderts und noch im ersten Drittel des 20. Jahrhunderts in den städtebaulichen und architektonischen Meisterwerken, den Galerien und Museen sowie den Bühnen der Stadt zu sehen. Diese Epoche wurde durch die Bombennächte vom Februar 1945 endgültig beendet, nachdem sie 1933 mit dem Beginn der nationalsozialistischen Herrschaft bereits ihr geistiges Ende gefunden hatte. Zeugnisse dieser Epoche besitzen jedoch bis heute einen hohen Stellenwert in der Kunst- und Sammlerwelt.

III. Die Porzellansammlung Gustav von Klemperers

Gustav Klemperer, der am 24. April 1852 in Prag das Licht der Welt erblickte und in kleinbürgerlichen Verhältnissen aufwuchs, aber eine gymnasiale Ausbildung genoss, begann in der sächsischen Residenzstadt Dresden seinen beruflichen Werdegang. Nach seiner Ausbildung zum Bankkaufmann im Bankhaus Robert Thode wechselte er im Jahre 1890 zur Dresdner Bank, wo er gemäß seines Anstellungsvertrags Mitglied der Direktion des Instituts in Dresden und zudem Mitglied des Vorstands wurde. Klemperer war für zwei Jahrzehnte unbestritten die wichtigste Person für das operative Geschäft der Dresdner Bank in Sachsen. Finanziell und gesellschaftlich gehörte er zu den zu dieser Zeit vielfach erfolgreichen Aufsteigern ins Großbürgertum. Das Handbuch der Mil-

[7] Anette Loesch, Das Schicksal der Porzellansammlung Gustav von Klemperers, .in: Beiträge öffentlicher Einrichtungen in der Bundesrepublik Deutschland, Jahrgang 2001, S. 57 –77; Sabine Rudolph, Von Nazis enteignet, bis heute in Russland. Victor von Klemperes Inkunabelnsammlung, in: Kunst im Konflikt, Osteuropa,. 56. Jahrgang. Heft 1-2, 2006.

lionäre führt ihn im Jahre 1912 mit einem Vermögen von 5,3 Millionen Mark und einem Jahreseinkommen von 290.000 Mark auf. Das war in etwa die Grössenordnung, in der sich auch das Vermögen und Einkommen des ebenfalls in Dresden lebenden Ingenieurs und Firmeninhabers Werner Ferdinand Siemens oder des Leipziger Kaufmanns C. Alexander Frege bewegte.[8] Im Jahre 1910 verlieh der österreichische Kaiser und König von Ungarn Franz Josef II. (1830-1916) Gustav Klemperer – der auch in Sachsen österreichischer Staatsbürger geblieben war – wegen seiner Verdienste als kaiserlicher und königlicher Honorarkonsul in Sachsen den erblichen Adelstitel „Edler von Klemenau". Für von Klemperer bedeutete dies den Höhe- und Endpunkt seines Strebens nach gesellschaftlicher Anerkennung und nach formaler Gleichberechtigung mit der in Sachsen vorherrschenden Adelsschicht. Besonders verschärft unter den Bedingungen der königlichen Residenz- und Beamtenstadt Dresden galt das, was Ludwig von Nordegg für die Berliner Gesellschaft konstatierte, dass „der Unternehmer ungeachtet seiner wirtschaftlichen Potenz auf der sozialen Stufenleiter doch immer nicht viel weiter oben als früher" stünde.[9]

Mit der Verleihung des Adelstitels wurde die Ebenbürtigkeit mit Mitgliedern der Hofgesellschaft und der Verwaltungselite sowie das hohe gesellschaftliche Prestige dokumentiert. Eine Erhebung in den erblichen sächsischen Adelsstand hätte einen noch höheren Grad an Anerkennung für von Klemperer bedeutet, blieb ihm aber versagt.

Wie viele Wirtschaftsbürger seiner Zeit versuchte Gustav von Klemperer, der keine Universität besucht und absolviert hatte, mit dem Aufbau einer umfangreichen Kunstsammlung Anschluss an das Bildungsbürgertum zu bekommen. Zwar gibt es explizit keine Äußerungen von ihm dazu. Dennoch ist davon auszugehen, dass seine Sammlertätigkeit eine als defizitär empfundene Ausbildung kompensieren sollte. Ein solches Verhalten wurde von der Forschung für andere Unternehmer nachgewiesen.[10] Häufig wurde der Prunk der Wirtschaftselite während des Kaiserreiches als „feudal" missverstanden. Das Engagement als Mäzene, Kunstsammler oder Förderer künstlerischer und wissenschaftlicher Talente stellte eine Möglichkeit dar, den eigenen sozialen Status zu unterstreichen, da Angehörige des Bildungsbürgertums auf das „ungebildete" Wirtschaftsbürgertum, die „Neureichen", herabschauten. Diese adaptierten vor allem Attribute und soziale Verhaltensweisen des Bildungsbürgertums, um dem Vorwurf der mangelnden Bildung zu entgehen. Die Beschäftigung mit der Kunst entsprang häufig

[8] Rudolf Martin, Jahrbuch des Vermögens und Einkommens der Millionäre im Königreich Sachsen, Berlin 1912, S. 10.
[9] Ludwig von Nordegg, das ist Adolf von Wilke, Die Berliner Gesellschaft 1907, S. 15, zitiert in: Sven Kuhrau, Der Kunstsammler im Kaiserreich, Kiel 2005, S. 55.
[10] Vgl. ebenda, S. 57.

diesem Motiv. Nicht zu übersehen ist jedoch, dass Angehörige des Wirtschaftsbürgertums in ihren Kunstsammlungen eine über Jahrzehnte hinweg weitgehend wertbeständige Kapitalanlage sahen.[11]
Die Anfänge der Sammlung von Klemperers, an der auch seine Ehefrau Charlotte einen maßgeblichen Anteil hatte, gehen auf das Jahr 1890, den Beginn seiner Tätigkeit bei der Dresdner Bank, zurück. Die Gründe von Klemperers, Meißner Porzellan zu sammeln, liegen im Dunkeln, da sich dazu keine Äusserungen von ihm nachweisen lassen. Doch dürften von Klemperers Kenntnis der sächsischen Geschichte und Tradition, sowie sein Wissen über die bis in das frühe 18. Jahrhundert reichenden Herstellung dieses Luxusgutes, aber auch die Nähe zur ältesten europäischen Porzellanmanufaktur in Meißen maßgeblich seine Entscheidung beeinflusst haben. Dazu beigetragen haben könnte auch die persönliche Bekanntschaft mit Philipp Rosenthal (1855-1937). Von Klemperer lernte ihn spätestens 1897, wohl aber schon viele Jahre früher kennen, als er im Auftrage der Dresdner Bank beim notariellen Gründungsakt der Philipp Rosenthal & Co. AG im bayerischen Selb teilnahm. Über lange Jahre hinweg waren Gustav von Klemperer, der auch der Vorsitzende des Aufsichtsrats der Firma in Selb war, und Philipp Rosenthal freundschaftlich miteinander verbunden. Nach dem Ende des Ersten Weltkrieges zerbrach diese Freundschaft, da von Klemperer die sozialpolitischen Einstellungen und das gesellschaftliche Engagement Rosenthals nicht teilte, der die Beteiligung von Mitarbeitern an Unternehmen propagierte und auch praktizierte.
Der Kunsthistoriker Ludwig Georg Schnorr von Carolsfeld (1877-1945), der die einleitenden Worte zum 1928 erschienenen Katalog der Porzellansammlung von Klemperers verfasste, testierte in diesem Zusammenhang, dass es sich dabei um die nach Umfang und Inhalt bedeutendste Privatsammlung Meißner Porzellans handele. Waren es anfänglich Miniaturen, kamen später Kunstgegenstände aus Porzellan hinzu. Da das Sammlungsgut gleichzeitig der Ausstattung der repräsentativen Villa in Dresden diente, standen weniger kulturhistorische oder museale Aspekte im Mittelpunkt, sondern vielmehr persönlicher Geschmack und Neigung. Die wertvollen Porzellane erhielten dadurch einen einzigartigen Charakter, der sich als eine Mischung von „Fast“ -Gebrauchsgegenstand und Ausstellungsstück beschreiben lässt. Ihre Eigentümer wurden gleichsam Bewohner einer kunsthistorischen Exposition. Wie für die meisten Kunstsammler und Mäzene seiner Zeit bedeutete die Beschäftigung mit der Kunst auch für von Klemperer neben der Darstellung seines wirtschaftlichen Erfolges eine spezifische Art von sinnstiftender Zerstreuung und Entspannung von der mehr oder weniger

[11] Dieter Ziegler, Eugen Gutmann. Unternehmer und Großbürger. Vortrag anlässlich der konstituierenden Mitgliederversammlung der Eugen Gutmann-Gesellschaft am 3. April.2003, in: Eugen Gutmann-Gesellschaft. Gründungsversammlung, Frankfurt am Main 2003, S. 43.

anstrengenden Berufstätigkeit in der Bank. Schnorr von Carolsfeld bezeichnet „die Versenkung in die Kunst vergangener Epochen" daher auch als „ein seelisches Bedürfnis."[12]

Erst wenige Jahre vor seinem Tode, vermutlich unter dem Eindruck, dass sein Sohn Victor mit der wissenschaftlichen Aufarbeitung seiner Inkunabelnsammlung begonnen hatte, beschloss auch Gustav von Klemperer, einen Katalog seiner Porzellan- und Miniaturensammlung zu veröffentlichen. Ursprünglich wollte er wohl seinen zwölf Enkelkindern eine bleibende Erinnerung an die Sammlung der Großeltern hinterlassen. Das Werk erschien aber erst nach seinem Tode im Jahre 1928 unter maßgeblicher Mitwirkung seiner Witwe, „die jedes Stück genau kannte und von seiner Herkunft und Geschichte zu erzählen wusste. Ihrer persönlichen Anteilnahme und ihrer Initiative ist es zu verdanken, dass das vorliegende Katalogwerk im allgemeinen dem entspricht, was Gustav von Klemperer geplant hatte."[13] Neben dem Autor Ludwig Schnorr von Carolsfeld war auch die Meißner Porzellanmanufaktur in Person ihres Gestaltungsdirektors Prof. Erich Hösel (1869-1953) selbst am Projekt beteiligt.[14]

Hösel ist vor allem die chronologische Bestimmung und die Identifikation der einzelnen Sammlungsgegenstände und ihrer Hersteller zu verdanken. Begleitet hatte die Sammlung auch der Leipziger Kunstsammler Georg Wilhelm Schulz (1864-1920). Erwähnenswert ist zudem, dass die Sammlung von Klemperers auch die Dresdner Bankiersfamilie Heinrich und Lisa Arnhold dazu inspirierte, 1926 im Todesjahr Gustavs mit der eigenen systematischen Sammlung von Meißner Porzellan zu beginnen. Im Unterschied zu von Klemperer setzte die Sammlung der Arnholds jedoch nicht auf die barocke Tradition, sondern eher auf die Moderne.[15]

Die umfangreiche Sammlung von Klemperers selbst – sie zählte zum Zeitpunkt der Beschlagnahme durch die Nationalsozialisten 836 Stücke – bestand überwiegend aus Figuren und Figurengruppen, wobei Tierplastiken eine besondere Bevorzugung erfuhren. Sie umfasste außerdem den unmittelbaren Vorgänger auf dem Weg zum europäischen Porzellan, das sogenannte Böttgersteinzeug.

---

[12] Porzellansammlung Gustav von Klemperer. Dresden 1928, S. 13.

[13] Ebenda, S. 14.

[14] Erich Hösel (1869-1953) ursprünglich Bildhauer, studierte an der Kunstakademie in Dresden und lehrte an der Kunstakademie Kassel. Seit 1903 war er Leiter der Gestaltungsabteilung und ab 1912 Gestaltungsdirektor der Meißner Porzellanmanufaktur. Von ihm stammen Entwürfe für Indianer- und Indergruppen und diverser Tierfiguren, die auf Einflüsse seiner Studienreisen resultiere, die ihn 1898/99 in den Vorderen Orient und 1904 nach Nordamerika führten.

[15] Vgl. Monika Schlechte, Zum Dresdner Umfeld der Porzellansammlung Lisa und Heinrich Arnhold,. in: Sammlungen. Auktionen. Handel, S. 6

Aus der Hand Böttgers selbst stammte in der Sammlung Klemperers jedoch nur ein mit Gold bemalter und als Räuchergefäß dienender Pagodentempel. Eine hohe Bechervase aus der Hand des Augsburger Goldschmieds Johann Jakob Irminger, der bis 1726 die Funktion eines „Gestaltungsarbeiters" bei Böttger besaß, geht allerdings auf dessen Entwurf zurück. Andere Werke stammen aus der Werkstatt damals europaweit bekannter und begehrter Künstler wie zum Beispiel Johann Gregor Höroldt (1696-1775), dessen Verwandten Christian Friedrich Herdolt (auch Höroldt) (1700-1779), Johann Ehrenfried Stadler (Stadtler), Noah Ernst Bezold, Adam Friedrich von Löwenfinck (1714-1754), Johann Georg Heintze, Christian Wilhelm Ernst Dietrich (1712-1774), Johann Gottlob Kirchner, Justé- Aurelé Meissonnier, Johann Friedrich Eberlein und Peter Reinicke. Nahezu alle Werke waren Auftragsarbeiten für Herrscherhäuser oder Adelsfamilien. So finden sich in der Sammlung unter anderem Stücke für den Hof des Königs August III. von Polen, den Bischof von Ermland, die sächsischen Minister Heinrich von Brühl und Sulkowski oder den Freiherrn von Münchhausen. Die Sammlung umfasste Stücke aus den Jahren von 1710 bis 1775, wobei die meisten von ihnen zwischen 1735 und 1750 entstanden. Zur Kollektion gehörten Geschirre, Tafelaufsätze, Vasen, Uhren sowie Leuchter.

Daneben entstand auch eine Sammlung von Miniaturen. Der Katalog weist 213 kleinformatige Bildnisse von Fürsten, Adligen und Bürgern vom 16. bis zum 20. Jahrhundert aus den wichtigsten europäischen Staaten aus. Das bedeutendste unter den auf Medaillons und Dosen, auf Elfenbein, Pergament oder Leinwand gefertigten Bildern war ein Miniaturportrait des sächsischen Kurfürsten und polnischen Königs August des Starken vom Emailmaler Georg Friedrich Dinglinger (1666-1720). Die Veröffentlichung des im Todesjahr begonnenen Katalogs hat Gustav von Klemperer nicht mehr erlebt. Er starb am 27. Dezember 1926 in Dresden. Nach dem Tode Charlotte von Klemperers im Jahre 1934 ging die Porzellansammlung in das Eigentum der Söhne Victor, Herbert und Ralph über.

1938 verließen Victor von Klemperer und seine Frau Sophie geb. Reichenheim (1887-1976) nahezu mittellos Nazi-Deutschland, nachdem seine Brüder Ralph (1884-1956) und Herbert (1878-1951) bereits einige Jahre zuvor emigriert waren. Am 22. Dezember 1938 durchsuchte die Geheime Staatspolizei das Dresdner Wohnhaus Victor von Klemperers und seiner Frau, beschlagnahmte alle darin enthaltenen Kunstgegenstände, die Porzellansammlung der Eltern und dessen eigene Inkunabelnsammlung Akribisch wurden diese Gegenstände erfasst, aufgelistet und als „dem Deutschen Reich verfallen" deklariert, das heißt man enteignete die Besitzer entschädigungslos. Hinter den Kulissen begann zwischen Repräsentanten der Reichsbürokratie und der sächsischen Landesbürokratie ein interner Machtkampf über den Verbleib der Kunstsammlungen. Reichsstatthalter und Gauleiter Martin Mutschmann setzte sich vehement für die

Übergabe der Sammlungen an Dresdner Museen bzw. der Inkunabelnsammlung an die Sächsische Landesbibliothek ein. Dazu ließ er Expertisen durch die Direktoren der Landesbibliothek, Dr. Hermann Neubert, der Staatlichen Gemäldegalerie, Dr. Hans Posse, und der Staatlichen Porzellangalerie, Dr. Fritz Fichtner, anfertigen. Aus den Quellen geht nicht hervor, welche anderen Institutionen oder Nazigrößen ein Auge auf die Sammlungen der von Klemperers geworfen hatten. Aber allein die Tatsache, dass die Angelegenheit durch die Parteikanzlei mit Martin Bormann an der Spitze bzw. durch den Chef der Reichskanzlei, Hans Heinrich Lammers, zu entscheiden war, zeigt die geweckten Begehrlichkeiten.
Durch einen internen Erlass Hitlers vom 22. November 1941 wurden die „Kunstsammlungen der Juden Victor Israel, Ralf Israel und Herbert Israel Klemperer dem Lande Sachsen unentgeltlich übertragen.“ Dubletten sollten später ihren Platz im geplanten „Führer-Museum“ in Linz finden.[16] Den endgültigen juristischen Schlussstrich bildete die Verordnung des „Reichsstatthalters in Sachsen – Landesregierung – Ministerium des Innern“ vom 18. Februar 1942, Nr. 24 über die „Einziehung volks- und staatsfeindlichen Vermögens“, in der es hieß: „Auf Grund von § 1 des Gesetzes über die Einziehung kommunistischen Vermögens vom 26. Mai 1933 (RGBl. I, S. 293) in Verbindung mit dem Gesetze über die Einziehung volks- und staatsfeindlichen Vermögens vom 14. Juli 1933 (RGBl. I, S. 479) und dem Erlass des Führers und Reichskanzlers über die Verwertung des eingezogenen Vermögens von Reichsfeinden vom 29. April 1941 (RGBl. I, S. 303) werden sämtliche Vermögenswerte der emigrierten Juden Dr. Ralph und Viktor Israel von Klemperer, beide zuletzt in Dresden wohnhaft gewesen, zugunsten des Deutschen Reiches eingezogen.“[17]
Die wertvollsten Stücke aus der Sammlung von Klemperers wurden schließlich der Staatlichen Porzellansammlung einverleibt. Den ausgesprochen komplizierten verwaltungsmäßigen Ablauf des Enteignungsprozesses und den internen Machtkampf in den Verwaltungsbürokratien hat Sabine Rudolph akribisch dargestellt.[18] Um sie vor den Einwirkungen des Krieges zu schützen, wurden die beschlagnahmten Kunstgegenstände und der gesamte Hausrat ab November 1943 außerhalb der sächsischen Landeshauptstadt verwahrt, unter anderem im Schloss Rammenau bei Bischofswerda, in Hermsdorf bei Radeburg und in Kauppa bei Bautzen. Schlechte Lagerbedingungen und die von Osten immer näher heranrückende Front machten erneute Umlagerungen notwendig.[19]
Ein solcher Umlagerungstransport wurde ausgerechnet in der verhängnisvollen

[16] Vgl. Bundesarchiv Koblenz, R 43 II, 1272a, Bl. 100-111.
[17] Sächsisches Verwaltungsblatt, Teil I: Verordnungsblatt 1942 Nr. 9 vom 24. Februar 1942, S. 25.
[18] Vgl. Loesch, Porzellansammlung, S. 62
[19] Ebenda, S. 63, f.

Nacht vom 13. zum 14. Februar 1945 im Dresdner Schlosshof abgestellt. Alle dort gelagerten wertvollen Kulturgüter wurden ein Opfer der Bombenangriffe. Nach dem Ende des Zweiten Weltkriegs wurden die Reste der Sammlung von Hilde Rakebrand (1901-1991), von 1949 bis 1964 Direktorin der Staatlichen Porzellansammlung, und ihrer Assistentin Ingelore Menzhausen (geb. 1923) aus den Trümmern geborgen und in den folgenden Jahren so weit wie möglich restauriert.[20] Der genaue Weg der in 25 Kisten verpackten Porzellane lässt sich heute nicht mehr rekonstruieren. Seit dem Jahre 1983 geht man davon aus, dass der wohl größte Teil der Sammlung in der Februarnacht 1945 vernichtet wurde und lediglich 10 Prozent der Nachwelt erhalten blieben. Bis 1989 schlugen alle Versuche der Familie von Klemperer fehl, ihr rechtmäßiges Eigentum zurück zu erhalten.[21]

Am 25. Januar 1991 erfolgte die noch in den letzten Wochen der Existenz der DDR vereinbarte Rückgabe an die Eigentümer. Von insgesamt 86 Sammlungsstücken erhielt die Familie von Klemperer 23 Stücke, die zur Befriedigung der Ansprüche der elf verbliebenen Erben im September 1991 beim Londoner Auktionshaus Christie`s versteigert wurden. 63 weitere Porzellanstücke vermachte die Familie von Klemperer den Dresdner Staatlichen Sammlungen als Geschenk, das sind mehr als drei Viertel der 1990 noch vorhandenen Exponate. Das bewegende Schicksal der Porzellansammlung Gustav von Klemperes hatte damit vorerst ihr Ende gefunden.[22]

IV. Die Handschriften-, Buch- und Inkunabelnsammlung Victor von Klemperers

Der 1876 in Dresden geborene Sohn Gustavs, Victor von Klemperer, entfaltete ebenso wie sein Vater eine intensive Sammeltätigkeit. Bereits in seiner Berliner Zeit erwarb er einige bibliophile Raritäten, unter anderem eine Erstausgabe von Goethes „Die Leiden des jungen Werther“ (Leipzig 1774). Dabei versuchte er, „eine gewisse Methode in mein bis dahin wahlloses Büchersammeln“ zu bringen.“ Er entdeckte als Sammelgebiet die Erstausgaben der deutschen Klassiker und die Gesamtausgaben französischer Schriftsteller des achtzehnten Jahrhun-

[20] Ingelore Menzhausen war von 1964 bis 1968 kommissarische Leiterin und von 1968 bis 1985 Direktorin der Porzellansammlung in Dresden. Hilde Rakebrand wirkte von 1946 bis 1949 als Assistentin, später als Dozentin an der Staatlichen Hochschule für Werkkunst in Dresden und war von 1955 bis 1964 Leiterin bzw. Direktorin der Porzellansammlung und des Museums für Kunsthandwerk. 1958 war sie maßgeblich an der Rückführung des Grünen Gewölbes aus der Sowjetunion beteiligt.

[21] Vgl. Loesch, Porzellansammlung, S. 68.

[22] Zur Dresdner Porzellansammlung vgl. auch Ulrich Pietsch, Der Traum vom Porzellanschloss, in: Die Zeit, Weltkunst, Heft 3, vom März 2007.

derts in historischen Einbänden.[23] Eine regelrechte Bibliothek entstand jedoch erst mit der Übersiedlung Victor von Klemperers von Leipzig nach Dresden, also etwa ab dem Jahre 1914. Eine wesentliche Hilfe war dabei der in Dresden-Hellerau lebende Drucker, Verleger und Übersetzer Jakob Hegner (1882-1962) sowie der Kunstbuchbinder Peter A. Demeter (1875-1946).[24] 1924 lernten die Eheleute von Klemperer auf einer Rückreise von Amerika nach Europa Dr. Otto Vollbehr kennen, einen Experten für und Sammler von Inkunabeln. Dessen 3000 Stücke umfassende Sammlung kaufte im Jahre 1930 die amerikanische Library of Congress zum Preise von 1,5 Millionen Dollar auf. Unter ihnen befand sich als Glanzstück eine gut erhaltene Gutenberg-Bibel. Diese Zusammenkunft war von maßgeblicher Bedeutung. Victor von Klemperer ergänzte nun seine umfangreiche Büchersammlung gezielt durch den Ankauf von Zeugnissen der frühen Druckkunst.

Dass die Inkunabelnsammlung von Klemperers Weltruf erlangte, ist vor allem Prof. Dr. Konrad Haebler (1857-1946) zu verdanken, der sie als angesehener Spezialist auf diesem Gebiet betreute und wertvolle Hinweise für Neuerwerbungen gab. Über seinen ersten Eindruck nach der Besichtigung der Sammlung stellte Haebler fest: „Die Sammlung enthielt eine nicht unerhebliche Anzahl von nicht nur seltenen, sondern auch auserlesenen gut erhaltenen, mit reichem Buchschmuck ausgestatteten und in schönen alten Einbänden befindlichen Exemplaren. Was aber mein Interesse in ganz besonderer Weise erregte, war die Erkenntnis, dass Herr von Klemperer seinen Inkunabelnschätzen keineswegs nur mit dem berechtigten Stolze des glücklichen Sammlers gegenüberstand, sondern auf das eifrigste bemüht gewesen war, sich mit der Geschichte und dem Wesen der Wiegendrucke vertraut zu machen, so dass er auf dem besten Wege war, aus einem Sammler von Inkunabeln zu einem Forscher auf dem Gebiet der Wiegendrucke zu werden.“ [25]

Die intensive Beschäftigung mit den Inkunabeln gipfelte 1927 in der wissenschaftlichen Aufarbeitung und Herausgabe eines Kataloges. Die Publikation ist nur in 150 Exemplaren auf handgeschöpftem Büttenpapier aus der Papierfabrik

---

[23] Vgl. Frühdrucke aus der Bücherei Victor von Klemperers, Dresden 1927, S. 9.

[24] Jakob Hegner (1882-1962) studierte in Leipzig und war danach im Verlag von Hermann Seemann Nachf. tätig. 1909 gründete er in Dresden-Hellerau eine eigene Druckerwerkstatt und wurde Verleger. 1930 errichtete er innerhalb der Leipziger Druckerei Oskar Brandstetter seine Druckwerkstatt erneut. 1936 ging er nach Wien, wo er nach dem „Anschluss“ Österreichs verhaftet wurde. Nach einer spektakulären Flucht emigrierte Hegner mit seiner Familie nach England.

[25] Zitiert nach Frühdrucke aus der Bücherei Victor von Klemperer, Dresden 1927, S. 20. Konrad Haebler studierte in Leipzig Sprachwissenschaften und promovierte dort 1882. Ab 1898 war er für die Katalogisierung der Inkunabeln an der könglichen öffentlichen Bibliothek

J. W. Zanders mit dem Familienwappen der Klemperers als Wasserzeichen erschienen. Den Druck besorgte Jakob Hegner in Hellerau, die Einbände gestaltete Peter A. Demeter. Auch technisch war durch den Einsatz des modernen Lichtsatzes ein hoher Standard zu erreichen. Die wissenschaftliche Kritik war nach der Herausgabe des Kataloges der Meinung, dass diese Veröffentlichung für die gesamte Inkunabelnwissenschaft und darüber hinaus für die deutsche Buchkunde und das Buchgewerbe von maßgeblicher Bedeutung sei. Im Vorwort hob Victor von Klemperer hervor, dass er vor allem durch die unermüdliche Sammeltätigkeit in seinem Elternhaus auf den verschiedensten Gebieten von Kunst und Kunstgewerbe, die fünf Jahre seines Aufenthaltes in Leipzig, der Stadt des deutschen Buchhandels, und die Beziehungen zum so genannten Hellerauer Kreis um Hegner und Demeter entscheidend geprägt worden sei:
„Der Zufall führte uns mit Konrad Haebler, dem besten Kenner der Wiegendrucke, zusammen. Unter diesen Anregungen wuchs die Bücherei, deren Zettel Katalog jetzt über 3200 Werke zählt; sie ist keine Spezialbibliothek, sondern enthält Bücher aller Wissensgebiete, möglichst auch in guter Form. Kein Buch ist des Einbandes wegen aufgenommen worden; aber von dem guten Buch wurde verlangt, dass es möglichst auch auf gutem Papier schön gedruckt und dann entsprechend gebunden sei. Soweit es möglich war, sind daher die Bücher in Originalbänden, die nachgebundenen aber in entsprechend gewählten Einbänden. Die Beschäftigung mit dem schönen Buch führte ganz von selbst zu den ersten Erzeugnissen der Druckkunst, und so enthält die Bücherei über 5000 Wiegendrucke, die eine Übersicht des Beginns der Buchdruckerkunst und der Zeit bis 1500 geben. Der Ankauf der Inkunabeln erfolgte zum Teil in ständiger Fühlung mit Konrad Haebler, der mir manche Stunde seines Ruhestandes widmete, und nicht nur bei der Schaffung dieses Kataloges seinen wertvollen Rat zur Verfügung stellte, sondern auch den größten Teil der Arbeit übernommen hat. Ihm sei an dieser Stelle nicht nur für seine Hilfe, sondern für die Anregung, die jede Unterhaltung mit dem feinsinnigen Mann gibt, von ganzem Herzen gedankt.“[26]
Die Strategie zur Erwerbung von Büchern kam auch Haeblers Forschungen zu Gute. Der Katalog weist 509 Drucke aus ungefähr 100 Druckorten und von mehr als 350 Druckern aus Deutschland, Italien, Frankreich, England, Spanien, der Schweiz und den Niederlanden aus. Zu ihnen gehörten auch spanische Ablassbriefe, darunter auch ein Exemplar aus dem Jahre 1473. Bis zu diesem Zeitpunkt war die Wissenschaft davon ausgegangen, dass die Erfindung Gutenbergs erstmals 1475 auf der iberischen Halbinsel ihre Anwendung fand. Außer den zahlreichen deutschen Stücken hatten vor allem die italienischen Exemplare der

in Dresden zuständig, von wo er 1907 nach Berlin wechselte. Seit 1904 war er Vorsitzender der Kommission für den Gesamtkatalog der Wiegendrucke.

[26] Ebenda, S. 10.

Sammlung von Klemperers durchgängig einen hohen historischen und materiellen Wert.[27]

Abgesehen von den Zeugnissen der frühen Druckkunst waren auch wertvolle Handschriften Bestandteile der Sammlung Klemperers. Von ihnen bildeten die „Expositio passionis", entstanden vermutlich in der zweiten Hälfte des 15. Jahrhunderts im Karthäuserkloster Buxheim bei Memmingen, und die „Divinae institutiones", eine florentinische Abschrift des frühchristlichen Autors Lucius Caelius Lactanius (245-315) aus dem Jahre 1425, die größten Kostbarkeiten. Letztere wurde von der Fachwelt als wertvollste Handschrift des Bestandes anerkannt und erreichte bei einer Versteigerung im Jahre 1991 den unerwartet hohen Preis von 86.000 britischen Pfund.[28] Fast euphorisch schrieb Klemperer daher im Vorwort des Katalogs: „Die einzelnen Drucke werden ihre Schönheit und ihren Wert immer bewahren, immer Interesse bieten und werden ihre Freunde finden, aber die Sammlung als solche stirbt mit dem, dessen Initiative sie entsprungen ist und es hätte gerade bei einer Sammlung von Büchern wenig Sinn, die Übersicht erst zu geben, wenn die Sammlung in Gefahr oder bereits im Begriffe ist, wieder auseinander zu fallen."[29]

Während der NS-Diktatur teilte die Inkunabelnsammlung Victor von Klemperers das Schicksal der Porzellansammlung seines Vaters. Ende des Jahres 1938, als sich das Ehepaar von Klemperer entschlossen hatte, nicht wieder nach Deutschland zurückzukehren, wurde die Inkunabelnsammlung von der Geheimen Staatspolizei beschlagnahmt und den Staatlichen Sammlungen in Dresden zur Verwahrung übergeben. Nach langen Auseinandersetzungen zwischen Reichs- und sächsischer Ministerialbürokratie sowie mit NSDAP-Dienststellen entschied am 14. Januar 1943 der Oberfinanzpräsident Dresden gemäß des Antrag des sächsischen NSDAP-Gauleiters, Ministerpräsidenten und Reichsstatthalters Martin Mutschmann, wonach die beiden Sammlungen „unentgeltlich" in das Eigentum des Landes Sachsen überzuleiten seien.[30]

Ebenso wie die Porzellansammlung wurde die Inkunabelnsammlung nach dem Prinzip der „Zerstreuung von Kunstgut" auseinander gerissen und vorsorglich auf mehrere Auslagerungsorte verteilt. Nach Kriegsende wurde sie von der sowjetischen Besatzungsmacht beschlagnahmt und in die UdSSR abtransportiert.

---

[27] Vgl. Manfred Mühlner, Begeisterte Liebe für die Ersterzeugnisse der Buchkunst – Die Inkunabelsammlung Victor von Klemperers, in: Sammler und Mäzene in Dresden .Dresdner Hefte. Beiträge zur Kulturgeschichte, Heft 49, 1/97, Dresden 1997, S. 57.

[28] Bilder vom abenteuerlichen Ritterleben, in: Frankfurter Allgemeine Zeitung vom 22. Juni 1991, Nr. 142, S. 32

[29] Frühdrucke aus der Bücherei Victor von Klemperers, Dresden 1927, Vorwort, S. 20

[30] Sächsisches Hauptstaatsarchiv Dresden, Ministerium für Volksbildung, Akte 18834/2, hier zitiert nach Rudolph, Von Nazis enteignet, S. 148.

Zeitgleich wie die meisten Dresdner Kunstschätze wurden im Jahre 1958 zumindest die Handschriften an die Sächsische Landesbibliothek in Dresden zurückgegeben. Diesen Teil der Sammlung erhielten die rechtmäßigen Eigentümer 1991 zurück. Die Inkunabeln und damit der umfangreichere und bedeutend wertvollere Teil der Sammlung verblieb in der damaligen Sowjetunion und wird bis heute in der Russischen Staatsbibliothek in Moskau aufbewahrt. Alle Bemühungen der Familie von Klemperer um Rückgabe blieben bis zum heutigen Tage ohne Erfolg.

Fazit

Zusammenfassend lässt sich feststellen, dass Gustav und Victor von Klemperer, zwei in der sächsischen Gesellschaft angesehene Wirtschaftsbürger und Kunstmäzene, mit ihrer Porzellan- bzw. Inkunabelnsammlung nicht nur ihren sozialen Status unterstreichen wollten, sondern auch ihr Interesse und ihre Leidenschaft für Kunst und Literatur dokumentieren wollten. Aus dieser Motivlage heraus wurde aus einem zunächst rein äußerlich angelegten Sammelprojekt ein eigener Beitrag zur Kunst- und Literaturgeschichte, der nicht zuletzt durch die beiden noch erhaltenen Kataloge der Sammlungen eindrucksvoll unter Beweis gestellt wird. Das Verhalten und die Motivlage der von Klemperers war im Wirtschaftsbürgertum des Kaiserreiches und der Weimarer Republik beileibe kein Einzelfall. Ihre Bedeutung als Bankier und als Kunstmäzene in Sachsen war jedoch eminent groß. Eine Würdigung ihrer Bedeutung durch die Forschung, wie aktuell zu beobachten, ist daher sicherlich angebracht.

Summary

Gustav and Victor von Klemperer, two outstanding directors of the Dresdner Bank branches in Dresden resp. in Leipzig, were two important bankers with great merits for the economic development of Saxon. Moreover, both founded an art collection of an outstanding value. Unfortunately both collections were partly confiscated and partly destroyed during the Nazi-era. The real value of both the collections can only be estimated by the still existing catalogues which up to now demonstrate their importance in the world of arts.

Bankiers im Spiegel der slowenischen Vergangenheit bis zum Zweiten Weltkrieg

Žarko Lazarević

I. Strukturmerkmale und Entwicklungspfade der Kreditwirtschaft in Slowenien

Das Bankwesen entwickelte sich auf dem slowenischen Boden verhältnismäßig spät. Lange Zeit waren Slowenien und seine Kreditwirtschaft gleichsam eine „black box", die sowohl von einheimischen als auch von auswärtigen Finanzinstitutionen als unattraktiv eingestuft wurde. Der Mangel an leistungsfähigen Banken und an anderen Finanzinstitutionen, die ein effizientes und gut organisiertes Sammeln von Ersparnissen hätten garantieren können, war sicherlich auch ein Hauptgrund für die schleppende wirtschaftliche Entwicklung in den slowenischen Ländern. In dieser Konstellation spiegelt sich auch eines der wesentlichen Probleme der wirtschaftlichen Entwicklung Sloweniens im allgemeinen und des Bankwesens im speziellen wider: Nach aussichtsreichen und durchaus den zeitgemäßen Anforderungen entsprechenden Anfängen folgte keine kontinuierliche Weiterentwicklung. So reicht das organisierte Aufbewahren von Ersparnissen immerhin bis in das Jahr 1820 zurück, was aus heutiger Sicht sogar ein achtbares Jubiläum darstellt. In diesem Jahr wurde die Krainburger Kreis-Sparkasse gegründet,[1] die zweite Sparkasse in der Habsburger Monarchie, zu

[1] Die Rolle der Krainburger Kreis-Sparkasse für die wirtschaftliche Entwicklung ihrer Region war dennoch groß. Sie hatte nicht zu unterschätzende Verdienste für die wirtschaftliche Entwicklung vor allem der Stadt Ljubljana. Sie betrieb alle Geschäfte, die ihr die Sparkassenregulative gestatteten. Sie nahm Einlagen in jeder Form an: einfache oder Festgelder auf das Sparbuch. 1889 führte sie eine Form des „Zwecksparens" für Fabrikarbeiter für die Altersvorsorge ein, um aus dem dadurch entstehenden Fond Renten auszahlen zu können. In dieser Hinsicht zählte die Krainburger Kreis-Sparkasse mit zu den innovativen Spitzenreitern im Finanzwesen. Sie war schon bald die zweite in Österreich. Die Sparkasse vergab auch alle Arten von Krediten und zwar: hypothekarische, kommunale, Wechselkredite, Lombardkredite und Kontokorrentkredite. Sie vermittelte auch Bürgschaften und organisierte andere Arten von Finanzdienstleistungen für ihre Kunden. 1888 begann die Sparkasse auch an Gemeinden, Bezirke und Länder Kredite zu vergeben, damit diese leichter Infrastrukturprojekte realisieren konnten. Aus ihren jährlichen Gewinnen spendete die Krainburger Kreis-Sparkasse große Summen an zahlreiche Vereine und Institute für kulturelle, wissenschaftliche, schulische, wohltätige und ähnliche Zwecke. Sie engagierte sich auch im Eisenbahnbau, indem sie eine bestimmte Anzahl von Aktien bei den Gesellschaften zum Bau von lokalen Eisenbahnen

der Slowenien ja bis Ende des Ersten Weltkriegs gehörte. Dies war im Finanzwesen des Landes jedoch ein singulärer und gleichsam isolierter Akt, da diese Sparkasse zunächst eine Einzelerscheinung blieb. Alle weiteren Initiativen zur Errichtung von Sparkassen verpufften oder scheiterten am Widerstand der Behörden. Es musste ein halbes Jahrhundert vergehen, bevor andere folgten. Eine vermehrte Gründung von Finanzinstitutionen dieser Art lässt sich erst für die achtziger Jahre des 19. Jahrhunderts beobachten.[2]

Banken in der Rechtsform einer Aktiengesellschaft entstanden in Slowenien sogar erst an der Wende zum 20. Jahrhundert. Zwar wurde bereits 1872 in Maribor (Marburg) die Marburger Escomptebank ins Leben gerufen, doch beschränkte sich dieses Institut in seinem operativen Geschäft auf den engeren lokalen Raum und vermittelte daher kaum eine Initialzündung für die Errichtung von weiteren Aktienbanken.[3] Von größerer Bedeutung war dagegen die Entwicklung der Kreditgenossenschaften. Dieses stand im Einklang mit derjenigen in anderen Teilen Europas. Den bescheidenen Anfängen in der ersten Hälfte des 19. Jahrhunderts folgte in den neunziger Jahren ein außerordentliches Wachstum. Die Kreditgenossenschaften entwickelten sich zu Instituten, die sich mit ihrer weit ausgedehnten Präsenz als integrativer Faktor für die wirtschaftliche Entwicklung in Slowenien entpuppten.[4] Hier ist auf eine Besonderheit aufmerksam zu machen, die für kleinere europäische Völker ohne ein eigenes Land charakteristisch ist. Nicht nur der tatsächliche Bedarf an Finanzinstitutionen, sondern auch das Zusammengehörigkeitsgefühl beziehungsweise der Nationalismus ließ weite Teile der Bevölkerung Kunden bei Instituten werden, die sich als autochthon national verstanden. Dieses Phänomen wurde daher zum einen ein Werkzeug der wirtschaftlichen Integration und Modernisierung eines Landes, zum anderen förderte es auch langsam die Schaffung eines modernen Bankwesens.[5]

Am Übergang vom 19. zum 20. Jahrhundert wurde Slowenien systematisch mit einem dichten Netz von Bankinstitutionen durchzogen (Aktiengesellschaften, Sparkassen und Kreditgenossenschaften), welches alle Schichten der Bevölke-

---

kaufte. Material zur Geschichte dieses Instituts findet sich Historischen Archiv Ljubljana (ZAL), Museumssammlung der Geldanstalten (ZMDZ), Dok. 128.

[2] Žarko Lazarević, Oris razvoja slovenskega bančništva do prve svetovne vojne.(Abriss der Entwicklung des slowenischen Bankwesens bis zum Ersten Weltkrieg), in: Prispevki za novejšo zgodovino (Beiträge zur neueren Geschichte), Nr. 2/1999, S. 75–90.

[3] Dr. Nemo, Trgovsko-gospodarski leksikon (Handelswirtschaftslexikon), Teil I, Ljubljana 1935, S. 88; ZAL, ZMDZ, Dok. 366.

[4] Žarko Lazarević, Zadružništvo v Sloveniji v dobi kapitalizma. Sistemi in organizacije. (Genossenschaften in Slowenien in der Zeit des Kapitalismus. Systeme und Organisationen). in: Archiv Nr. 1-2/1994, S. 12–18.

[5] Žarko Lazarević, Slovenski nacionalni interes v gospodarstvu do druge svetovne vojne (Slowenische nationale Interessen in der Wirtschaft bis zum Zweiten Weltkrieg), in: Zgodovinski časopis (Zeitschrift für Geschichte), Nr. 1-2/2005, S. 103–111.

rung durchdringen wollte. Gleichzeitig bedeutete dieser Übergang auch den Beginn radikaler Veränderungen in der Kreditwirtschaft. Er war das Fanal für Strukturverschiebungen im slowenischen Bankwesen. Allmählich erlangten die Aktiengesellschaften in der Wirtschaft die Vorherrschaft. Zuerst geschah dies unauffällig, vor dem Zweiten Weltkrieg aber schon mehr als offensichtlich. Im Zeitraum bis zum Ausbruch des Ersten Weltkriegs konnten die Sparkassen und Kreditgenossenschaften ihre Position behaupten, ja sogar in der Zeit zwischen den Weltkriegen verteidigen. Ihre Bedeutung für die Kreditwirtschaft des Landes wurde jedoch immer mehr von Banken in der Rechtsform der Aktiengesellschaften bedroht, die ihre Expansion vor dem Ersten Weltkrieg begannen, einen deutlichen Entwicklungsschub jedoch vor allem in der Zwischenkriegszeit durchliefen. Vor dem Ausbruch des Zweiten Weltkriegs waren sie zum führenden Element der slowenischen Kreditwirtschaft geworden. Die Vorherrschaft der Aktienbanken führte auch zu Verschiebungen in der Eigentümerstruktur innerhalb des Kreditwesens. Als Miteigentümer der Institute traten auch Sparkassen und Kreditgenossenschaften auf, entweder einzeln oder über ihre Zentralen. Dieser Prozess entwickelte sich nicht schnell, sondern verlief langsam bis zum Zweiten Weltkrieg. Im Ergebnis waren dies jedoch auch Indikatoren für die Ausformung eines fortgeschrittenen und reifen Bankwesens.[6]

Die Zeit zwischen den beiden Weltkriegen brachte aber auch die endgültige „Slowenisierung" des Bankwesens. Aus den slowenischen Bankhäusern wurden Ausländer systematisch hinausgedrängt. Die neuen politischen und wirtschaftlichen Handlungsspielräume nach der Loslösung von Wien erleichterten diesen Prozess sicherlich erheblich.[7] Aber auch die Entschlossenheit einiger Bankleiter oder -direktoren, diesen Prozess voranzutreiben, schufen im Bankwesen des Landes neue Verhältnisse in der Eigentümerstruktur der Kreditinstitute. Die neuen Strukturbedingungen in der Kreditwirtschaft auf der einen sowie die aus den politischen Veränderungsprozessen resultierenden Handlungsspielräumen für Bankiers auf der anderen Seite verstärkten sich gegenseitig und sorgten dafür, dass das Bankwesen in Slowenien bis zum Ausbruch des Zweiten Weltkriegs zahlreiche Veränderungen aufwies.[8]

[6] Žarko Lazarević, Slovensko bančništvo med obema vojnama (Das slowenisches Bankwesen zwischen den beiden Weltkriegen), in: Prispevki za novejšo zgodovino (Beiträge zur neueren Geschichte), Nr. 1/2001, S. 41–58.

[7] Žarko Lazarević, Lastniška struktura slovenskih bank do druge svetovne vojne (Die Eigentümerstruktur der slowenischen Banken bis zum Zweiten Weltkrieg), in: Prispevki za novejšo zgodovino (Beiträge zur neueren Geschichte) Nr. 1/2002, S. 45–54.

[8] Lazarević, ebenda, S. 50-53.

II. Die Rolle von Bankiers im slowenischen Bankwesen

Bei der Analyse der Strukturmerkmale und der Entwicklungswege im slowenischen Bankwesen und bei der Suche nach seinen Charakteristika stößt man natürlich auch auf die Frage nach der Rolle von Einzelpersonen, die nach dem Urteil der Zeitgenossen eine besondere Bedeutung für die Entwicklung besaßen. Bis zum Zweiten Weltkrieg lassen sich solche Persönlichkeiten unter den slowenischen Bankiers auf zwei Ebenen ausmachen. Zum einen waren sie durch ihre Lebensumstände und durch ihre Sozialisation geprägt, zum anderen waren sie in der Lage, durch ihr Handeln, vor allem ihr berufliches Handeln, das slowenische Bankwesen zu verändern und damit die Entwicklung der Branche entscheidend voranzutreiben. Dabei lassen sich natürlich Unterschiede in den Lebenswegen einzelner prominenter Bankiers nicht übersehen. Dennoch: In dem Ausmaß, wie diese das Ansehen ihrer Banken vermehrten, schufen sie auch ihren eigenen Mythos. Grob verallgemeinert lassen sich diese Bankiers in zwei größere Gruppen unterteilen: In die erste Gruppe gehören die Bankiers aus der sogenannten Pionierzeit des slowenischen Bankwesens, in die zweite alle übrigen, die in der Zeit der Ausformung eines modernen Bankwesens in Slowenien tätig waren.[9]

Die Pionierzeit des slowenischen Bankwesens, die am Anfang des 20. Jahrhundert, sicherlich aber zu Beginn des Ersten Weltkriegs endete, wurde bestimmt von Persönlichkeiten, welche die ersten wirklich bedeutenden Bankinstitute leiteten und Garanten dafür waren, dass sich ein „slowenisches Bankwesen" im ganzen Land entwickeln konnte. Einige von ihnen hatten keine „klassische" Karriere im Bankwesen durchlaufen, sondern sich hier aus anderen Gründen, vor allem politischen und sozialen, engagiert. Zu diesen Personen zählten sicherlich Mihael Vošnjak, Ivan Hribar und Janez Krek. Sie waren vielseitig engagierte Persönlichkeiten, von denen jeder auf seine Weise die slowenische Bankgeschichte prägte. Vošnjak und Krek waren unermüdliche Förderer bei der Entwicklung der Kreditgenossenschaften. Sie waren es, die dafür sorgten, dass diese Art von Finanzinstitution sich im ganzen Land rasch entwickelte. Die Kreditgenossenschaften durchzogen Slowenien mit einem dichten Netz von Hauptstellen und Filialen. Schon bald gab es praktisch keinen Ort in Slowenien, in dem nicht mindestens eine Kreditgenossenschaft ihren Sitz hatte. Diesem Netz von Genossenschaften gelang es, fast jeden Einwohner zu erfassen. Ihre Finanzdienstleistungen ließen sich so unmittelbar den interessierten Bürgern anbieten. In dieser Zeit herrschte unter zeitgenössischen Beobachtern noch vielfach die

[9] Lazarević, ebenda, S. 50/51.

Vorstellung von der „Rückständigkeit“ und Armut Sloweniens. Durch die Tätigkeit der Kreditgenossenschaften und vor allem ihr Passivgeschäft zeigte sich, dass die Slowenen insgesamt über erhebliche Summen verfügten, auf jeden Fall über größere, als ursprünglich gedacht. Diese einzusammeln und dementsprechend einzusetzen war eine der ersten wichtigen Aufgaben der Kreditgenossenschaften.

Bei diesen Bemühungen spielten Vošnjak und Krek eine entscheidende Rolle. Zwar waren ihre Intentionen und die Motive für ihr Handeln zunächst unterschiedlich, im Ergebnis waren die Resultate ihrer Tätigkeit aber die gleichen. Bei Vošnjak stand ein ausgeprägtes politisches Motiv im Vordergrund. Sein Ziel war es, die Slowenen wirtschaftlich beziehungsweise vor allem finanziell zu stärken, um auf diese Weise allmählich den Mantel der ökonomischen und sozialen Unterordnung unter die Deutschen auf dem eigenen Boden abzustreifen. Krek als Geistlicher befasste sich jedoch nicht so sehr mit nationalen Fragen. Als katholischen Priester kümmerte er sich vor allem um die sozialen Probleme des Landes. Seine Hoffnung war, dass die Genossenschaften durch ihre Geschäftstätigkeit dazu beitragen würden, die katholische Soziallehre sowie andere wirtschaftssoziale Doktrinen zu verbreiten, um auf diese Weise eine Gesellschaft mit einem großen Maß an Solidarität unter den Einwohnern zu schaffen. Die für Krek nicht zu übersehenden Schwachstellen und Probleme in der kapitalistischen Wirtschaftsordnung sollten auf diese Weise abgemildert werden. Obwohl die Motive für das Handeln von Krek und Vošnjak unterschiedlich waren, hatten ihre Bemühungen um den Aufbau eines leistungsfähigen Netzes von Kreditgenossenschaften den Effekt, dass die Wirtwirtschaft des Landes insgesamt einen neuen Typus einer effizienten Finanzinstitution erhielt, wodurch sich auch die wirtschaftliche Potenz Sloweniens insgesamt steigern ließ.[10]

Ihre Tätigkeit wurde erfolgreich durch Ivan Hribar ergänzt, der zwar keine formale Ausbildung als Bankier besaß, dennoch über weitreichende Kontakte in der Finanzwelt, vor allem nach Böhmen, verfügte und auf vielfältige Weise sich politisch und wirtschaftlich engagierte. Wie bei Vošnjak standen auch bei ihm politische Motive im Vordergrund. Auch er verfolgte das Ziel, dem aufkommenden slowenischen Nationalismus durch eine Stärkung der Wirtschaftskraft ein tragfähiges Fundament zu bereiten.[11] Aus diesen Grund regte Hribar zum Beispiel die Gründung der Stadtsparkasse Ljubljana an, eine der größten und bedeutendsten slowenischen Sparkassen. Nicht nur hier spielte Hribar die Rolle

---

[10] Žarko Lazarević, “Aristokrati” in “demokrati” med zadružniki? (Aristokraten und Demokraten unter den Genossenschaftlern?), in: Gestrins Sammelband Uredila Darja Mihelič, Ljubljana: 1999, S. 351–364.

[11] Ivan Hribar, Moji spomini (Meine Erinnerungen), Ljubljana 1984, S. 70–71, 97–110, 127–129, 311–314.

eines Vermittlers, der aufgrund seiner guten Beziehungen zu tschechischen Wirtschaftskreisen unter anderem die tschechische Versicherung Slavija nach Ljubljana holte. Aber auch andere tschechische Bankiers konnte er von einem Engagement in Slowenien überzeugen. Auf diese Weise ebnete er slowenischen Firmen auch den Weg zum überregionalen Kapitalmarkt. Aus dieser Konstellation ging zum Beispiel die Gründung der Kreditbank Ljubljana hervor, die mithilfe von Einheimischen im Jahre 1900 in Ljubljana vor allem von der Živnostenská banka aus Prag, dem größten böhmischen Kreditinstitut, gegründet wurde[12] und sich schnell zu einer Bank entwickelte, die im gesamten Land mit ihren Zweigstellen präsent war. Mit diesem Schritt entwickelte sich auch in Slowenien der Typus der modernen Universalbank mit eigenem Filialnetz, die sich nicht mehr in erster Linie auf das Passivgeschäft konzentrierte, sondern alle Arten von Bankgeschäft betrieb. Wie in anderen Ländern, förderten die modernen Aktienbanken auch in Slowenien die Entstehung vieler Unternehmen, an denen sie auch per Aktienbesitz direkt beteiligt waren. [13]

Mit der Kreditbank Ljubljana kamen auch tschechische Bankiers wie Ladislav Pečanka[14] und Alois Tykač als Direktoren nach Slowenien.[15] In der neuen Umgebung lebten sie sich gut ein, zudem begegnete man ihnen mit Zuneigung, was sie mit politischer Loyalität erwiderten.

In die Pionierzeit des slowenischen Bankwesens lassen sich auch die Mitglieder der Familie Luckmann einordnen: Sie werden im zweiten Teil der Abhandlung wegen ihrer Familientradition und des organischen Übergangs vom Handel in das Bankwesen, was im slowenischen Raum nicht gerade häufig vorgekommen ist, etwas detaillierter vorgestellt. Bei einigen Familienmitgliedern ist auf eine Besonderheit aufmerksam zu machen. Die Luckmanns erwarben sich gezielt Kenntnisse über verschiedene Formen der wirtschaftlichen Betätigung, wobei sie besonderen Wert auf die Aneignung von Wissen über Bankgeschäfte aller Art legten.

Die führenden Bankiers aus der folgenden Epoche, der Zeit des entwickelteren Bankwesens, sahen sich mit anderen wirtschaftlichen und politischen Rahmenbedingungen konfrontiert, die von ihnen veränderte Verhaltensmuster erforderten. Die zweite Generation der Bankiers war in der Regel bereits anders ausgebildet. Meistens besuchten sie Handelsschulen, wo auch die Grundlagen des

[12] Ivan Hribar, Kako je osnovana Ljubljanska kreditna banka (Wie die Kreditbank Ljubljana gegründet wurde), in: Bankarstvo, Nr. 7/1926, S. 301–302.

[13] Lazarević, Oris razvoja slovenskega bančništva, S. 75-90; ders. Slovensko bančništvo S.. 41–58.

[14] Žarko Lazarević, Ladislav Pečanka - utrjevalec zaupanja v slovensko bančništvo (Festiger des Vertrauens in das slowenische Bankwesen), in: Bančni vestnik, Nr. 9/2002, S. 48–49.

[15] Žarko Lazarević, Alojzij Tykač - Čeh na začasnem delu med Slovenci (Ein Tscheche auf Zeitarbeit unter den Slowenen), in: Bančni vestnik, Nr. 3/ 2002, S. 56–57.

Bankwesens gelehrt wurden. Die Zeit des entwickelten Bankwesens stellte daher für sie keine derart große Herausforderung mehr dar, wie sie ihre Vorgänger in der Pionierzeit erlebt hatten. Großartige Geschichten über herausragende Pioniertaten lassen sich daher nicht mehr feststellen. In der Zeit des jugoslawischen Staates, für den sich die Slowenen nach 1918 entschieden hatte, schwand zudem das Gefühl der nationalen Gefährdung. Die Zersplitterung der deutschen Übermacht brachte den Slowenen wegen der allgemeinen „Slowenisierung" des politischen, sozialen und wirtschaftlichen Lebens eine gewisse Erleichterung. Die wirtschaftlichen, aber auch die sozialen Probleme des Landes standen für viele Bankiers in ihrem Berufsleben und bei der Abwicklung des operativen Geschäfts in ihren Instituten jetzt eher im Vordergrund.[16]

In der Zeit zwischen den beiden Weltkriegen vermehrten sich zwar die Aktiengesellschaften - ihre Anzahl hatte sich mehr als verdoppelt -, jedoch hatte dies auf die Struktur des Bankwesens keinen nennenswerten Einfluss. Vor den Bankiers lag die tägliche Arbeit, die Einordnung der Banken in ihr spezifisches Wirkungsumfeld in Wirtschaft und Gesellschaft, aber auch die Sorge um die Rentabilität des Bankgeschäfts. Sie sahen sich dabei im operativen Geschäfts oft mit zahlreichen Problemen konfrontiert, ohne bei der Lösung spektakuläre Erfolge vorweisen zu können. Statt dessen mussten sie akzeptieren, dass in dieser Zeit eine der spektakulären Konkurse in der Kreditwirtschaft geschah, als im Jahre 1926 die Slavenska banka,[17] eine der größten jugoslawischen Banken, zusammenbrach.

Wenn in der Zeit vor dem Ersten Weltkrieg prominente Bankiers in der Öffentlichkeit häufig mit Reden oder Schriften auftraten, wobei sich vor allem die Förderer der Kreditgenossenschaften auszeichneten, so änderte sich die Situation nach dem Krieg deutlich. Man gewinnt eher den Eindruck, dass sie sich irgendwie aus der Öffentlichkeit zurückzogen beziehungsweise nur noch selten auf gesellschaftlichen Veranstaltungen erschienen. Ausnahmen waren nur die Versammlungen ihres Standesverbandes, des Verbandes der Bankanstalten.[18] Sie betrieben ihr operatives Geschäft mehr oder weniger weit weg von den Augen der Öffentlichkeit, sozusagen aus dem Hintergrund. Über ihre Anschauungen und persönliche Charakteristika weiß man daher nur wenig, und wenn doch,

---

[16] Žarko Lazarević, Gospodarski vidiki slovenskega življenja v Jugoslaviji do druge svetovne vojne. Slovenci in Makedonci v Jugoslaviji (Wirtschaftliche Aspekte des slowenischen Lebens in Jugoslawien bis zum Zweiten Weltkrieg. Slowenen und Mazedonier), Ljubljana-Skopje, 1999, S. 49–70.

[17] Lojz Tršan, Propad Slavenske banke – največji finančni šok med obema vojnama v Sloveniji. (Der Zerfall der Slavenska Banka - der größte Finanzschock zwischen den beiden Weltkriegen in Slowenien), in: Borec Nr. 529–531/1994, S. 368–374.

[18] Žarko Lazarević, Društvo bančnih zavodov Slovenije (Der Verband der Bankanstalten Sloweniens), Ljubljana, 2002.

dann nur aus zweiter Hand. Persönliche und unmittelbare Darstellungen gibt es nicht, auch die Protokolle von Sitzungen der Bankverwaltungsorgane ermöglichen keinen befriedigenden Einblick, da sie nur kurze oder längere Zusammenfassungen einzelner Standpunkte bei der Entscheidung und Durchführung einzelner Geschäftstransaktionen beinhalten.
In diesem Zeitabschnitt waren die führenden Bankiers mit ihren Instituten noch immer eng verbunden. Tatsache ist, dass ihre Bedeutung vor allem aus der Leitung der bedeutenden Bankhäuser resultierte. Die gezielte und oft auch mühevolle Arbeit der Bankiers waren der Garant dafür, dass die Institute ihre Marktposition und ihr Ansehen verteidigen konnten. Ihre Richtungsentscheidungen riefen dabei zum Teil auch Kritik hervor oder wurden kontrovers diskutiert, vor allem wenn man an die große Wirtschaftskrise in den dreißiger Jahren und an ihre Verlautbarungen über die Entwicklung des Bankwesens denkt.[19] Mit großen Anstrengungen und ein wenig Glück gelang es vielen Bankiers jedoch, ihre Bankhäuser vor dem Schlimmsten zu bewahren.
Vor dem Zweiten Weltkrieg entfalteten slowenische Bankiers auch immer mehr kulturelle Aktivitäten. Es wurde immer mehr zur Norm, gleichsam eine unformelle gesellschaftliche Verpflichtung, dass ein erfolgreicher Geschäftsmann auch seine Bildung zeigen musste. Von ihm erwartete man nicht nur, dass er an kulturellen „events“ partizipierte - dies war auch dem normalen Bürger möglich. Von den erfolgreichen Geschäftsleuten erwartete man etwas mehr. Da die Kultur einer der bedeutendsten Identifikationspunkte im Emanzipationsprozess der Slowenen auf dem Weg zu einer eigenständigen Nation darstellte, erwarteten die Bürger von den Bankiers eine aktive Unterstützung aller slowenischen kulturellen Institutionen, sowohl mit materiellen Mitteln als auch durch ihr eigenes Engagement. Die führenden Bankiers bemühten sich auch, diese Anforderungen durch ein umfangreiches Mäzenatentum zu befriedigen, wie zum Beispiel durch eine Mitgliedschaft in diversen Kulturorganisationen und Vereinen oder durch die Unterstützung von verschiedenen sonstigen kulturellen Initiativen.

III. Die Luckmanns – eine Bankiersfamilie

Die alteingesessne und angesehene deutschstämmige Krainer Familie Luckmann aus Ljubljana spielte für die wirtschaftliche Entwicklung Sloweniens eine bedeutende Rolle – und dies fast ein ganzes Jahrhundert lang. Sie lässt sich zudem als ein Exempel für die Zielstrebigkeit im slowenischen Unternehmertum in der zweiten Hälfte des 19. und in der ersten Hälfte des 20. Jahrhunderts ansehen. Im

[19] Žarko Lazarević, Slovensko bančništvo v tridesetih letih (Das slowenische Bankwesen in den Dreißiger Jahren) in: Bančni vestnik Nr. 4/2001, S. 55–57.

Krainer Land des 19. Jahrhunderts lässt sich kaum ein Unternehmen feststellen, an dem ein Mitglied der Familie Luckmann nicht mehr oder weniger beteiligt war. Die Geschichte dieser Familie ist auch ein Beleg dafür, wie sich die Geschäftstätigkeit eines Kernunternehmens immer mehr ausdifferenzierte und zum Schluss in verschiedene Geschäftsbereiche mit einem Familienmitglied an der Spitze aufgeteilt war. Darüber hinaus ist die Familie Luckmann aber auch ein Beispiel dafür, wie sich einige ihrer Mitglieder nach einer erfolgreichen Unternehmertätigkeit Schritt für Schritt auf das Bankwesen konzentrierten und damit zu bedeutenden Bankiers wurden, dafür ihre Aktivitäten im Warenhandel aber langsam aufgaben. Angehörige der Familie Luckmann standen in engem Kontakt mit den bedeutendsten Geldinstitutionen in Slowenien. Dies galt zunächst für die Krainburger Kreis-Sparkasse, der ältesten Geldanstalt in Slowenien, dann für die Kreditanstalt für Handel und Industrie, also bei einer Bank, die aus den Bankgeschäften der Familie Luckmann hervorging. In der Leitung dieses Instituts folgten drei Luckmanns aufeinander - Vater, Sohn und Enkel. Alle drei wurden im gleichen Hause, an der gleichen Anschrift in Ljubljana geboren.

Die Familie Luckmann[20] stammte aus dem nördlichen Teil des Krainer Landes, wo sie zunächst Nagelschmieden betrieben. Gegen Ende des 18. Jahrhunderts ließ sich Josef Luckmann als Advokat in Ljubljana nieder. Seine beiden Söhne waren bereits in die Krainburger Kreis-Sparkasse involviert. Der Erste, der keine nennenswerte Spuren hinterließ, war Josef Heraklius. Jedoch war gerade er derjenige, der die Familientradition in Form einer engen Verbundenheit mit der Krainburger Kreis-Sparkasse begründete. Josef Heraklius war Mitglied des Direktoriums (1826–1829), erledigte darüber hinaus lange Jahre aber auch Buchführungsarbeiten. Nach der überstandenen Einführungszeit sorgte er in den folgenden zwölf Jahren selbst für eine korrekte Buchführung bei der Sparkasse. Nach fünfzehn Jahren Pause wurde er erneut zum Buchhalter ernannt, was er in den folgenden fünfzehn Jahren auch blieb. Josef Heraklius war insgesamt volle dreißig Jahre für die korrekten Rechnungsführung bei der Krainburger Kreis-Sparkasse verantwortlich.

Viel ambitionierter als Heraklius war sein Bruder Lambert Carl, der 1798 geboren wurde. Nach abgeschlossener Ausbildung als Handelskaufmann begab sich Lambert Carl ins Ausland, um dort Erfahrungen im Handels- und Bankwesen zu sammeln. Der Weg führte ihn zu verschiedenen Familienbetrieben von Handels- und Speditionsunternehmen in Villach und Nürnberg. Nach der Rückkehr nach Ljubljana übernahm er ein kleineres Handelsunternehmen und benannte es nach

[20] Alle Angaben über die Familienmitglieder Luckmann und ihren geschäftlichen Werdegang sind, außer wenn nicht gesondert aufgeführt, ihrer Familienchronik entnommen, die 1936 Josej Luckmann verfasste. Siehe Zgodovina družine Luckmann (Chronik der Familie Lukmann), Kronika, Nr. 3/1989, S. 290–301.

sich selbst, L.C. Luckmann. Das Handelsunternehmen L.C. Luckmann erweiterte erfolgreich seinen Geschäftsumfang, sowohl in der Heimat als auch im Ausland. Es knüpfte Verbindungen mit einer Vielzahl von Geschäftsleuten aus Deutschland und Italien, wo sie sogar bis nach Sizilien reichten. Im Krainer Land war Lambert Carl an allen bedeutenderen wirtschaftlichen Aktivitäten beteiligt. So war er einer der Mitbegründer der Krainer Industriegesellschaft.[21]
Im Laufe der Zeit differenzierte Lambert Carl seine unternehmerische Tätigkeit immer mehr. Neben dem Handel mit Waren engagierte er sich langsam auch im Geldhandel. Zuerst investierte er seine Mittel in Hypotheken- und Wechselgeschäfte, später begann er auch mit der direkten Kreditvermittlung. Lambert Carl Luckmann knüpfte bereits enge Kontakte mit der Wiener Creditanstalt für Handel und Gewerbe. Diese Erweiterung seiner unternehmerischen Tätigkeit kündigte bereits das weitere Schicksal für seine Handelsgesellschaft an. Solange Lambert Carl noch lebte, verflochten sich beide Tätigkeiten innerhalb des gleichen Unternehmens. Nach seinem Tode begannen sie sich jedoch zu trennen und gingen endgültig auseinander. Diese kurzen Informationen lassen bereits erkennen, dass Lambert Carl Luckmann im Krainer Land eine sehr bedeutende und angesehene Persönlichkeit war, zumal ihm auch bestimmte und prestigeträchtige öffentliche Funktionen zufielen. Er war der erste Präsident der Handels und Gewerbekammer in Ljubljana, er war Mitglied der Krainburger Kreis-Sparkasse und lange Jahre auch in ihrer Leitung tätig. Außerdem war er in der Politik aktiv, da er fünf Jahre Abgeordneter in der Krainer Landesversammlung war und das Amt des Präsidenten des Landesrates bekleidete.
Drei Jahre vor seinem Tod überschrieb Lambert Carl sein Unternehmen an seine fünf Söhne. Diese wandelten die Firma zur Kommanditgesellschaft L.C. Luckmann um. In den folgenden Jahrzehnten verzichteten die Brüder, einer nach dem anderen, jedoch auf eine Betätigung im Familienbetrieb. In eigenem Namen und auf eigene Rechnung begannen sie, eigene Aktivitäten im Warenhandel zu entwickeln, die zuvor alle unter dem Dach der Familiengesellschaft zusammengefasst waren. So blieb am Ende als einziger Gesellschafter der Firma L.C. Luckmann noch Josef Luckmann übrig, der zweite Sohn von Lambert Carl. Von den weit verzweigten Geschäftstätigkeiten hielt er nur noch seine Aktivitäten im Bankwesen aufrecht, in dem er sich bereits seit längerem stark engagiert hatte. Dieses Engagement blieb aber nicht mehr lange ein Familienunternehmen, sondern dehnte sich derart aus, dass er schon bald an einer Reihe von anderen Kreditinstituten beteiligt war.

[21] Die Eisenwerke Krainer Industriegesellschaft, eines der größten slowenischen Unternehmen im 19. und in der ersten Hälfte des 20. Jahrhunderts, wurde 1869 gegründet.

Josef Luckmann wurde 1840 geboren. Seine schulische Ausbildung schloss er an der Handelsschule in Ljubljana ab. Danach ging er nach Wien, um sich fortzubilden und um als Praktikant bei der Wiener Bank J. H. Stammetz & Co. die erforderlichen Erfahrungen im täglichen Bankgeschäft zu sammeln. Nach seiner Wiener Zeit kehrte er in das Familienunternehmen zurück, wo er langsam die Führungsrolle übernahm. Vor allem widmete er sich den Bankgeschäften, bei denen er sehr erfolgreich war. Aus diesem Grunde unterbreitete ihm die Österreich-Ungarische Bank, die Zentralnotenbank der Habsburger Monarchie, das Angebot, mir ihr zusammen zu arbeiten. In der Niederlassung der Notenbank in Ljubljana war Luckmann mehr als dreißig Jahre als Zensor tätig.[22] Er war derjenige, der den Vermögensstand der Kreditnehmer einschätzte beziehungsweise überprüfte. Josef Luckmann wirkte darüber hinaus auch bei der Gründung von anderen Banken mit. Aus diesem Grund wurde er auch Mitglied in einigen Verwaltungsräten von Kreditinstitute, unter anderem dem der Geschäftsstelle der Steirischen Escompte Bank in Ljubljana. Sehr aktiv war er auch als Verwaltungsmitglied bei der Gewerbekammer Ljubljana.[23]

In Fortführung der Familientradition war Josef Luckmann stark mit der Krainburger Kreis-Sparkasse verbunden. Von allen Luckmanns machte er bei diesem Institut sicherlich die größten Schritte auf der Karriereleiter. Ab 1872 war er Mitglied des Direktoriums beziehungsweise der Sparkassenverwaltung, 1886 wurde er einer der Kuratoren beziehungsweise Mitglied des Aufsichtsausschusses bei der Sparkasse. Als eines der angesehensten Mitglieder der Sparkasse ernannte man ihn 1889 zum Präsidenten der Krainburger Kreis-Sparkasse, ein Amt, das er bis zu seinem Tode im Jahre 1906 bekleidete. Die Sparkasse leitete er sechzehn lange Jahre. In dieser Zeit verbuchte die Sparkasse eine erhebliche Vergrößerung ihres Geschäftsumfangs. Sein Tod kam zu einer Zeit, als einige Kritiker sowohl sein Geschäftsgebaren bei dem Kreditinstitut, als auch seine Ehrlichkeit und seine Vertrauenswürdigkeit in Zweifel zogen. Auch andere Aus-

[22] Die Filiale der Österreich-Ungarischen Bank in Ljubljana begann ihre Tätigkeit am 1. Juli 1856 und spielte eine bedeutende Rolle im wirtschaftlichen Leben Sloweniens. Vgl. ZAL, ZMDZ, Dok. 366.

[23] Das Schicksal der Filiale der Steirischen Escompte Bank Laibach und der Laibacher Gewerbebank sind eng miteinander verbunden. Die Gewerbebank begann mit ihrer Tätigkeit Anfang Oktober 1867. Langsam konnte sie Erfolge bis 1872 verbuchen, als dann in Ljubljana die stark expansive Grazer Escompte Bank ihre Filiale eröffnete. Die Grazer Bankiers stellten mit günstigen Zinssätzen für Einlagen wie auch für Kredite in einer Zeit von nur zwei Monaten die Gewerbebank völlig in den Schatten. In nur knapp zwei Monaten konnten sie mehr Mittel auftreiben, als die Gewerbebank in vier Jahren. Die Eigentümer der Gewerbebank entschieden sich für ein Insolvenzverfahren und zu einem Beitritt zur Filiale der Steirischen Escompte Bank, die man drei Jahre danach auflöste. Drago Potočnik, Iz zgodovine ljubljanskih bank (Aus der Chronik der Laibacher Banken), Kronika slovenskih mest (Chronik der slowenischen Städte), Nr. 2/1937, S. 117.

einandersetzungen um die Krainburger Kreis-Sparkasse blieben ihm nicht erspart.
In der äußerst aufgeheizten Stimmung als Folge politischer Auseinandersetzungen zwischen Slowenien und der Zentralgewalt in Wien riefen einige slowenische Prominente zum Boykott der Krainburger Kreis-Sparkasse und somit zur Zerstörung der Sparkasse auf. Mit falschen Informationen und Gerüchten über geschäftliche Unregelmäßigkeiten und eine mögliche drohende Zahlungsunfähigkeit lösten sie einen „run" seitens der Kundschaft aus, der zur massenhaften Abhebung von Ersparnissen führte. Slowenische Kritiker belasteten die Krainburger Kreis-Sparkasse immer wieder, indem sie ihr vorwarfen, auf „deutscher Seite" zu stehen. Das Institut war im Krainer Land sicherlich zur symbolischen Säule des deutschen politischen und wirtschaftlichen Einflusses geworden. Der Sparkasse kam nicht einmal die Tatsache zur Hilfe, dass staatliche Aufsichtsinstitutionen ihre Geschäftstätigkeit überprüften und keine wirklichen Verfehlungen feststellen konnten. die die Angst eines Teils der Bevölkerung um ihr Erspartes hätte rechtfertigen können. Die Aufsichtsorgane informierten die Öffentlichkeit darüber, dass die Sparkasse hinsichtlich der Struktur und der Verfügbarkeit der Einlagen im Stande war, auch einen längere Zeit andauernden Ausfall der Einlagen auszuhalten. Diese Vorhersage erwies sich als richtig. Obwohl sie gut ein Fünftel[24] ihrer Einlagen verlor, geriet sie nicht in Liquiditätsprobleme. Allerdings erlitt sie einen deutlichen Prestigeverlust, der ihr operatives Geschäft in Zukunft erheblich belastete.
Diese Ereignisse ließen auch den unstrittigen Geschäftserfolg Josef Luckmanns in einem anderen Licht erscheinen. Ivan Hribar, ebenfalls eine führende Persönlichkeit im slowenischen Wirtschaftsleben und auch ein bedeutender Finanzmann, beschuldigte Luckmann des öfteren auch nach dessen Tod der Unehrlichkeit und warf ihm den Missbrauch seiner Position als Präsident der Krainburger Kreis-Sparkasse vor. Dieses Amt habe er vor allem zu seinem eigenem Nutzen zweckentfremdet. Die Aufrufe zum Boykott der Krainburger Kreis-Sparkasse drangen auch bis in das Wiener Parlament. So hielt Hribar hier am 4. Dezember 1908 eine polemische Rede, in der er neben anderen Missständen bei der Sparkasse auch Luckmanns angebliche Verfehlungen thematisierte. In der Zeit seiner Präsidentschaft bei der Sparkasse soll Josef Luckmann über seinen Prokuristen Kredite zu einem niedrigeren Zinssatz aufgenommen haben, um sie privat mit einem dreimal höheren Zinssatz weiter zu verleihen, wodurch er große Profite in seine eigene Tasche stecken konnte. Luckmann hielt er vor, bei seinen Transaktionen einen Interessenkonflikt mit der Leitung der Sparkasse provoziert und ei-

[24] Dragan Matić, Nemci v Ljubljani (Deutsche in Laibach), 1861–1918, Ljubljana 2002, S. 345–354.

ne Imageschädigung des Instituts in Kauf genommen zu haben, da das Institut Unternehmen und Handwerkern selber hätte Kredite in größerem Umfang und günstiger zur Verfügung stellen können. Die zeitweilig heftige Kritik zog jedoch keine unmittelbaren Konsequenzen nach sich. Außer einem bitteren Beigeschmack hatte die gesamte Kampagne für die Beteiligten keine weiteren negativen Folgen.[25]

Wie sein Vater war auch Josef Luckmann ein geachteter Man dank seines geschäftlichen Erfolgs im eigenen Unternehmen. Im politischen Leben engagierte er sich als Mitglied des Gemeinderat, in den er mehrmals hintereinander gewählt wurde, bis er schließlich auf weitere Mandate verzichtete. Als Mitglied des Gemeinderates widmete er sich vor allem den Problemen der Stadtplanung von Ljubljana. Da er einen guten Einblick beziehungsweise Überblick über die Bedürfnisse der Stadt hatte, gleichzeitig über erheblichen Einfluss bei der Sparkasse verfügte, regte er die Gründung eines Vereins zum Bau von Arbeiterwohnungen an.

Der ertrag- und erfolgreiche Lebensweg von Josef Luckmann endete im März 1906. Die Leitung im Unternehmen übernahm sein einziger Sohn, Josef der Jüngere, der 1872 geboren wurde. Im Gegensatz zu seinem Vater schloss er die Handelsschule in Graz ab. Im Einklang mit der Familientradition musste auch Josef Jr. seine Erfahrungen in der Fremde bei anderen Unternehmen sammeln, bevor man ihm die Geschäftsführung im Familienbetrieb anvertraute. In den Jahren 1894 bis 1895 war er bei der Wiener Lombardbank und der Escompte Bank in Wien angestellt. Die nächsten zwei Jahre verbrachte er in Berlin in der Zentrale der Berliner Handels Gesellschaft. Nach der Rückkehr nach Ljubljana im Jahre 1898 wurde er der einzige Gesellschafter im Familienunternehmen L.C. Luckmann. Schon bald beschritt Josef Jr. den Weg seines Vaters. Dank des Ansehens des Familienunternehmens und der Tatsache, dass ihm dessen Leitung anvertraut wurde, sowie aufgrund von zahlreichen Engagements bei anderen Unternehmen, begannen sich auch bei Josef Jr. diverse Funktionen anzusammeln.

Wie die anderen Luckmanns wurde auch Josef Jr. Mitglied in den Verwaltungsgremien der Krainburger Kreis-Sparkasse. Schon bald nach seiner Rückkehr nach Slowenien berief man ihn in das Direktorium, das faktisch die Sparkasse leitete. Auf diesem Posten blieb er bis 1918, als sich durch die Entstehung des jugoslawischen Staates die Verhältnisse im Krainer Land grundlegend änderten. Die Krainburger Kreis-Sparkasse musste auf ihren „deutschen Charakter" verzichten und sich ein slowenisches Mäntelchen überstülpen. Alle Mitglieder der Verwaltungsgremien der Sparkasse traten von ihren Ämtern zurück, die aus-

[25] ZAL, ZMDZ, Kranjska hranilnica.

schließlich mit Slowenen besetzt wurden. Vor diesem Hintergrund wuchs die Krainburger Kreis-Sparkasse bald über den lokale Rahmen hinaus und wurde eine „allslowenische Institution.“ Auch die Rechtsgrundlage des Instituts wurde geändert, da sich ihre Tätigkeit auf der Grundlage eines Vereins nicht mehr bewährt hatte. 1927 übernahm die damalige „Laibacher Obrigkeit", eine der zwei Verwaltungseinheiten, in die Slowenien in den 1920er Jahren aufgeteilt war, die Krainburger Kreis-Sparkasse. Die zweite „Obrigkeit" hatte ihren Sitz in Maribor. Mit der Gründung der Draubanschaft, die das gesamte slowenische Gebiet in Jugoslawien umfasste, benannte man die Krainburger Kreis-Sparkasse in Sparkasse der Draubanschaft um, mit Filialen in Maribor und Celje.[26] Bis dahin behielt auch Josef Luckmann jr. seinen Posten im Direktorium des Instituts, so dass er die Möglichkeit besaß, die Entscheidungsfindung in diesem Gremium zu beeinflussen.

Nach seiner Demission bei der alten Sparkasse blieben Josef Luckmann jr. nur noch seine Bankgeschäfte in eigenem Namen übrig. Jedoch standen auch hier für ihn bald gravierende Veränderungen ins Haus. Als sein Vater noch lebte, hatte sich das wirtschaftliche Umfeld und die Struktur der slowenischen Wirtschaft sehr verändert, vor allem im Bereich des Bankwesens. Große österreichische Banken durchzogen mit ihren Zweigstellen, Agenturen und Geschäftstellen die gesamte Habsburger Monarchie und erfassten damit auch die entlegendsten Gebiete. Ihre Präsenz veränderte die lokalen Geld- und Kreditmärkte erheblich. Die Zweigstellen der großen Banken verfügten über ungleich größere finanzielle Reserven als die lokalen Institute, zudem konnten sie ihren Kunden die ganze Palette an Dienstleistungen offerieren, die das moderne Bankwesen damals ermöglichte. Im Gegensatz dazu konnte ein kleines lokales Bankunternehmen, trotz aller Bemühungen und des guten Willens, einen solchen Service nicht leisten. Die großen österreichischen Banken stellten daher für die lokalen einheimischen Banken in der Tat eine existenzielle Bedrohung dar.

Alles dies musste auch Josef Luckmann Jr. in sein Kalkül mit einbeziehen. Bald erkannte er, dass die neue Zeit den kleinen Privatbankiers kaum noch Entfaltungsmöglichkeiten bot. Die Ära der Händler und Bankiers in Personalunion neigte sich auch in Slowenien unwiderruflich ihrem Ende entgegen. Um nicht zu viel von seinem Privatvermögen, das im Unternehmen L.C. Luckmann angelegt war, zu riskieren, begann Josef jr. damit, seine Onkel, die als Kommanditisten in dieser Firma engagiert waren, dafür zu begeistern, diese zu verkaufen. Die übrigen Gesellschafter folgten in der Tat Luckmanns Plänen und halfen ihm bei der Suche nach einem Käufer. Schon bald trafen sich in dieser Angelegenheit zwei Interessen: das von Luckmann und das der Wiener Creditanstalt. Beide hatten

[26] ZAL, ZMDZ, D. 128.

bereits in den vergangenen Jahrzehnten eine enge Zusammenarbeit aufgebaut. Das Unternehmen L.C. Luckmann war zum Beispiel eine Art von Agent der Creditanstalt in Ljubljana. Die Luckmanns waren zudem über die Krainer Industriegesellschaft, die als ein großes Industrieunternehmen dringend einen stabilen und zuverlässigen Bankservice brauchte, mit der Triester Geschäftstelle der Creditanstalt verbunden. Die ersten Sondierungen in Triest führte wegen seiner guten Kontakte Carl Luckmann, der Direktor der Krainer Industriegesellschaft und Onkel von Josef Jr.. Als die Entscheidung über die Übernahme des Unternehmens der Luckmanns gefallen war, führte Josef Jr. persönlich die eigentlichen Übernahmeverhandlungen. Die Übereinkunft über die Übertragung des Geschäfts wurde im Frühjahr 1907 von beiden Seiten unterzeichnet. Am 1. April eröffnete die Creditanstalt ihre Geschäftsstelle in Ljubljana und übernahm alle geschäftlichen Aktivitäten des Unternehmens L.C. Luckmann, das dann in Liquidation ging.[27]

Auf diese Weise endete die erfolgreiche Geschichte des Familienunternehmens Luckmann - eine Geschichte, die immerhin 82 Jahre lang dauerte. Das bedeutete aber noch nicht das Ende der Bankkarriere von Josef Luckmann jr. Bei den Verhandlungen konnte er sich nämlich den Platz eines Direktors in der Geschäftstelle der Creditanstalt in Laibach sichern. Auf diesem Posten erlebte er auch den Zusammenbruch der Habsburger Monarchie und die Umwandlung der Creditanstalt in die Slowenische Kreditanstalt nach dem Ende des Ersten Weltkriegs mit. Aufgrund der veränderten Eigentumsverhältnisse musste sich Josef Luckmann jr. zunächst mit dem Posten eines Verwaltungsratsmitglieds bescheiden, doch besetzte er später bis zu seinem Tod doch noch die Stelle eines Vizepräsidenten. Dieser erneute Aufstieg auf einen bedeutenden Posten bei der Bank ist erneut als Indikator für das hohe Ansehen zu werten, das Josef Luckmann während seines Lebens genoss. Das zeigte sich auch in der Mitgliedschaft in zahlreichen Verwaltungsausschüssen bei verschiedenen Gesellschaften, wo Luckmann die Interessen der Creditanstalt vertrat.[28]

---

[27] Nur einige Jahre nach Luckmann erkannte dies auch ein zweiter Kaufmann und Bankier aus Ljubljana, Emerik Mayer, der 1912 die Bankabteilung seines Handelsunternehmens „Prva hrvatska štedionica“ aus Zagreb verkaufte, auf der dann die Eröffnung seiner Zweigstelle in Ljubljana basierte. (Spominski zbornik Slovenije, Ljubljana, 1939, S. 631). Leider stehen uns aber über Mayers Bankunternehmen keine Angaben zur Verfügung, die über seinen Geschäftsgang und über den Übergang in das Bankwesen detaillierter Zeugnis ablegen könnten.

[28] Žarko Lazarević, Kreditni zavod za trgovino in industrijo v Ljubljani do druge svetovne vojne (Die Kreditanstalt für Handel und Industrie in Ljubljana bis zum Zweiten Weltkrieg), in. Melikov zbornik, Ljubljana 2001, S. 1007–1017.

Fazit

Die Kreditwirtschaft in Slowenien entwickelte sich im Vergleich zu anderen Regionen Europas nur langsam. Der Grund dafür ist vor allem in der langen Dominanz des Agrarsektors in der slowenischen Wirtschaft zu suchen, aber auch in der von vielen Zeitgenossen immer wieder betonten wirtschaftlichen Rückständigkeit des Landes. Die Gründung von Finanzinstitutionen ab der Mitte des 19. Jahrhunderts blieb daher oftmals eine Einzelinitiative, der kein organischer Aufbau einer leistungsfähigen Kreditorganisation folgte. Erst an der Wende vom 19. zum 20. Jahrhundert änderten sich die Verhältnisse. Nicht nur die Wirtschaft Sloweniens durchlief eine bemerkenswerte Aufschwungsphase, sondern auch im speziellen das Bankwesen, das schon bald alle Attribute einer modernen Kreditorganisation aufwies. Im Vergleich zur Anfangszeit verloren typisch slowenische Institute jedoch gegenüber den Wiener Großbanken mit ihren expandierenden Filialnetzen an Bedeutung. Diese Entwicklung kehrte sich erst nach dem Ende des Ersten Weltkriegs um, als es gelang, ein eigenständiges slowenisches Bankwesen zu etablieren.
Eine Reihe von bedeutenden und charismatischen Persönlichkeiten im slowenischen Bankwesen prägten diese Entwicklung entscheidend mit. Außer auf rein ökonomischen Motiven basierte ihr Handeln auch auf sozialen, teilweise sogar auf nationalistischen Beweggründen. Dies galt vor allem für die Leiter von Kreditgenossenschaften und Sparkassen, die in ihren Instituten vielfach auch ein Instrument zur Verbreitung spezifischer nationalistischer oder sozialer Botschaften sahen. Gleichwohl lässt sich nicht verkennen, dass eine Reihe der führenden Bankiers einen wichtigen Beitrag für die wirtschaftliche Entwicklung des gesamten Landes leisteten. Exemplarisch lässt sich dies an den Mitgliedern der Familien Luckmann ablesen, die mehr als ein Jahrhundert lang eine entscheidende Rolle sowohl in der gewerblichen Wirtschaft, als auch in der Kreditwirtschaft spielten.

Summary

In comparison with other regions in Central Europe Slovenia was up to the beginning of the 20th century a country of economic backwardness which led to a slow develop-ment in the banking system until the First World War. In the inter-war period, how-ever, a certain number of new banks was founded and the influence of the formerly dominating Viennese banks in Slovenia diminished considerably. In this period in the Slovene banking system all characteristics of a mature credit organisation emerged. This process was highly influenced and initiated by a number of charismatic Slovene bankers, who played an important role in the economy of the country as well. Their influence and their position in society and economy is demonstrated by the members of the Luckmann family, one of the most important dynasties in the Slovene economy up to the Second World War.

Nationalitätenprobleme im Bankwesen der Tschechoslowakei während der Zwischenkriegszeit[1]

Harald Wixforth

I. Einleitung

Seit kurzem ist der Erste Weltkrieg wieder verstärkt in das Blickfeld der historischen Forschung und der interessierten Öffentlichkeit gerückt. Ursachen und Verlauf, aber auch seine Folgen sind wieder zum Thema größerer Studien und von Abhandlungen zu Detailproblemen geworden. Einige Forscher vertreten dabei die These, der Ausbruch des Ersten Weltkriegs vor mehr als neunzig Jahren markiere den Beginn einer rund dreißigjährigen Phase einer allgemeinen politischen und wirtschaftlichen Destabilisierung des „alten Europas", an deren Endpunkt ein mörderischer Vernichtungskrieg, millionenfaches menschliches Leid und bisher nicht gekannte Verwüstungen in vielen Ländern des Kontinents standen – ein Prozess, der aber auch eine deutliche Verschiebung der Gewichte in Wirtschaft und Politik weg aus Europa und hin zu anderen Kontinenten hervor gerufen habe.[2] War der Erste Weltkrieg die erste Fundamentalzäsur der neueren europäischen Geschichte? Wenn ja, welche Folgen hatte er konkret für Wirtschaft und Gesellschaft der kriegführenden Staaten? Diese Fragen werden seit längerem von Historikern diskutiert, haben aber an Bedeutung für die Interpretation der neueren europäischen Geschichte nichts an Relevanz verloren.[3] Unter den Lasten, die der Erste Weltkrieg den Länder Europas in der Zwischen-

---

[1] Hier handelt es sich um die ausgearbeitete Version eines Vortrags, der am 4. November 2004 auf einer Sitzung des Arbeitskreises Banken- und Versicherungsgeschichte der Gesellschaft für Unternehmensgeschichte in Frankfurt gehalten wurde.

[2] Hans-Ulrich Wehler, Deutsche Gesellschaftsgeschichte, Bd. 4, Vom Beginn des Ersten Weltkriegs bis zur Gründung der beiden deutschen Staaten 1914-1949, München 2003, S. 112-147; Wolfgang J. Mommsen, Der große Krieg und die Historiker. Neue Wege in der Geschichtsschreibung über den Ersten Weltkrieg, Essen 2002; Niall Ferguson, Der falsche Krieg. Der Erste Weltkrieg und das 20. Jahrhundert, Stuttgart 1999.

[3] Siehe dazu die Beiträge in dem Sammelband: Hans Mommsen (Hg.), Der Erste Weltkrieg und die europäische Nachkriegsordnung. Sozialer Wandel und Formveränderung in der Politik, Köln 2000; ders., Dušan Kováč, Jíří Malíř u. Michaela Marek (Hg.), Der Erste Weltkrieg und die Beziehungen zwischen Tschechen, Slowaken und Deutschen, Essen 2001; Manfred Rauchensteiner, Der Tod des Doppeladlers. Österreich-Ungarn und der Erste Weltkrieg, Graz 1995; Zdeněk Jindra, Der wirtschaftliche Zerfall Österreich-Ungarns, in: Alice Teichova u. Herbert Matis (Hg.), Österreich und die Tschechoslowakei 1918-1938. Die wirtschaftliche Neuordnung in Zentraleuropa in der Zwischenkriegszeit, Wien 1996, S. 17-50; Felix Butschek, Die österreichische Wirtschaft im 20. Jahrhundert, Wien-Stuttgart 1985; Hans Kernbauer, Die wirtschaftliche Entwicklung, in: Erika Weinzierl u. Kurt Skalnik (Hg.), Österreich 1918-1938. Die Geschichte der Ersten Republik, Bd. 1, Graz 1983, S. 344-358.

kriegszeit aufbürdete, sind nicht nur ökonomische Probleme wie eine Hyperinflation oder die Weltwirtschaftskrise zu nennen, sondern auch die vielfältigen Probleme der Grenzziehung im Kontext der Staatenbildung nach 1918. Dies betraf vor allem das Deutsche Reich und die Nachfolgestaaten der Habsburger Monarchie in der Mitte Europas.[4]

Der Zusammenbruch der Habsburger Monarchie im Herbst 1918 bedeutete auch für die Bankensysteme in den Nachfolgestaaten auf den ersten Blick eine einschneidende Zäsur. Die großen Universalbanken aus Wien, Prag oder Budapest gerieten in das Visier wirtschaftsnationaler Interessen: Sie sollten unter dem Vorzeichen einer nach 1919 einsetzenden Nostrifizierungs- und Nationalisierungspolitik zu Instrumenten nationaler wirtschaftspolitischer Ziele umgestaltet werden – so eine gängige These.[5] Die Forschung hat lange Zeit die Reibungsverluste betont, die als Folge einer Abtrennung von Tochtergesellschaften der Wiener Universalbanken und einer Neuorientierung der jeweiligen Finanz- und Bankensysteme eintraten. Einige Autoren sahen in diesem Prozess sogar eine der Ursachen für die wirtschaftliche Instabilität der Nachfolgestaaten nach dem Ende des Ersten Weltkriegs.[6]

Mit Blick auf die Etablierung eines selbständigen Finanz- und Bankensystems in der Ersten Tschechoslowakischen Republik lässt sich eine solche Kausalkette empirisch nicht eindeutig identifizieren. Dazu fehlt es bisher vor allem an soliden und aussagekräftigen Studien sowohl zur Geschäftsentwicklung der Prager Großbanken, als auch zu ihrer Strategiebildung und den Faktoren, welche diese beeinflussten. Dass die Tschechoslowakei in der Zwischenkriegszeit schnell zu einem Forum wirtschaftsnationaler Interessenkonflikte wurde, ist jedoch unstrittig. Ebenfalls steht außer Frage, dass sich die Existenz verschiedener Nationalitäten in der jungen Republik in der Bildung unterschiedlicher wirtschaftlicher Interessenverbände niederschlug.[7] Wurde auch das Bankwesen zu einem Spiel-

---

[4] Alice Teichova, An Economic Background to Munich. International Business and Czechoslovakia 1918-1938, London-New York 1974; dies., Kleinstaaten im Spannungsfeld der Großmächte, München 1988; Peter Robert Berger, Der Donauraum im Umbruch nach dem Ersten Weltkrieg. Wirtschaft und Finanzen in den Nachfolgestaaten Österreich, Ungarn und Tschechoslowakei 1918-1928, Wien 1982; Fritz Fellner, Der Vertrag von St. Germain, in: Erika Weinzierl u. Kurt Skalnik (Hg.), Österreich 1918-1938. Die Geschichte der Ersten Republik, Bd. 1, Graz 1983.

[5] Jindra, Der wirtschaftliche Zerfall, S. 19-30; Teichova, Kleinstaaten im Spannungsfeld der Großmächte, S. 15-26.

[6] Siehe Eduard März, Österreichische Bankenpolitik in der Zeit der großen Wende 1913-1923. Am Beispiel der Creditanstalt für Handel und Gewerbe, Wien 1981, S. 345-49; Jindra, Der wirtschaftliche Zerfall, S. 18-21; Butschek, Österreichs Wirtschaft, S. 28-38.

[7] Christoph Boyer, Nationale Kontrahenten oder Partner? Studien zu den Beziehungen zwischen Tschechen und Deutschen in der Wirtschaft der ČSR, München 1999; ders., Industrieorganisation und Nationalität. Konflikt und Kooperation zwischen Tschechen und Deutschen

feld unterschiedlicher nationaler Interessen? Oder lässt sich der ethnischen Zusammensetzung der Bevölkerung sogar eine entscheidende Prägekraft bei der Herausbildung des Bankwesens zuweisen? Diese Fragen sind im folgenden zu thematisieren, wobei der Schwerpunkt der Untersuchung auf der Kreditwirtschaft in den historischen Ländern Böhmen und Mähren liegt.

II. Die Nationalitätenfrage in der Ersten Tschechoslowakischen Republik

Ohne Zweifel war die Erste Tschechoslowakische Republik seit ihrer Gründung im Oktober 1918 ein multinationaler Staat. Folgt man den Zahlen des Zensus aus dem Jahre 1930, so lag der Anteil der Tschechen an der Gesamtbevölkerung bei 53%, derjenige der Slowaken bei 16,4%. Auf die beiden slawischen Volksgruppen der Tschechen und der Slowaken entfiel also mit weitem Abstand der höchste Prozentsatz in der Bevölkerung der Ersten Republik. Nicht zu übersehen ist jedoch, dass die deutschstämmige Bevölkerung mit 23,6% und – vor allem in der Slowakei – die ungarische Bevölkerung mit 4,3% ebenfalls einen erheblichn Anteil an der Gesamtbevölkerung für sich verbuchen konnte. Eine Akzentverschiebung ist zudem zu konstatieren, betrachtet man die historischen Länder Böhmen und Mähren separat. Dann lässt sich folgende Verteilung der einzelnen Volksgruppen konstatieren.[8]

Nationalität	Census		
	1921	1930	1950
Tschechen	67,5%	68,4%	93,8%
Slowaken	0,2%	0,4%	2,9%
Ukrainer	0,1%	0,2%	0,2%
Polen	1,0%	0,9%	0,8%
Deutsche	30,6%	29,5%	1,8%
Ungarn	0,1%	0,1%	1,8%
Andere	0,5%	0,5%	0,3%

Diese Zahlen zeigen deutlich, dass die Tschechen in den historischen Ländern die wichtigste Nationalität bildeten, während die Deutschen eine starke und beachtenswerte Minderheit formten, die einen weitreichenden Einfluss in Wirt-

in den Industrieverbänden der Ersten Republik, in: Boris Barth, Jozef Faltus, Jan Křen u. Eduard Kubů (Hg.), Konkurrenz-Partnerschaft. Die deutsche und die tschechische Wirtschaft in der Zwischenkriegszeit, Essen 1999, S. 168-182.

8 Angaben nach: Alice Teichova, Wirtschaftsgeschichte der Tschechoslowakei 1918-1980, Wien, Köln, Graz 1988, S. 14/15.

schaft, Politik und Gesellschaft der Ersten Tschechoslowakischen Republik besaß. Die Ungarn dagegen, über Jahrhunderte hinweg eine der dominierenden Volksgruppen in der Slowakei, sind für Böhmen und Mähren als Nationalität zu vernachlässigen.[9]
Während die Mehrheit der tschechischen Bevölkerung im böhmischen und mährischen Kernland lebte, siedelte die deutsche Bevölkerung im wesentlichen in den nordwestlichen, nördlichen und nordöstlichen Grenzgebieten der Ersten Tschechoslowakischen Republik. Hier, im von den Deutschen so bezeichneten Sudetenland, bildeten sie in den zwei Jahrhunderten vor dem Zusammenbruch der Habsburger Monarchie die einflussreichste Nationalität. Hier kontrollierten sie einen großen Teil der Verwaltung sowie wesentliche Bereiche von Handel, Industrie und Gewerbe.[10] An dieser Stelle ist nicht darüber zu diskutieren, ob die Beziehungen zwischen Tschechen und Deutschen zutreffend als Konfliktgemeinschaft zu charakterisieren sind. Nicht zu bestreiten ist jedoch, dass mit dem Aufkeimen nationalistischer Tendenzen in vielen Regionen Europas während des 19. Jahrhunderts auch das lange Zeit konstruktive Verhältnis zwischen Tschechen und Deutschen in Böhmen und Mähren zunehmend in das nationalistische Fahrwasser geriet.[11]
Mit dem Zusammenbruch der Habsburger Monarchie sah sich die neue Regierung der Ersten Tschechoslowakischen Republik in Prag mit zwei essentiellen Herausforderungen konfrontiert: Zum einen hatte sie den Einfluss der Deutschen in Wirtschaft und Politik zu verringern, zum anderen musste sie dafür sorgen, dass sich eine neue „gesamttschechoslowakische“ Gesellschaft herausbildete, in der die unterschiedlichen Nationalitäten und die verschiedenen Teile der Bevölkerung zu integrieren waren. Die einzelnen Regierungen in Prag versuchten, diese Herausforderung zu lösen, indem sie eine Politik der nationalen und religiösen Toleranz verfolgten. Sie garantierten Schulen und Schulunterricht in den jeweiligen Muttersprachen, vor allem für die Deutschen, und griffen keineswegs in die nationale und kulturelle Identität der einzelnen Volksgruppen ein, um sie auf diese Art und Weise zu integralen Bestandteilen der neuen tschechoslowakischen Gesellschaft zu machen.[12]

---

[9] Ebenda, S. 15.
[10] Jan Křen, Changes in Identity. Germans in Bohemia in the Nineteenth and Twentieth Century, in: Mikulaš Teich, Bohemia in History, Cambridge 1998, S. 335-337; ders., Die Konfliktgemeinschaft. Tschechen und Deutsche 1780-1918, München 1996, S. 155-168.
[11] Křen, ebenda, S. 225-265.
[12] Křen, Changes in Identity, S. 339-342; Hans Haas, Im Widerstreit der Selbstbestimmungsansprüche: Vom Habsburger Staat zur Tschechoslowakei – die Deutschen der Böhmischen Länder 1918 bis 1919, in: Hans Mommsen, Dušan Kováč, Jíří Malíř u. Michaela Marek (Hg.), Der Erste Weltkrieg und die Beziehungen zwischen Tschechen, Slowaken und Deutschen, Essen 2001, S. 141-210; Václav Kural, Die Tschechoslowakei als Nationalstaat? Das sude-

In der ersten Dekade der Zwischenkriegszeit war diese Art der Politik mehr oder weniger erfolgreich. Im Verlauf der Weltwirtschaftskrise, die auch die Tschechoslowakei schwer traf, wurde der Konsens zwischen den einzelnen Nationalitäten über eine Mitarbeit beim Aufbau der tschechoslowakischen Gesellschaft zunehmend fragiler, bevor er Mitte der 1930er Jahr gänzlich verschwand. In der Zeit, in der die wirtschaftlich hoch entwickelte Tschechoslowakei prosperierte und vergleichsweise hohe Wachstumsraten vorweisen konnte, ließ sich auch der Konsens unter den einzelnen Nationalitäten aufrecht erhalten. In der Zeit ökonomischer Schwierigkeiten oder gar Krisen brachen jedoch Nationalitätenkonflikte auf und die Politik der Toleranz mutierte zu einem Bumerang für die Regierung in Prag.[13]

Industrielle und Bankiers, die prominente Mitglieder der deutschen Minderheit waren, beschuldigten die tschechoslowakische Regierung, eine Politik zu verfolgen, deren Resultat eine Stärkung des Einflusses der Tschechen in Teilen von Industrie und Gewerbe sei, der zuvor von Deutschen kontrolliert worden sei.[14] Zudem glaubten einige dieser Industriellen und Bankiers, dass die Prager Regierung bewusst ihre wirtschaftlichen Probleme und ihre Forderung nach deren Lösung seit Ausbruch der Wirtschaftskrise missachte. Ab der Mitte der 1930er Jahre überzogen nationale Konflikte und Nationalitätenprobleme die Gesellschaft der „vor-Münchener“ Tschechoslowakei. Sowohl die Industrie, als auch das Bankwesen waren Teil dieses Prozesses und konnten sich von den vielfach aufkeimenden nationalen Konflikten nicht gänzlich fernhalten. War diese Entwicklung jedoch vorprogrammiert und unausweichlich? Wer trug diese Konflikte in das Bankwesen der Ersten Republik hinein? Um diese Fragen zu beantworten, müssen wir kurz auf die ersten Jahre der Ersten Tschechoslowakischen Republik zurück schauen.[15]

---

tendeutsche Problem, in: Jörg K. Hoensch u. Dušan Kováč, Das Scheitern der Verständigung. Tschechen, Deutsche und Slowaken in der Ersten Republik, Essen 1994, S. 65/66.

[13] Boyer, Nationale Kontrahenten, S. 140/41

[14] Alice Teichova, Staat und Wirtschaft in der Tschechoslowakei der Zwischenkriegszeit, in: Sidney Pollard u. Dieter Ziegler (Hg.), Markt, Staat, Planung. Historische Erfahrungen mit Regulierungs- und Deregulierungsversuchen in der Wirtschaft, St. Katharinen 1992, S. 222-225; Boyer, Nationale Kontrahenten, S.134-16; ders., Wirken die Hypotheken der Vergangenheit weiter? Die Rolle der Deutschen in der Zwischenkriegszeit und heute, in: Dirk Tänzler (Hg.), Der Tschechische Weg. Transformation einer Industriegesellschaft 1918-1998, Frankfurt 1999, S. 42-58.

[15] Christoph Boyer, Die Vergabe von Staatsaufträgen in der ČSR – ein Vehikel zur Ruinierung der sudetendeutschen Wirtschaft, in: Jörg K. Hoensch u. Dušan Kováč, Das Scheitern der Verständigung. Tschechen, Deutsche und Slowaken in der Ersten Republik, Essen 1994, S. 81-93.

III. Die Auseinandersetzung um ein eigenständiges Bankensystem: Die Nostrifizierung und ihre Auswirkungen

Nach dem Ende des Ersten Weltkriegs, dem Zerfall der Habsburger Monarchie und der Errichtung der Ersten Tschechoslowakischen Republik verfolgte die neue Regierung in Prag das Ziel, möglichst schnell ein großes Maß an politischer und ökonomische Unabhängigkeit von der ehemaligen Kapitale Wien und deren finanzieller Dominanz in den böhmischen Ländern zu erreichen. Während des 19. Jahrhunderts wurde Böhmen zu einem der industriell am meisten entwickelten Gebiete in der Habsburger Monarchie mit einer modernen Wirtschafsstruktur und einem effizienten Bankwesen. Ein großer Teil der einheimischen Banken wurde jedoch von Wiener Kreditinstituten oder Finanzgruppen kontrolliert, die zudem einen maßgeblichen Einfluss in den großen industriellen Konzernen des Landes besaßen.[16] Die Beziehungen zwischen Wien und der böhmischen Industrie und Finanzwelt waren daher bis zum Ende der Monarchie relativ eng. Die neue Regierung in Prag erkannte jedoch sehr schnell, dass nur eine Loslösung vom Wiener Kapitalmarkt das Maß an wirtschafts- und währungspolitischer Handlungsfreiheit garantieren würde, das für den Aufbau einer eigenständigen Wirtschaft unbedingt notwendig war.[17]

Das entscheidende Instrument, um dieses Ziel zu erreichen, bildete die sogenannte Nostrifizierung. Dadurch wollte die Regierung in Prag erreichen, dass der Einfluss des deutschen und österreichischen Kapitals in der böhmischen Wirtschaft entscheidend verringert wurde. Generell sollte eine Substitution des deutschen und österreichischen Kapitals durch tschechische Investoren erreicht werden. Eine spezifische Gesetzgebung zum Komplex der Nostrifizierung aus den Jahren 1919 und 1920 sollte dafür sorgen, dass alle Unternehmen und Ban-

---

[16] Siehe u. a. Jíří Šouša u. Jiří Novotny, Vorurteile und Realität der Nationalitätenbeziehungen in Böhmen und Mähren in der ersten Hälfte des 20. Jahrhunderts am Beispiel des Bankwesens, in: Thomas Winkelbauer (Hg.), Kontakte und Konflikte. Böhmen, Mähren und Österreich - Aspekte eines Jahrtausends gemeinsamer Geschichte, Waidhofen an der Thaya 1993, S. 395-400; Alice Teichova, Wiens wechselhafte Rolle als Finanzzentrum in Europa während des 20. Jahrhunderts, in: dies. (Hg.), Banken, Währung und Politik in Mitteleuropa zwischen den Weltkriegen. Geld und Kapital, Bd. 1, 1997, Wien 1997, S. 23-30; März, Österreichische Bankenpolitik in der Zeit der großen Wende, S. 52-64.

[17] Andreas Resch und Zdeněk Sladek, Integration und Desintegrationstendenzen. Die Handelsbeziehungen 1921-1937, in: Alice Teichova u. Herbert Matis (Hg.), Österreich und die Tschechoslowakei 1918-938. Die wirtschaftliche Neuordnung in Zentraleuropa in der Zwischenkriegszeit, Wien 1996, S. 279-282; Alice Teichova. u. Jozef Faltus, Die Nachkriegsinflation. Ein Vergleich 1918-1923, in: ebenda, S. 132-157; Jozef Faltus, Die Währungsentwicklung in der Tschechoslowakei in den Jahren 1919 bis 1924, in: Alice Teichova (Hg.), Banken, Währung und Politik zwischen den Weltkriegen. Geld und Kapital, Bd. 1, 1997, Wien 1997, S. 113-119.

ken, die in Böhmen, Mähren und der Slowakei Betriebsstätten oder Niederlassungen unterhielten, nach dort auch ihren Firmensitz verlegten. Zudem musste die Hälfte der Aufsichtsratsmitglieder und alle Mitglieder der Direktion Staatsbürger der Tschechoslowakischen Republik sein. Der Generaldirektor eines Unternehmens musste ebenfalls immer tschechoslowakischer Staatsbürger sein.[18]
Für die Wiener Banken mit ihren Niederlassungen in Böhmen und Mähren hatten diese Maßnahmen weitreichende Konsequenzen. Sie verloren sowohl die Kontrolle über ihre Filialen als auch ihre Position als wichtigste Finanzinstitutionen in den böhmischen Ländern. Nach einer Währungsreform im Jahre 1919 und der damit verbundenen Schaffung einer eigenen Währung in der Tschechoslowakei besaßen vor allem die Prager Banken die Möglichkeit, den früheren Einfluss des österreichischen Kapitals durch eine gezielte Geschäftstätigkeit im Sinne der Nostrifizierungsmaßnahmen zu ersetzen. Vor diesem Hintergrund erfolgte eine weitreichende Umstrukturierung der bereits bestehenden Institute aus Prag. Zudem wurde eine Reihe neuer Banken gegründet. Einige von ihnen gingen jedoch nach einem ersten kurzen Boom in der Kreditwirtschaft der Tschechoslowakei, der die ersten drei Jahre nach der Gründung der Ersten Republik andauerte, im Jahre 1922 wieder in Konkurs. Dennoch: Zwischen 1919 und 1922 entwickelte sich in der jungen Republik ein eigenständiges und von Wien weitgehend unabhängiges, aber durchaus leistungsfähiges und effizientes Bankensystem.[19]
Im Zentrum des umstrukturierten Bankwesens stand die Živnostenská banka aus Prag. Dieses im Jahre 1868 gegründete Institut besaß bewusst und gezielt einen national-tschechischen Charakter. Seine Aufgabe bestand vor allem darin, böhmische Industrielle, Gewerbetreibende, Handwerker und Händler mit dem notwendigen Kapital zu versorgen. Das Kapital der Živnostenská banka befand sich

[18] Vlastislav Lacina, Nostrifizierung und Möglichkeiten der Sequestration reichsdeutschen Vermögens in der Tschechoslowakei nach dem Ersten Weltkrieg, in: Boris Barth, Jozef Faltus, Jan Křen u. Eduard Kubů (Hg.), Konkurrenz-Partnerschaft. Die deutsche und die tschechoslowakische Wirtschaft in der Zwischenkriegszeit, Essen 1999, S. 20-22; ders., Formováni Československé ekonomiky, Praha 1993, S. 171-173; ders., System changes after the establishment of the independent Czechoslovakian Republic, in: Alice Teichova (Ed.), Universal Banking in the Twentieth Century. Finance, Industry and the State in North and Central Europe, Vermont 1994, S. 155-177. Lacina nennt eine Zahl von 231 österreichischen Gesellschaften und Betrieben, die ihren Firmensitz in die Tschechoslowakei verlegen oder sich von ihren böhmischen Engagements trennen mussten.

[19] Lacina, System changes, S. 160-168; Drahomir Jančík u. Tomáš Kalina, Banken und öffentliche Meinung in der Tschechoslowakei zwischen den beiden Weltkriegen, in: Alice Teichova (Hg.), Banken, Währung und Politik zwischen den Weltkriegen. Geld und Kapital, Bd. 1, 1997, Wien 1997, S. 145-148; Harald Wixforth, Die Böhmische Escompte-Bank nach dem Zerfall der Habsburger Monarchie - eine Bank zwischen Eigentümer- und nationalen Wirtschaftsinteressen, in: Zeitschrift für Unternehmensgeschichte, 49. Jg., Nr. 2/2004, S. 224-226.

zum überwiegenden Teil in den Händen von böhmischen Geschäftsleuten und Industriellen, die Mitglieder ihrer Verwaltungsorganen waren ebenfalls national-tschechischer Herkunft. Dieser Sachverhalt war sicherlich der Grund dafür, dass man die Živnostenská banka bereits während der Habsburger Monarchie für ein national-tschechisches Kreditinstitut hielt. Zudem waren einige Personen aus ihren Verwaltungsgremien, wie zum Beispiel Jaroslav Preiss, entscheidende Befürworter einer böhmischen Eigenständigkeit und einer Loslösung von Wien.[20]
Die Živnostenská banka verfügte seit der Gründung der Ersten Tschechoslowakischen Republik über enge Kontakte zur Regierung. Deren Finanzexperte und mehrmaliger Finanzminister, Alois Rašín, war ein Verfechter des Plans, dass die Živnostenská banka die Aktienmajorität einiger anderer Prager Banken aufkaufen sollte, um den Einfluss national-tschechischer Kreise in der Kreditwirtschaft des Landes zu stärken und die Nostrifizierung zu intensivieren. Im Focus des Interesses stand dabei vor allem die Böhmische Escompte-Bank. Dieses 1863 in Prag gegründete Institut galt aufgrund seiner engen Beziehungen zum Finanzplatz Wien und seiner Eigentümerstruktur als „deutsche Bank“ und musste daher ab 1919 eine Restrukturierung gemäß den Bestimmungen der Nostrifizierung durchführen. Ihr Großaktionär, die Niederösterreichische Escompte-Gesellschaft, musste ihre Anteile veräußern – allerdings auch aufgrund eigener finanzieller Probleme. Nach längeren Verhandlungen zwischen der Živnostenská banka und der Niederösterreichischen Escompte-Gesellschaft ließ sich eine Einigung erzielen, indem das Prager Institut die Anteile der BEB aus dem Besitz ihres Wiener Verhandlungspartners übernahm. Die Leitung der Živnostenská banka war trotz aller nationalistischen Rhetorik jedoch klug genug, diesen Schritt in enger Abstimmung mit den ehemaligen Großaktionären der BEB durchzuführen. Zudem erreichten sie mit diesen ein Arrangement, dass die gemeinsame Verwaltung eines Teils der Aktienbestände vorsah. Eine Platzierung eines anderen Teils bei ausländischen Investoren wie der Banque de Bruxelles sollte mit dazu beitragen, die Einbindung des böhmischen Bankwesens in die internationalen Kapitalströme nach dem Ende des Ersten Weltkriegs zu gewährleisten.[21]
Nach der im Jahre 1924 im wesentlichen abgeschlossenen Nostrifizierung war die Živnostenská banká ohne Frage das führende Institut im tschechoslowakischen Bankwesen. Ihren national-tschechischen Charakter hatte sie bewahren können, ihre Position in der Kreditwirtschaft, aber auch in der Industrie der Ersten Republik sogar noch ausbauen können, indem sie sich einen eigenen „indus-

[20] Vlastislav Lacina, Živnostenská banka v Praze, in: František Vencovsky/Autorenkollektiv (Hg.), Dějiny Bankovnictví v Českych Zemích, Praha 1999, S. 298-306.
[21] Siehe hierzu Wixforth, Böhmische Escompte-Bank, S. 227-234.

triellen Konzern" von Unternehmen geschaffen hatte, bei denen sie die Kapitalmehrheit oder zumindest eine maßgebliche Kapitalbeteiligung besaß. Mitte der 1920er Jahre zählten zeitweilig bis zu 200 Firmen zu ihrem „Industrie-Konzern." Zudem war sie einer der entscheidenden Großaktionäre der Böhmischen Escompte-Bank bzw. der Böhmischen Escompte-Bank und Creditanstalt, wie das Institut nach seiner endgültigen Umstrukturierung firmierte.[22]

Eine andere Facette für die politisch gewollten Tendenzen, den national-tschechischen Einfluss im Bankwesen der Ersten Republik zu stärken, bietet die Anglo-tschechoslowakische Bank. 1922 musste die Anglo-österreichische Bank in Wien im Zuge der Nostrifizierung ihre Niederlassungen in Böhmen und Mähren an ein neu errichtetes Institut mit Firmensitz in Prag verkaufen – die Anglo-tschechoslowakische Bank. Der wichtigste Großaktionär dieser Bank wurde die Anglo-International Bank aus London, die sowohl für die Anglo-österreichische Bank als auch für ihre ehemaligen Niederlassungen in den Nachfolgestaaten eine Art von organisatorischer Kopfzentrale bildete. Damit koinzidierte der Wunsch der Prager Regierung, den tschechischen Einfluss im Bankwesen des Landes zu stärken, mit der Absicht britischer Finanzkreise, über die Anglo-International Bank eine Art von „informal empire" in den Nachfolgestaaten zu errichten. Mitte der zwanziger Jahre änderte sich die Konstellation jedoch etwas. Der tschechoslowakische Staat kaufte 25% des Aktienkapitals der Anglo-tschechoslowakischen Bank. Zudem erwarben prominente tschechische Industrielle und Industriekonzerne wie der Petschek-Konzern oder die Škoda-Werke weitere bedeutende Aktienpakete des Prager Instituts. Die Anglo-tschechoslowakische Bank war nun eine national-tschechische Bank, obwohl sich immer noch ein Teil ihres Aktienkapitals in den Händen ausländischer Investoren, vor allem der Anglo-International Bank, befand. Diese Gewichtsverteilung war politisch induziert und gewollt, sollte der britische Kapitalbesitz doch als eine Abwehrmaßnahme gegen etwaige Versuche deutscher oder österreichischer Investoren dienen, im Bankwesen der Tschechoslowakei Fuß zu fassen.[23]

Der national-tschechische Einfluss im Bankwesen der Ersten Republik manifestierte sich noch in drei anderen Banken: der Böhmischen Industrialbank, der Agrarbank und der Legio-Bank. Die Aktienmehrheit der Böhmischen Industrialbank befand sich in den Händen von einigen prominenten tschechischen Indus-

[22] Lacina, Živnostenská banka, S. 302/03, Jančík u. Kalina, Banken und öffentliche Meinung, S. 139.

[23] Jaroslav Pátek, Anglo-československa a Prážská úvěrní banka, in: František Vencovsky / Autorenkollektiv (Hg.), Dějiny Bankovnictví v Českych Zemích, Praha 1999, S. 312-314; Charlotte Natmeßnig, Britische Finanzinteressen in Österreich. Die Anglo-Österreichische Bank, Wien 1998, S. 105. Im Zuge von Sanierungsmaßnahmen im tschechischen Bankwesen während der Weltwirtschaftskrise fusionierte die Anglo-tschechoslowakische Bank mit der Prager Creditbank zur Anglo-tschechoslowakischen und Prager Creditbank.

triellen sowie von gewerblichen und agrarischen Kooperativen. Das Institut spielte eine wichtige Rolle für die Finanzierung von Industrie und Handel in Zentralböhmen. Auch wenn es nicht die Rolle in der Kreditwirtschaft der Tschechoslowakei spielen konnte wie etwa die Živnostenská banka oder die Anglotschechoslowakische Bank ist seine Bedeutung als Finanzier von Industrie- und Handelsunternehmen im böhmischen Kernland unbestritten.[24]
Die Agrarbank konzentrierte ihr operatives Geschäft dagegen auf die Finanzierung der Landwirtschaft. Ihre Aktien befanden sich im Besitz der Agrarpartei, einer der wichtigsten national-tschechischen politischen Kräfte in der Ersten Republik, was auch der Agrarbank einen national-tschechischen Charakter verlieh. Die Legio-Bank diente dagegen vor allem als Finanzdienstleister für die tschechischen Soldaten, die während des Ersten Weltkriegs in Russland und in Serbien gekämpft hatten.[25]
Als Folge der im Jahre 1924 im wesentlichen abgeschlossenen Nostrifizierung lässt sich ein zunehmender national-tschechischer Einfluss im Bankwesen der Ersten Republik konstatieren. Diese Entwicklung war politisch gewollt und induziert. Bankenpolitik war im Verständnis der Prager Regierung immer zu einem großen Teil auch nationale Wirtschaftspolitik. Angesichts der Verhältnisse in Böhmen und Mähren, aber auch in anderen Regionen der Habsburger Monarchie bis zum Ausbruch des Ersten Weltkriegs, in denen die Banken die „commanding heigths" der Wirtschaft besetzten, ist eine solche Einschätzung nur allzu verständlich. Die Regierung in Prag war zudem der Auffassung, dass ausländische Finanzinteressen selbst nach der Nostrifizierung in der Kreditwirtschaft noch ausreichend berücksichtigt wurden. Allein schon aus außenpolitischen Gründen musste der junge Staat an einer Einbindung in internationale Finanzströme interessiert sein, um auch auf diese Weise strategisch-politische Allianzen mit Ländern einzugehen, die sich als Garantiemacht für die junge Republik verstanden.[26] Als prägnantes Beispiel für diesen Sachverhalt lässt sich die Bank für Handel und Industrie (früher Länderbank) heranziehen. Nach dem Zerfall der Habsburger Monarchie musste eine der Wiener Großbanken, die Österreichische Länderbank, nach den Bestimmungen der Pariser Friedensverträge 1921 ihren Firmensitz in die französische Kapitale verlegen, wo sie nun als Banque des Pays de l'Europe Centrale firmierte.[27]

---

[24] Drahomír Jančík, Česká průmyslova banka v Praze, in: František Vencovsky / Autorenkollektiv (Hg.), Dějiny Bankovnictví v Českych Zemích, Praha 1999, S. 307-311.
[25] Jiří Novotný u. Jiří Šouša, Banka ve Znamení zeleneho Čtyřlistku. Agrarní banka 1911-1938 (1948), Praha 1996; Jozef Faltus, Bank československych legii v Praze, in: František Vencovsky / Autorenkollektiv (Hg.), Dějiny Bankovnictví v Českych Zemích, Praha 1999, S. 332-336.
[26] Teichova, Kleinstaaten im Spannungsfeld der Großmächte,, S. 15-21, S. 57-70.
[27] Ebenda, S. 89-91.

Ihre früheren Niederlassungen in den verschiedenen Teilen der Habsburger Monarchie wurden rechtlich selbständige Institute. Dies galt auch für die ehemalige Prager Niederlassung, die nun als Bank für Handel und Industrie firmierte. Die Aktienmehrheit lag in den Händen der Pariser Muttergesellschaft, während in den Verwaltungsgremien des Prager Instituts vor allem Personen aus Frankreich und Österreich Mandatsträger waren. Diese Konstellation dauerte die gesamte Zwischenkriegszeit an und wurde von den politisch Verantwortlichen der Ersten Republik niemals in Frage gestellt, obwohl es sich hier nicht um die Folgen einer innerstaatlichen Entwicklung, sondern um die der Pariser Vorortverträge handelte.[28]

Ein weiteres Beispiel für die Internationalität des tschechischen Bankwesens bietet die Böhmische Union-Bank, eines der ältesten Kreditinstitute des Landes. In ihren Verwaltungsgremien saßen eine Reihe von tschechoslowakischen Staatsbürgern jüdischen Glaubens, die sich aber der deutschen Nationalität zugehörig fühlten. Zudem befand sich ein großer Teil des Aktienkapitals in den Händen von englischen, französischen und italienischen Finanzgruppen, so dass die Böhmische Union-Bank in der öffentlichen Meinung als „deutsch-jüdische" Bank mit internationalen Verbindungen angesehen wurde. Für ihre Geschäftsentwicklung spielte dies keine Rolle. Ungehindert von staatlichen Vorgaben konnte auch dieses Institut in der ersten Dekade der Zwischenkriegszeit prosperieren und einen eigenen großen „Industriekonzern" aufbauen.[29]

Fassen wir zusammen: Die Prager Regierung wollte mit der von ihr verabschiedeten Gesetzgebung zur Nostrifizierung keineswegs nationalen oder gar chauvinistischen Tendenzen im Bankwesen der Tschechoslowakei Vorschub leisten. Die lag nicht im Interesse ihrer Politik. Sie war klug genug, um zu erkennen, dass sie sowohl eine Stärkung des national-tschechischen Einflusses brauchte, um ein höheres Maß an wirtschaftspolitischer Handlungsfähigkeit herzustellen, als auch eine Einbindung der Kreditwirtschaft in die internationalen Finanzmärkte benötigte, um ausländische Investoren für die Finanzierung von Projekten in der Wirtschaft zu gewinnen. Die besondere Rolle der Prager Banken als wichtige „Scharniere" in der Wirtschaft erforderte diese spezielle Doppelstrategie beim Umbau der Kreditwirtschaft unter dem Vorzeichen der Nostrifizierung nach dem Zerfall der Habsburger Monarchie. Die Prager Regierung war nicht daran interessiert, dass sich ein übersteigerter Nationalismus im Bankwesen des

---

[28] Ebenda, S. 91; Jíří Novotný u. Jiří Šouša, Banka pro obchod a průmysl (dříve Länderbank) v Praze, in: František Vencovsky / Autorenkollektiv (Hg.), Dějiny Bankovnictví v Českych Zemích, Praha 1999, S. 321-324.

[29] Teichova, Economic Background, S. 356; Drahomír Jančík, Česká Banka Union, in: František Vencovsky / Autorenkollektiv (Hg.), Dějiny Bankovnictví v Českych Zemích, Praha 1999, S. 326-330; ders. u. Kalina, Banken und öffentliche Meinung, S. 145-147.

Landes ausbreitete. Ihr Interesse zielte vor allem auf eine ungestörte Funktionsfähigkeit des Kapitalmarktes und des Bankensektors in der ohnehin krisenanfälligen Zwischenkriegszeit. Nationale Konflikte in diesem wichtigen Segment der Wirtschaft hätten ein weiteres Störpotenzial zur Folge gehabt, das die Prager Regierung vermeiden wollte, da es ihren übergeordneten wirtschaftspolitischen Zielen entgegen stand. Nationale Konflikte und die Überwölbung des Bankwesens mit nationalen Parolen wurden eher von anderer Seite initiiert und in dieses Segment der tschechoslowakischen Wirtschaft hereingetragen.[30]

IV. Nationales Bankensystem – nationale Geschäftsstrategien?

Exakte und weitreichende Aussagen zur Strategiebildung der Prager Großbanken und einiger Institute aus der Provinz sind augenblicklich aufgrund der Quellenlage nur bedingt möglich, doch lassen sich folgende Ergebnisse zu den Kernpunkten des operativen Geschäfts festhalten.[31] Das größte der Prager Institute, die Živnostenská banka, pflegte enge Kundenbeziehungen mit Industrie, Handel und Gewerbe aus allen Teilen der Tschechoslowakei. Trotz ihres nationaltschechischen Charakters war das Direktorium des Instituts daran interessiert, intensive Geschäftsverbindungen mit Firmen in der gesamten Republik aufzunehmen, wenn dies lukrativ erschien. Anhand des vorliegenden Material lässt sich nicht erkennen, dass die Entscheidungsträger des größten Kreditinstituts aus Prag dabei tschechische Unternehmen und Unternehmer, oder gar Firmeninhaber bevorzugte, die aus ihrer national-tschechischen Grundüberzeugung keinen Hehl machten. Daher überrascht es nicht, dass zum „Industriekonzern" der Živnostenská banka Firmen aus allen Teilen der Wirtschaft gehörten.[32]

---

[30] Jaroslav Pátek, Die Stellung der Tschechoslowakei auf dem internationalen Kapitalmarkt in der Zwischenkriegszeit 1918-1938, in: Alice Teichova, Alois Mosser u. Jaroslav Pátek (Hg.), Der Markt im Mitteleuropa der Zwischenkriegszeit, Prag 1997, S. 169-1189; Jiří Novotný u. Jiří Šouša, Die Prager Waren- und Effektenbörse und ihre Aufgabe am Kapitalmarkt der Tschechoslowakei 1918-1938, in: ebenda, S. 137-156.

[31] Wie für einige andere Länder in Mitteleuropa – darunter auch Deutschland – sind Studien zur Strategiebildung und zur Strukturierung des operativen Geschäfts der Banken auch für die Tschechoslowakei der Zwischenkriegszeit bisher Mangelware. Dies überrascht, ist die Quellenlage für einige der Prager Großbanken wie etwa der Živenostenská banka durchaus vielversprechend. Auch für die Böhmische Escompte-Bank und Creditanstalt sowie für die Böhmische Union-Bank wurden in den letzten Jahren Akten in speziellen Deposita in der Nähe Prags entdeckt, die ein besseres Verständnis für die Strategiebildung liefern könnten.

[32] Jiří Novotný, Jiří Šouša u. Desirée Verdonk, Beziehungen von Banken und Industrie am Beispiel der Živnostenská banka und des Wiener Bankvereins, in: Alice Teichova u. Herbert Matis (Hg.), Österreich und die Tschechoslowakei 1918-1938. Die wirtschaftliche Neuordnung in Zentraleuropa in der Zwischenkriegszeit, Wien 1996, S. 235-254.

Zwar ist es zutreffend, dass die Direktion der Živnostenská banka vor allem tschechisch-nationale politische Gruppierungen der Ersten Republik unterstützte, doch wirkte sich dies auf unternehmensstrategische Entscheidungen ebenso wenig aus wie auf das operative Geschäft. Hier machte die Bank keinen Unterschied, ob es sich bei ihren Kunden um Tschechen, Deutsche oder Juden handelte. Aufgrund ihrer Stellung in der Kreditwirtschaft des Landes und aufgrund ihrer engen Beziehungen zur Prager Regierung war die Leitung der Bank eher daran interessiert, möglichst enge Kontakte zu ausländischen Banken und Finanzgruppen aufzubauen, um so die Funktion eines „Scharniers“ zwischen dem einheimischen Kapitalmarkt und Bankensektor auf der einen und Investoren aus anderen europäischen Ländern auf der anderen Seite auszufüllen. Eine allzu große Strapazierung national-tschechischer Rhetorik und ein zu eindeutiges Eintreten für die Ziele national-tschechischer politischer Gruppierungen hätte der Außenwirkung der Živnostenská banka eher geschadet und ausländische Investoren eher abgeschreckt. Es lassen sich zahlreiche Beispiele dafür finden, dass sich die Leitung des Instituts voll und ganz dem Comment des internationalen Bankgeschäfts verpflichtet fühlte und diese Standards auch im Verkehr mit ausländischen Institute einhielt.[33]
Ein ähnlicher Befund lässt sich auch für die Böhmische Escompte-Bank und Creditanstalt nach ihrer Restrukturierung feststellen. Das Institut unterhielt im Gegensatz zum Branchenführer der tschechoslowakischen Kreditwirtschaft jedoch mehr Niederlassungen im Sudetenland, wo tschechoslowakische Staatsbürger deutscher Nationalität und „deutsche Unternehmen“ die Wirtschaft dominierten. Ein bestimmter Prozentsatz von Unternehmern und Firmeninhabern, die sich bewusst zum „Deutschtum“ bekannten, lässt sich daher als Kunde der Bebca identifizieren. Dieser Sachverhalt dürfte dafür verantwortlich gewesen sein, dass das Institut bei einigen Industriellen aus der Region als „deutsch“ eingestuft wurde. Ein genauerer Blick auf die Struktur ihrer Kundenbeziehungen und den Aufbau ihres „Industriekonzerns“ zeigt jedoch, dass die Bebca mit Firmen aus allen Landesteilen, auch aus der Slowakei, intensive Geschäftsverbindungen unterhielt. Zudem wickelte sie einen nicht unerheblichen Teil von größeren Geschäftstransaktionen zusammen mit der Živnostenská banka und den mit ihr in Verbindung stehenden internationalen Bankkonsortien ab, so dass

[33] Ebenda, S. 243-246; Wixforth, Böhmische Escompte-Bank, S. 233/34. Als Beispiel für die engen Geschäftsbeziehungen mit deutschen Instituten lässt sich der intensive Schriftverkehr des Prager Instituts mit der Dresdner Bank und der Berliner Handelsgesellschaft über gemeinsame Finanztransaktionen heran ziehen. Archiv České Narodní Banky (AČNB), ŽB- S VIII f 7, Korrespondenz zwischen der Živnostenská banka und der Berliner Handelsgesellschaft, AČNB, ŽB- S VIII f 12, Korrespondenz zwischen der Živnostenská banka und der Dresdner Bank.

auch die Bebca in die internationalen Kapitalströme und die Gepflogenheiten auf den Kapitalmärkten eingebunden war.[34]
Es lassen sich unter den Prager Banken aber auch Institute ausmachen, für deren operatives Geschäft Zielsetzungen und Forderungen national-tschechischer politischer Gruppierungen eine nicht zu unterschätzende Rolle spielten. Dies galt zum Beispiel für die Agrarbank und die Böhmische Industrialbank. Beide Institute unterhielten während der Ersten Republik enge Beziehungen zu national-tschechischen Parteien wie der Agrarpartei und der Nationaldemokratischen Partei. Zudem war der Großteil ihrer Kunden eindeutig Tschechen. Zu fragen bleibt dennoch, ob sich diese beiden Banken zu einem Instrument des tschechischen Nationalismus während der Ersten Republik machen ließen. Es lassen sich durchaus Hinweise ausmachen, das sich die Böhmische Industrialbank und die Agrarbank Forderungen der national-tschechischen politischen Gruppierungen zu eigen machten und diese in ihre unternehmensstrategischen Planungen mit einfließen ließen. Eine eindeutige Einschätzung, ob die beiden Institute durch ihr operatives Geschäft zu einem Vehikel des tschechischen Nationalismus wurden, lässt sich aufgrund des verfügbaren Quellenmaterials jedoch nicht treffen.[35]
Wesentlich klarer ist der Befund für zwei Institute aus dem Sudetenland: die Deutsche Agrar- und Industriebank (DAIB) und die Kreditanstalt der Deutschen (KdD). Beide Institute waren sicherlich Zentren des deutschen Wirtschaftsnationalismus in der Ersten Tschechoslowakischen Republik und transportierten bereitwillig deutsch-nationalistische Inhalte in Politik und Wirtschaft der Region. Die Mehrheit der Kunden der DAIB, die 1912 als Deutsche Agrarbank für Österreich mit Sitz in Prag gegründet und nach dem Ende des Ersten Weltkriegs unter Federführung von prominenten sudetenländischen Unternehmen in ein Institut zur Finanzierung des Mittelstandes in der Region umgewandelt worden war, bildeten Handwerker, Geschäftsleute und mittelständische Industrielle deutscher Nationalität im Sudetenland. Ihr wichtigstes Geschäftsfeld sah die Deutsche Agrar- und Industriebank während der 1920er Jahre, in der sie einige Restrukturierungsmaßnahmen durchlief, in der Finanzierung des „deutschen Unternehmertums“ im Sudetenland. Dies sollte vor allem in der Absicht geschehen, den „deutschen Einfluss“ in der Wirtschaft der Region zu stärken, um damit Abwehrmechanismen gegen eine etwaige „Tschechisierung“ zu errichten.[36]

---

[34] Wixforth, Böhmische Escompte-Bank, S. 234-36; Vlastislav Lacina, Česká eskomptní banka a ůvĕrní ústav v Praze, in: František Vencovsky / Autorenkollektiv (Hg.), Dějiny Bankovnictví v Českych Zemích, Praha 1999, S. 317-321.
[35] Novotný u. Šouša, Banka ve Znamení, S. 204-209; Jančík, Česká průmyslova banka, S. 308/09.
[36] Zur Geschichte der Deutschen Agrar- und Industriebank, Harald Wixforth, Im Visier deutscher Finanzinteressen. Das Schicksal der Deutschen Agrar- und Industriebank in Prag und

1925 und Ende 1930 geriet die Bank in erhebliche Schwierigkeiten infolge der wirtschaftlichen Krisenerscheinungen in der Tschechoslowakei. Anfang der 1930er Jahre schien das Institut kaum noch handlungsfähig zu sein und war auf umfangreiche Finanzhilfen der Prager Regierung angewiesen. In ihren Geschäftsberichten aus diesen Jahren kritisierte die Leitung der Bank die Prager Regierung heftig für ihre angeblich verfehlte Wirtschaftspolitik und forderte ein Ende der Bevorzugung von tschechischen Unternehmen bei der Vergabe von Staatsaufträgen. Statt dessen setzte sie sich immer lautstarker für die Unterstützung von „deutschen Unternehmen" im Sudetenland ein und leistete damit bewusst dem deutschen Wirtschaftsnationalismus in der Region Vorschub.[37] Andererseits wusste die Leitung der DAIB ganz genau, dass das Fortbestehen ihres Institut von der Zufuhr frischen Kapitals aus den diversen Sanierungsfonds der Prager Regierung, vor allem aus dem Fond des Finanzministeriums, abhängig war. Der Vorstandsvorsitzende des Instituts, Viktor Ulbrich, erkannte durchaus, dass er die Prager Regierung nicht permanent scharf kritisieren und ihr eine verfehlte Wirtschaftspolitik vorwerfen konnte, andererseits finanzielle Hilfestellung aus Prag einfordern musste. Ulbrich bemühte sich daher, in der Sache die Position des deutschen Wirtschaftsnationalismus zu vertreten, in der Diktion aber besonders scharfe Attacken gegen die Ministerien in Prag zu vermeiden. Dennoch steht außer Zweifel, dass die DAIB zu einem wichtigen Vehikel des deutschen Wirtschaftsnationalismus wurde. Einige ihrer Vorstandsmitglieder gehörten der Sudetendeutschen Partei Konrad Henleins an und zählten zu den prominenten Personen aus dem Wirtschaftsleben des Sudetenlandes, die gerade ab der Mitte der 1930er Jahre ihre nationalistische Rhetorik intensivierten und rückhaltlos für die Ziele der Henlein-Bewegung eintraten. Die DAIB als Bankinstitut verschärfte in dieser Zeit ebenfalls ihre Attacken gegen die Prager Ministerien und die angebliche „Unterdrückung" deutscher Interesse durch andere Prager Banken. Im Sommer und im Herbst 1938, kurz vor dem Einmarsch deutscher Truppen in das Sudetenland, nahmen ihre Ausfälle weiter an Schärfe zu, wohl in der Hoffnung, nach einer bevorstehenden Okkupation der Region durch das NS-Regime eine für sie positivere Basis ihrer Geschäftstätigkeit finden zu können. Alle Hoffnungen auf eine etwaige grundlegende Besserung ihrer finanziellen Verhältnisse erwiesen sich jedoch schon bald als trügerisch, da die DAIB

ihr Schicksal 1938-1940, in: ders. (Hg.), Finanzinstitutionen in Mitteleuropa während des Nationalsozialismus. Geld und Kapital, Bd. 4, 2000, Stuttgart 2001, S. 131/32

[37] Wixforth, Im Visier deutscher Finanzinteressen, S. 132/33; Boyer, Staatsaufträge, S. 84-89. Zu den Krisen im Bankwesen der Tschechoslowakei in den 1920er und 1930er Jahren: Faltus, Währungsentwicklung, S. 121-130; Jiří Novotný u. Jiří Šouša, Die Krise des tschechischen Bankensystems in den 1920er Jahren, in: Richard Tilly (Hg.), Bankenkrisen in Mitteleuropa im 19. u. 20. Jahrhundert. Geld und Kapital, Bd. 3, 1999, Stuttgart 2000, S. 149-153.

ihre Selbständigkeit aufgeben musste und mit ihren Filialen von der in das Sudetenland expandierenden Deutschen Bank übernommen wurde.[38]
Am lautesten und schärfsten artikulierte jedoch die Kreditanstalt der Deutschen (KdD) während der Ersten Tschechoslowakischen Republik wirtschaftsnationale Parolen. Dieses Institut in der Rechtsform einer Genossenschaft mit Sitz in Reichenberg (Liberec) unterhielt nicht nur enge Beziehungen zu Henleins SdP, sondern fungierte auch als deren Hausbank. Zudem verstand die Leitung der KdD die Rolle des Instituts im Bankwesen der Tschechoslowakei als die eines „Anwalts" für das Deutschtum und als eines Instruments zur Stärkung des deutschen Einflusses in der Wirtschaft des Sudetenlandes und darüber hinaus in der gesamten Tschechoslowakei. Der Vorstandsvorsitzende der KdD, Anton Kiesewetter, unterhielt in den 1930er Jahren enge Beziehungen zu Industriellen aus dem Sudetenland, die Mitglieder der SdP waren und die Einheit der Ersten Tschechoslowakischen Republik zerstören wollten. Zudem pflegte er Kontakte zu den politischen Kräften in Deutschland, die während der 1930er Jahre eine Stärkung des Deutschtums im Sudetenland forderten und bereits in dieser Zeit auf eine Loslösung der Region aus der Ersten Republik hinarbeiteten. In der Zwischenkriegszeit lässt sich kein tschechisches Kreditinstitut feststellen, das sich derart nationalistisch gebärdete und sich zum Vehikel nationalistischer Parolen machte.[39]
Während der sogenannten Sudetenkrise im Frühjahr und Frühsommer 1938 wurde dies besonders offensichtlich, als die Leitung der KdD zu den Kräften gehörte, die geheime Treffen sudetenländischer Industrieller und Politiker vorbereiteten, auf denen sie die Abtrennung der Region aus dem Staatsverband der Tschechoslowakei vorbereitet wollten. Die KdD machte in einigen Memoranden kein Hehl daraus, dass ihr Ziel eine Destabilisierung der Ersten Tschechoslowakischen Republik war, zudem einen „Anschluss" der Region an das Reichsgebiet forcierte. Sie setzte eindeutig auf eine radikale Veränderung der politischen und wirtschaftlichen Verhältnisse in der Region unter Anlehnung an das NS-Regime. Die Leitung des Instituts hoffte dabei auf eine eigene deutliche Geschäftsausweitung. Im Gegensatz zu ihrer Konkurrentin, der DAIB, wurde die KdD belohnt: Sie konnte ihr Geschäftsstellennetz nach dem Oktober 1938 im Sudetenland deutlich erweitern und wurde zu einer der stärksten Banken in der Region.[40]

---

[38] Wixforth, Im Visier deutscher Finanzinteressen, S. 142-154.
[39] Eduard Kubů, Die Kreditanstalt der Deutschen 1911-1945. Ein Beitrag zum Wirtschaftsnationalismus der Deutschen in den böhmischen Ländern und ihrem Verhältnis zu Deutschland, in: Zeitschrift für Unternehmensgeschichte, 43. Jg., 2000, Nr. 1, S. 3-29.
[40] Kubů, ebenda, S. 12-21.

War eine Anlehnung an nationalistische Parolen oder die Instrumentalisierung wirtschaftsnationaler Zielsetzungen ein Phänomen, das sich nur nach der Wirtschaftskrise bei einigen „deutschen Banken“ im Sudetenland beobachten lässt? Eine abschließende Einschätzung ist zur Zeit nicht möglich, da quellenfundierte und exakte Analysen zur Geschäftsstrategie und Geschäftsentwicklung einiger Prager Banken noch nicht vorliegen. Außer Zweifel steht jedoch, dass nationalistische Parolen, wirtschaftsnationale Postulate und die Bereitschaft, Nationalitätskonflikte zu schüren, eher bei den „deutschen Banken“ im Sudetenland ab dem Beginn der 1930er Jahre festzustellen sind als bei den Prager Instituten. Dies verweist darauf, dass mit dem Ausbruch der Weltwirtschaftskrise die bisher erfolgreiche Nationalitätenpolitik der Prager Regierung scheiterte und die ökonomische Destabilisierung den eigentlichen Nährboden für das Entstehen nationaler Parolen im Bankwesen der Ersten Tschechoslowakischen Republik schufen. Die Intensität nationalistischer Propaganda und die Bereitschaft, sich als Vehikel für eine solche instrumentalisieren zu lassen, steigerte sich ohne Frage ab dem Beginn der 1930er Jahre erheblich. Der Keim für diese Entwicklung wurde jedoch bereits wesentlich früher gelegt, als ökonomische Probleme wie in der Weltwirtschaftskrise noch gar nicht auf der Tagesordnung standen.

V. Das Spiel mit dem Feuer – die deutsche Politik und die nationale Frage im Bankwesen der Tschechoslowakei

Die neuen Strukturen im Bankwesen der Tschechoslowakei nach Abschluss der Nostrifizierung wurden auch in der Berliner Politik schnell ein Thema. Im Gegensatz zu Investoren aus anderen europäischen Ländern waren deutsche Banken an Instituten aus Prag oder der Provinz nicht beteiligt. Strategische „Einfallstore“ in das tschechoslowakische Bankwesen durch deutsche Kreditinstitute gab es also nicht. Dennoch suchte man in Berlin ab Mitte der 1920er Jahre nach Möglichkeiten, vom Reich aus den Einfluss des „Deutschtums“ im Bankwesen der Ersten Tschechoslowakischen Republik zu steigern. Dies geschah zu einem Zeitpunkt, als sich das politische System der Weimarer Republik nach den turbulenten Anfangsjahren mit Hyperinflation, Ruhrbesetzung und bürgerkriegsähnlichen Auseinandersetzungen in verschiedenen Regionen Deutschlands etwas konsolidiert hatte, zudem drängenden Probleme wie die Reparationsfrage zumindest eine vorläufige Lösung gefunden hatten. Nachdem außenpolitisches Konfliktpotenzial mit Großbritannien, Frankreich und den USA entschärft schien, glaubte man in Berlin, angesichts einer wiedergewonnenen politischen und auch wirtschaftlichen Stabilität sich auch wieder intensiver den Fragen des „Deutschtums“ im Ausland zuwenden zu sollen. Damit öffnete sich nicht nur die deutsche Außenpolitik nationalistischen Parolen, die auf eine Revision der Versailler Verträge zielten, sondern sie setzte sich an die Spitze einer Bewegung, die durch die Unterstützung von deutschen Interessenorganisationen im Ausland bewusst deutsch-nationale Tendenzen in weiten Teilen Mitteleuropas mit dem Ziel schüren wollte, eine politische Destabilisierung dieser Region zu erreichen.[41]

Im Bankwesen der Ersten Tschechoslowakischen Republik gerieten vor allem die Deutsche Agrar- und Industriebank sowie die Kreditanstalt der Deutschen ab der Mitte der 1920er Jahren in den Focus der Berliner Ministerien. Dies geschah aus zwei Gründen: Zum einen sahen die Berliner Behörden in ihnen die Träger des „Deutschtums" in der Kreditwirtschaft der Tschechoslowakei, zum anderen gerieten beide Institute während der Banken- und Finanzkrise 1925 in finanzielle Schwierigkeiten und mussten saniert werden. Finanzielle Hilfen aus Berlin eröffneten nach Ansicht der zuständigen Referenten aus den involvierten Ministerien die Chance, den bisher eher marginalen „deutschen Einfluss" in der Kreditwirtschaft der Tschechoslowakei deutlich zu erhöhen und auf diese Weise generell den Einfluss Berlins auf die Wirtschaft des Landes zu stärken. Nach einem „run" auf ihre Einlagen im Frühjahr 1925 musste die KdD zuerst die finanzielle Unterstützung des Bankamtes des tschechischen Finanzministeriums in Anspruch nehmen, das sowohl Bargeld als auch einen Diskontkredit in Höhe von 10 Millionen Kč zur Verfügung stellte. Auch die Prager Legiobanka gewährte der KdD Überbrückungskredite, obwohl sie in ihrer Geschäftspolitik eine gänzlich andere Ausrichtung als das Institut aus Reichenberg besaß und ihr deren deutsch-nationaler Charakter bekannt war.[42]

Durch die schnelle finanzielle Hilfe aus Prag konnte die KdD ihren Konkurs abwenden, doch bestanden ihre organisatorischen Strukturschwächen vorerst weiter. Gerade diese waren abzustellen, wollte das Institut wieder rentabel wirtschaften. Für die Restrukturierung brauchte die Leitung der KdD jedoch Geld. Die Aussicht, weitere Hilfen aus Prag zu bekommen waren jedoch gering. Vor diesem Hintergrund wandten sich Vertreter einer deutschen politischen Interessenorganisation im Sudetenland, des Sudetendeutschen Heimatbundes, an den amtierenden Reichskanzler Hans Luther mit der Bitte um Hilfe. Luther sagte grundsätzlich Hilfsmaßnahmen zu, wollte aber zunächst eine Revision des Instituts durch Experten durchführen lassen. Diese kamen zu dem Ergebnis, dass die KdD eine Summe von ca. 5,5 Millionen RM benötigen würden, um die notwen-

[41] Heinrich August Winkler, Weimar 1918-1933, Die Geschichte der Ersten deutschen Demokratie, München 1993; Peter Krüger, Die Außenpolitik der Republik von Weimar, Darmstadt 1985. Dieser Perspektivwechsel in der deutschen Außenpolitik unter Stresemann ist von der Forschung bisher nur in Ansätzen thematisiert worden. .

[42] Kubů, Die Kreditanstalt der Deutschen, S. 14.

dige Restrukturierung durchzuführen. Vertreter der Reichskanzlei, des Reichfinanzministeriums und der Preußischen Genossenschaftskasse beschlossen am 10. Juni 1925 „aus politischen Gründen" der Sanierung der KdD zu zustimmen. Mit der Koordination der Sanierungsmaßnahmen wurde das Auswärtige Amt betraut, während das Reichsfinanzministerium zunächst eine Summe von fünf Millionen RM zur Verfügung stellte, die zum Bilanzausgleich bestimmt waren. Trotz dieser Mittelzufuhr und der von Berliner Bankexperten verordneten Sanierungsmaßnahmen verbesserte sich die Ertragslage der KdD keineswegs. Am Jahresende 1926 hatte sich der ausgewiesene Verlust auf ca. zwölf Millionen RM erhöht, so dass das Institut erneut kurz vor dem Zusammenbruch stand. In einer vergleichbaren Lage befand sich zu diesem Zeitpunkt die Deutsche Agrar- und Industriebank. Trotz des ersten Mittelzuflusses aus Berlin schien der Plan, durch die Sanierung der beiden Institute den „deutschen Einfluss" in der Kreditwirtschaft der Tschechoslowakei zu steigern, zu scheitern.[43]

Vor diesem Hintergrund forderte vor allem das Auswärtige Amt in Berlin zur Jahreswende 1926/27 eine Auffstockung der finanziellen Hilfen für die „deutschen Kreditinstitute" in der Tschechoslowakei. Für beide Institute verlangte das Außenministerium die Gewährung weiterer Hilfsmaßnahmen, um ihre Substanz und ihre Einlagen nicht zu gefährden. Offenbar in der Absicht, andere Ressorts unter Druck zu setzen, malte das Auswärtige Amt ein Schreckensszenario an die Wand, sollten die Institute kollabieren: „Der Zusammenbruch der Institute würde infolgedessen wirtschaftlich und moralisch eine Katastrophe des gesamten Sudetendeutschtums bedeuten."[44]

Mit Datum von 12. Februar 1927 erstellte das Auswärtige Amt eine Denkschrift über die Situation des „deutschen Bankwesens" in der Ersten Tschechoslowakischen Republik, in der es zum einen noch einmal die politische Bedeutung der geforderten finanziellen Hilfsmaßnahmen herausstellte, zum anderen einen konkreten Plan für die Sanierung „deutscher Institute" lancierte. Im Zentrum der Überlegungen stand dabei die Kreditanstalt der Deutschen. Dieses Institut war nach Ansicht des Berliner Ministeriums nicht nur am meisten in seiner Existenz gefährdet, sondern besaß auch eine zentrale Rolle für die Finanzierung der „deutschen" mittelständischen Industrie im Sudetenland. Mit ihren über achtzig Filialen war sie nach Einschätzung des Außenministeriums das „finanzielle

---

[43] Ebenda, S. 14; Rudolf Jaworski, Vorposten oder Minderheit? Der sudetendeutsche Volkstumskampf in den Beziehungen zwischen der Weimarer Republik und der ČSR, Stuttgart 1977.

[44] Rossiskij Gosudarstvennyj Voennyj Archiv v Moskve (RGVA Moskau), Fond 1458, Findbuch 15, Akte 318, Bl. 8, Denkschrift des Außenministeriums vom 24. Dezember 1926. Vgl. auch Brief des Auswärtigen Amtes an die Reichskanzlei vom gleichen Tag, RGVA Moskau, Fond 1458, Findbuch 15, Akte 318, Bl. 19.

Zentrum des Deutschtums". In seiner Denkschrift sparte die Berliner Behörde jedoch auch nicht an Kritik im Hinblick auf die Geschäftsstrategie des Instituts. Einerseits konzedierte sie, dass die KdD infolge der wirtschaftlichen Krise in der Tschechoslowakei Mitte der 1920er Jahre in finanzielle Schwierigkeiten geraten sei, andererseits machte sie für die Probleme der KdD auch deren zu ausgedehntes und daher kostspieliges Filialnetz verantwortlich.[45]

Bei einem Konkurs der Kreditanstalt der Deutschen prognostizierte das Auswärtige Amt nicht nur verheerende Folgen für alle „deutschen" Kreditinstitute in der Tschechoslowakei, sondern insgesamt eine „Erschütterung" der gesamten sudetenländischen Wirtschaft. Zudem sei zu befürchten, dass sich die tschechische Einflusssphäre in der Wirtschaft der Region deutlich ausweiten würde, da „sich die Tschechen die Gelegenheit sicherlich nicht entgehen lassen würden, die dem Deutschtum verloren gegangene Position ihrerseits einzunehmen."[46] Als Konsequenz dieser Konstellation forderte das Auswärtige Amt daher: „Wenn auch die Kreise, die von dem Zusammenbruch der Kreditanstalt der Deutschen betroffen würden, nur einen Teil des Sudetendeutschtums repräsentieren, so sind doch die Folgen für diesen Teil und die möglicherweise eintretenden Auswirkungen auf andere Teile des Deutschtums so schwerwiegend, dass die Stützung der Kreditanstalt der Deutschen als im gesamtdeutschen Interesse liegend bezeichnet werden muss."[47]

Für die Sanierung des Instituts veranschlagte das Auswärtige Amt eine Summe von 25 Millionen RM, die für eine grundlegende Reorganisation zu verwenden waren. Ein Treuhänder sollte die Kredittransaktion so durchführen, so dass sie nach „außen" nicht zu erkennen war, um Dissonanzen mit der tschechischen Seite zu vermeiden. Im Zuge der Reorganisation sollte das reine Bankgeschäft der Kreditanstalt der Deutschen auf ein anderes Institut, vorzugsweise die Deutsche Agrar- und Industriebank, übertragen werden. Die KdD als genossenschaftliches Institut sollte dagegen ausschließlich den Geschäftsverkehr mit ihren Anteilseigner pflegen. Zum Erwerb der Aktienmehrheit der Deutschen Agrar- und Industriebank veranschlagte das Auswärtige Amte ca. 5 Millionen RM, für ihren Ausbau und ihre Reorganisation weitere 10 Millionen RM. Insgesamt forderte die Berliner Behörde vom Reichskabinett, eine Summe von ca. 35 Millionen RM zur Verfügung zu stellen, um die Restrukturierung der Kreditinstitute in Angriff nehmen zu können. Das Auswärtige Amt verlangte zudem, bei der ge-

---

[45] RGVA Moskau, Fond 1458, Findbuch 15, Akte 318, Bl. 20/21, Denkschrift der Außenministeriums vom 12. Februar 1927.
[46] RGVA Moskau, Fond 1458, Findbuch 15, Akte 318, ebenda.
[47] RGVA Moskau, Fond 1458, Findbuch 15, Akte 318, ebenda.

samten Transaktion die Führung in der Hand zu behalten, sicherte aber zu, sich dabei mit anderen Ressorts abzustimmen.[48]

Das vom Auswärtigen Amt geforderte Volumen an finanzieller Unterstützung lehnte das Reichskabinett ab, doch bewilligte es immerhin 12 Millionen RM, um die Sanierung durchzuführen, die eine private Firma, die OSSA Vermittlungs- und Handelsgesellschaft mbH, vornehmen sollte. Die Mittel für die Sanierung gelangte dabei über einen Schweizer Mittelsmann, die Terminus Vermögensverwaltung in Zürich in die Tschechoslowakei. Ein Beamter der Reichsbank, Friedrich Müller, übernahm im Sudetenland dagegen die Aufgabe, die Restrukturierungsmaßnahmen in Gang zu setzen, vor allem das zu dichte und kostspielige Filialnetz der KdD auszudünnen. Trotz aller Bemühungen blieb die Lage des Instituts bis Anfang der 1930er Jahre hinein angespannt. Einige Male wurde der Plan diskutiert, die KdD mit der DAIB zu fusionieren, aber immer wieder verworfen, weil die Experten in Berlin die dadurch zu erreichenden Synergieeffekte für zu gering hielten. Eine Aufstockung der finanziellen Hilfen aus Berlin auf über 13 Millionen RM war jedoch nicht zu vermeiden. Ohne Zweifel konnte die KdD nur durch diese Maßnahmen den bevorstehenden Konkurs abwenden und sich damit zum Zentrum eines Konzentrationsprozesses von kleineren deutschen Kreditinstituten im Sudetenland machen, der vor allem ab Beginn der 1930er Jahre einsetzte. Systematisch und zu günstigen Konditionen erwarb die KdD eine Reihe von kleinen deutschen Kreditgenossenschaften, die infolge der Krise mit erheblichen Schwierigkeiten zu kämpfen hatten. Diese Entwicklung wurde von Berlin aus gefördert und unterstützt, diente sie nach Einschätzung der dortigen Ministerien doch als willkommener Schritt zur „Stärkung des Deutschtums“ in der Region. Die Prager Regierung beobachtete dies eher mit wachsendem Misstrauen, waren ihr die Tendenzen, mit deutscher Hilfe die KdD zum Zentrum des „Deutschtums“ im Sudetenland auszubauen, keineswegs entgangen.[49]

Mit der Sanierung der KdD griffen deutsche Ministerien zum ersten Mal direkt in das Bankwesen der Tschechoslowakei ein. Dies geschah in der erklärten Absicht, Einfluss auf die Strukturen der Kreditwirtschaft im Lande zu gewinnen und wirtschaftsnationalistische Tendenzen zu schüren. Die Berliner Ministerien, vor allem das Auswärtige Amt, wussten um die Risiken eines solchen Schrittes, achteten sie doch darauf, dass die Hilfsmaßnahmen nach außen hin nicht bekannt und nur über Mittelsmänner abgewickelt wurden. Angesichts der immer noch schwierigen außenpolitischen Gemengelage, in der sich Deutschland Mitte der 1920er Jahre befand, wollte man zunächst eine Frontstellung mit anderen

[48] RGVA Moskau, Fond 1458, Findbuch 15, Akte 318, Bl. 21/22, ebenda.
[49] Kubů, Kreditanstalt der Deutschen, S. 15.

europäischen Ländern bei diesem ersten Schritt zur Errichtung eines eigenen „informal Empire“ in Mitteleuropa vermeiden. Die Sanierung und vor allem der Bedeutungszuwachs der KdD in der sudetenländischen Kreditwirtschaft konnte den Prager Ministerien jedoch ebenso wenig verborgen bleiben wie dem tschechoslowakischen Staatsschutz. Selbst wachsende anti-tschechische Hetze durch Vorstandsmitglieder der KdD und die Verwicklung in Betrugsaffären reichte jedoch nicht aus, um eine dauerhafte strafrechtliche Verfolgung und eine Verurteilung des Vorstands zu ermöglichen. Die immer dreistere Parteinahme für die Ziele der Sudetendeutschen Partei Konrad Heinleins und die immer engeren Kontakte zu Führungskräften der NSDAP im Reich verstärkten sogar das Vertrauen weiter Teile der deutschstämmigen Bevölkerung in das Institut, so dass es ab Beginn der 1930er Jahre einen deutlichen Einlagenzuwachs und einen bemerkenswerten Anstieg der Bilanzsumme vorweisen konnte.[50]

Mit der Rückendeckung aus Berlin wurde die KdD nicht nur zur wichtigsten Bankverbindung und zum Finanzdienstleister der SdP, sondern auch zu einem aggressiven Sprachrohr des deutschen Wirtschaftsnationalismus in der Kreditwirtschaft der Ersten Tschechoslowakischen Republik. Wirtschaftsnationalistische Parolen waren während der 1930er Jahre in diesem Segment der tschechoslowakischen Wirtschaft nirgendwo anders so massiv zu vernehmen wie von der KdD. Vor diesem Hintergrund überrascht es nicht, dass deren Vorstandsvorsitzender Anton Kiesewetter nicht nur zu den uneingeschränkten Befürwortern einer schnellen Loslösung des Sudetenlandes aus dem tschechoslowakischen Staatsverband zählte, sondern auch an der Vorbereitung von Treffen entscheidend beteiligt war, auf denen sudetenländische Industrielle und Bankiers über eine Abtrennung der Region von der Tschechoslowakei berieten. Zur Vorbereitung eines dieser Treffen verfasste Kiesewetter ein umfangreiches Memorandum über die Entwicklung der Wirtschaft, vor allem der Kreditwirtschaft, im Sudetenland während der Zwischenkriegszeit. Darin offenbarte Kiesewetter auch unmissverständlich sein politisches Credo für die Zukunft der Region: „Der einzige Ausweg liegt in der vollständigen Bereinigung der politischen Atmospähre. Die Zukunft der Sudetendeutschen kann in wirtschaftlicher Beziehung unter den gegenwärtigen staatlichen Verhältnisse nicht sicher gestellt werden...Lediglich ein radikaler Umbau des gesamten Staates kann politisch zur Ruhe führen und der Ausgangspunkt für eine bessere Entwicklung sein. Eine der sudetendeutschen Wirtschaft angepasste Finanzpolitik muss einsetzen. Die Sudetendeutschen haben an einer autonomen Finanzverwaltung das größte Interesse und fordern dringend eine vollständige Neuregelung der Verhältnisse im Geldwesen.

[50] Ebenda, S. 15/16. Ralf Gebel, „Heim ins Reich!“. Konrad Henlein und der Reichsgau Sudetenland 1938-1945, München 2000, S. 25-39

Eine systematische Umstellung der bisherigen zentralisierten Verwaltungssysteme wird der sudetendeutschen Wirtschaft neue Impulse geben, denn die Sudetendeutschen sind reif, ihre Angelegenheiten selbständig zu ordnen!“[51]
Damit sprach Kiesewetter offen aus, was viele deutschstämmige Industrielle im Frühjahr 1938 dachten und als politisches Ziel forderten: Abtrennung des Sudetenlandes aus dem Staatsverband der Tschechoslowakei und Eingliederung als Reichsgau in das nationalsozialistische Herrschaftssystem. Solch weitreichende wirtschaftsnationalistische, eine Fronstellung gegen die gesamte Erste Tschechoslowakische Republik erzeugenden Parolen lassen sich von Funktionsträgern der „tschechischen“ Banken in der Zwischenkriegszeit nicht feststellen. Vor dem Münchener Abkommen war die Kreditanstalt der Deutschen sicherlich zum radikalsten Verfechter wirtschaftsnationalen Gedankenguts in der Kreditwirtschaft der Tschechoslowakei mutiert.

VI. Fazit

Aus Sicht der Prager Regierung sollten wirtschaftsnationalistische Tendenzen und Handlungsmotive in der Ersten Tschechoslowakischen Republik keine Rolle spielen. Diese Zielsetzung ließ sich jedoch nur in der Ersten Dekade nach dem Ende des Ersten Weltkriegs mehr oder weniger verwirklichen, auch wenn von deutscher Seite aus bereits Anstrengungen unternommen wurden, durch gezielte Maßnahmen Teile der Wirtschaft im Sudetenland ebenso zu beeinflussen wie das dort ansässige Bankwesen. Handlungsmächtig wurde der Wirtschaftsnationalismus jedoch erst mit dem Ausbruch der Weltwirtschaftskrise und in den Jahren danach, als besonders das Sudetenland von einer schweren Rezession heimgesucht wurde. Diese Konstellation bewirkte auch, dass seit dem Ende der 1920er Jahren aufkeimende wirtschaftsnationalistische Tendenzen Auftrieb erhielten. Als einer der wichtigsten Vehikel für die Verbreitung deutsch-nationaler Parolen und Forderungen entpuppte sich dabei die Kreditanstalt der Deutschen in Reichenberg. Sie wurde in den 1930er Jahren zu einem Zentrum des „Deutschtums“ im Sudetenland und zu einem Sammelbecken wirtschaftsnationaler Gedanken und Parolen.
Möglich war dies nur, weil sich das Institut aus Reichenberg der Rückendeckung der Berliner Ministerien sicher sein konnte, die nicht nur dessen Sanierung mit erheblichen Finanzmitteln ermöglicht hatten, sondern auch die erklärte Absicht verfolgten, die KdD als Instrument des vom Reich aus gesteuerten deutschen Wirtschaftsnationalismus zu installieren. Die deutsche Außenpolitik ver-

[51] RGVA Moskau, Fond 1458, Findbuch 10, Akte 227, Bl. 209/210. Bericht des Direktor Kiesewetters, ohne genaues Datum

folgte seit der Mitte der 1920er Jahre nicht nur in der Tschechoslowakei, sondern auch in Polen keineswegs mehr eine auf Ausgleich und auf Vermeidung von außenpolitischen Irritationen bedachte Linie, sondern wollte bewusst die Position des „Auslandsdeutschtums" in der Wirtschaft dieser Länder stärken und damit auch auf deren politische Destabilisierung hinwirken. Die angeschlagene KdD kam ihr dafür gerade recht.[52]
Wirtschaftnationalismus oder die Artikulation nationaler Parolen war in der Kreditwirtschaft der Tschechoslowakei während der Zwischenkriegszeit sicherlich kein Phänomen, das sich nur bei den „deutschen" Instituten im Sudetenland beobachten ließ. Auch tschechische Institute artikulierten in dieser Hinsicht ihren Standpunkt, wenn auch nicht in einer solchen Schärfe. Zudem war die Zielrichtung ihrer Argumentation eine andere: Sie wollten natürlich nicht die Destabilisierung der Ersten Republik bzw. sogar deren territoriale Verstümmelung, sondern eine Beschränkung des nach ihrer Meinung noch immer zu starken deutschen Einflusses. Zudem spielten nationalistische Erwägungen zumindest für das operative Geschäft der großen Institute bei weitem nicht eine solche Rolle wie bei den deutschen Banken im Sudetenland. War der Wirtschaftsnationalismus in der Kreditwirtschaft der Tschechoslowakei daher eher ein regionales Phänomen? Nur durch eine quellengestützte vergleichende Analyse der Geschäftspolitik der Prager und der regional operierenden Banken lässt sich diese Frage exakt und zur Gänze beantworten.

Summary

The government of the First Czechoslovakian Republic did not intend to pursue a nationalist policy after the end of World War I. Nevertheless it was convinced that decisive measures should be undertaken to establish an independent banking system which was considerably less influenced by the banks of the former capital of the Habsburg Monarchy from Vienna. With this policy the government in Prague was more or less successful in the first decade after the end of the War. The Situation changed when due to the economic crisis of the end of the 1920s and the beginning of the 1930s the national conflicts arose especially in these region of the First Republic in which the portion of German speaking population was very high. In the Sudeten-area this part of the population was very dominant in economy and society, and it wanted to establish own German banks, which later on became a nucleus of German economic nationalism in the Sude-

[52] Siehe auch Norbert Krekeler, Revisionsanspruch und geheime Ostpolitik der Weimarer Republik. Die Subventionierung der deutschen Minderheit in Polen 1919-12933, Stuttgart 1973..

ten-area and moreover in the whole Czechoslovakian Republic. Additionally, German economic nationalism could become stronger, because the two most important German banks in the Sudeten-area got substantial financial support from the German government in Berlin which wanted to strengthen the influence of Germans in economy and society in the whole region.

Ein Notenbankpräsident in turbulenter Zeit
Dr. Alexander Popovics (1862-1935)[1]

Agnes Pogány

I. Einleitung

Kaum jemand kennt heute noch den Namen von Alexander Popovics, obwohl dieser zu Beginn des 20. Jahrhunderts zu den angesehensten Finanzfachleuten weltweit gehörte. In der Zeit des Dualismus spielte er eine zentrale Rolle in der Finanzpolitik der Habsburger Monarchie. Der letzte Gouverneur der Österreichisch-Ungarischen Nationalbank, Alexander Spitzmüller, charakterisierte ihn in seinen Memoiren mit großem Respekt als einen „der hervorragendsten Namen" und als „leitende Persönlichkeit der ungarischen Finanzpolitik".[2] In der Zwischenkriegszeit erwarb sich Popovics die internationale Wertschätzung als Doyen der europäischen Notenbankpräsidenten und als enger Freund und Kooperationspartner des Gouverneurs der Bank of England, Montagu Norman.
Alexander (auf ungarisch Sándor) Popovics kam am 22. Oktober 1862 als Sohn eines ranghohen Richters in Pest zur Welt. Früh wurde er zum Waisen und lebten dann während seiner Kindheit in bescheidenen materiellen Verhältnissen.[3] Seine prägende Ausbildung erhielt er auf dem angesehenen Hauptgymnasium der Piaristen in Budapest. Nach der Erinnerung von Frigyes Koranyi war er dort einer der besten Schüler, lernte schnell Deutsch, Englisch und Französisch und erwarb sich trotz seines Herkommens und seiner Armut eine hervorragende Bildung.[4] Nach dem Schulabschluss studierte Popovics an der juristischen Fakultät der Budapester Universität, wo er 1883 in den Staatswissenschaften promovierte.[5] Nach dem Universitätsbesuch beschäftigte sich Popovics intensiv mit dem Finanzwesen in all seinen Facetten. Mehr als 25 Jahre verbrachte er in der reinen Finanzverwaltung, die andere Hälfte seines Laufbahn an der Spitze mehrerer Zentralbanken.[6] Sowohl seine Laufbahn, als auch seine Bedeutung für die Fi-

---

[1] Die Verfasserin bedankt sich ganz herzlich für die generöse finanzielle Unterstützung des János Bolyai Stipendiums (BO/00249/02), sowie der Ungarischen Wissenschaftlichen Forschungsprogramme (OTKA), die meine Forschungsarbeiten ermöglichten.

[2] Alexander Spitzmüller, „.....und hat auch Ursach, es zu lieben", Wien 1955, S. 49, S. 319..

[3] Baron Frigyes Koranyi, Emlékbeszéd Popovics Sándorol, (Eine Gedenkrede auf Alexander Popovics), in: Közgazdasagi Szemle, 59, 1935, S. 453-467, besonders S. 454, 457.

[4] Koranyi, ebenda, S. 457.

[5] Magyar Országyülesi Almanach, 1906-1911, Képviselöház, (Almanach des Ungarischen Parlamentes), 1906-1911, Abgeordnetenhaus, S. 203-205.

[6] Ebenda, S. 205.

nanzpolitik der Habsburger Monarchie und Ungarns nach 1918 rechtfertigen es, sich intensiv mit dieser wichtigen Persönlichkeit der europäischen Finanzgeschichte zu beschäftigen.

II. Die Anfänge der Karriere im Finanzministerium

Seine eigentliche berufliche Karriere begann Popovics 1884 als Praktikant in der Präsidialabteilung des ungarischen Finanzministeriums. Der Chef dieser Abteilung war Sándor Wekerle, der spätere Ministerpräsident und Finanzminister Ungarns, der aufgrund seiner Stellung viele junge Fachmänner für eine Tätigkeit sowohl in der öffentlichen Verwaltung als auch in der Privatwirtschaft ausbildete. Wekerle beeindruckte den jungen Berufseinsteiger Popovics wohl enorm. Jedenfalls räumte er in späteren Jahren ein, sehr viel von ihm gelernt zu haben. Nahezu drei Jahrzehnte arbeitete Popovics als naher Mitarbeiter und Vertrauter von Wekerle. In diesem Zusammenhang war er auch an der Vorbereitung und bei der Verwirklichung der Finanzreformen im Ungarn der Jahrhundertwende beteiligt.[7] Trotz aller Meriten verlief die Karriere von Popovics zunächst eher unspektakulär. 1887 wurde er Ministerialkonzipist, 1889 Ministerialsekretär, 1892 wurde er zum Sektionsrat ernannt. Am Anfang des 20. Jahrhundert glaubten jedoch bereits viele, er sei die eigentliche „graue Eminenz“ im Finanzministerium - einen Ruf, den er sich aufgrund seiner Verdienste und seiner besonnenen Tätigkeit in dieser Behörde während der Kabinetts- und Verfassungskrisen in diesen Jahren erarbeitet hatte.[8]

In der Tat stand Popovics am Anfang seiner Karriere in der Finanzverwaltung vor großen Herausforderungen, da es das Ziel der politisch Verantwortlichen war, die finanzielle Integration in der Doppelmonarchie voranzutreiben. Die monarchieweite Vereinheitlichung des Finanzmarktes nahm jedoch lange Zeit in Anspruch. Die ab 1883 in mehreren Stufen eingeführte Finanzreform bedeutete jedoch ohne Frage eine wesentliche Modernisierung des Finanzsystems. Die wichtigsten Elemente dieser Reformen waren die Gründung des staatlichen Postsparkassennetzes im Jahr 1883, die Änderung des Deckungssystems für Notenemissionen im Jahr 1887, die Einführung des Goldstandards im Jahre 1892, die Konzentration der Goldreserven der beiden Regierungen bei der Notenbank im Jahre 1901, die Verbreitung des bargeldlosen Zahlungsverkehrs, die stufenweise Einlösung der ungedeckten Staatsnoten in der zweiten Hälfte der 1890er Jahre und schließlich die Einführung einer bewussten Devisenpolitik der Notenbank ab dem Jahre 1896. Diese Reformen erweiterten die monetäre Basis, er-

[7] Koranyi, Popovics, S. 455-457.
[8] Almanach des ungarischen Parlamentes, S. 203.

möglichten aber auch die Senkung der Transaktionskosten und schafften Zugang zu finanziellen Dienstleistungen auch in abgelegeneren Gebieten der Monarchie. In dieser Hinsicht am wichtigsten war die Ausweitung der Dienstleistungen der Postsparkassen, waren doch gerade sie auf Transaktionen auch mit einem kleinen Volumen spezialisiert. Gerade durch ihre Tätigkeit konnte sich ein nach vergleichsweise einheitlichen Regeln arbeitender Finanzmarkt auch bis in die entfernteren Ecken des Reiches ausdehnen. Diese Entwicklung schuf die Basis für eine zunehmende Vereinheitlichung des gesamten Finanzsystems in der Doppelmonarchie, die dadurch ihrerseits ein integraler Bestandteil der internationalen Finanzmärkte wurde.[9] In den 80ern und 90er Jahren des 19. Jahrhunderts entwickelten sich die lokalen Märkte zu einem reichsweiten gemeinsamen Finanzmarkt, in dem die Zentralbank - dank der durchgeführten monetären Reformen - bald eine wichtige regulierende Rolle spielte. Obwohl sich die Konzentration innerhalb des Bankwesens relativ langsam vollzog, entstand vor diesem Hintergrund ein integrierter Geld- und Kapitalmarkt in der Habsburger Monarchie.[10]

Der ungarische Finanzminister Sándor Wekerle war fraglos die treibende Kraft bei der Einführung dieser Reformen. Nicht nur die Stabilisierung des ungarischen Staatshaushalts ist eng mit seinem Namen verknüpft, sondern auch die Initiative und die konzeptionellen Planungen beim Übergang auf eine durch Gold gedeckte Währung.[11] Erst dieser Schritt garantierte Österreich-Ungarn eine stabile Parität zu anderen Goldwährungen, was den Kapitalimport beförderte, wodurch zugleich aber auch die früher unberechenbaren Schwankungen der österreichischen Währung zu begrenzen waren. All dieses erhöhte die Leistungsfähigkeit, aber auch die Liquidität des Finanzsektors erheblich. Zudem schufen die erlassenen Maßnahmen die Grundlage dafür, die Habsburger Monarchie in

---

[9] John Komlos, Financial Innovation and the Demand for Money in Austria-Hngary, 1867-1913, in: Herbert Matis (Ed.), The Economic Development of Austria since 1870. An Edward Elgar Reference Collection, Aldershot 1994, S. 165-183.

[10] György Köver, As Osztrák-Magyar Monarchia bankrendszerének fejlődése (Die Entwicklung des Bankensystems von Österreich-Ungarn), in: Közgazdasági Szemle 33 (1986), S. 312-324; ders., Struktúrától a rendszerig. Pénzintézetek Magyarországon 1873-1913 (Von der Struktur zum System. Geldinstitute in Ungarn, 1873-1913), in: ders., A felhalmozás íve (Die Laufbahn der Aufstockung), Budapest 2002, S. 243-253. Bela Tomka, A magyarországi pénzintézetek rövid története (1836-1947) (Eine kurze Geschichte der Geldinstitute in Ungarn, 1863-1947), Budapest 1996, S. 9-34.

[11] György Köver und Agnes Pogány, Die Binationale Bank einer multinationalen Monarchie. Die Österreichisch-Ungarische Bank 1878-1922. Beiträge zur Wirtschafts- und Sozialgeschichte, Bd. 9, hg. von Rainer Gömmel, Ulrich Kluge, John Komlos und Jürgen Schneider, Stuttgart 2002, S. 89.

die Entwicklungen auf den internationalen Kapitalmärkten direkt einzubinden und internationale Geldtransaktionen beträchtlich zu vereinfachen.[12]
Als enger Mitarbeiter von Wekerle spielte Popovics bei all diesen Reformen eine wichtige Rolle. Er war an der Vorbereitung aller wichtigen Gesetze maßgeblich beteiligt.[13] Daher war es keine allzu große Überraschung, dass er am 20. Mai 1892 zum Vizekommissar der Österreichisch-Ungarischen Bank ernannt wurde. Am 18. Oktober 1895 verlieh man ihm zudem den Titel eines Ministerialrates im Finanzministerium.[14] Popovics setzte sich stets dafür ein, den eingeschlagenen Weg der Reformen nicht zu verlassen. So war er einer der Wegbereiter dafür, dass die Goldreserven der beiden Regierungen bei der Notenbank ab 1901 konzentriert wurden. Vor allem diese Maßnahme vergrößerte den währungspolitischen Handlungsspielraum deutlich und bildete die Voraussetzung für eine weltweit für Aufmerksamkeit sorgende zielgerichtete Devisenpolitik in der Habsburger Monarchie. Die dazu notwendigen Konsultationen fanden im Juni 1900 unter der Leitung von Popovics statt.[15] Er nahm auch an den Ausgleichsverhandlungen zwischen Österreich und Ungarn teil, den sogenannten Széll-Körber Beratungen, welche im Jahre 1902 zu bedeutenden Vergünstigungen bei den Zolltarifen für Ungarn führten.[16]
Seine Erfolge in der Finanzpolitik sorgten dafür, dass Popovics immer einflussreichere Regierungsposten erhielt. Zwischen 1903 und 1906 vertrat er die ungarische Regierung als Regierungskommissar bei der Zentralbank.[17] Etwa zur gleichen Zeit war er zudem administrativer Staatssekretär im Finanzministerium. Während der sogenannten Koalitionskrise leitete Popovics das Ministerium als Staatssekretär vom 18. Juni 1905 bis zum 6. März 1906. Die Koalitionskrise wurde dabei durch folgende Faktoren verursacht: Die Wahlniederlage der seit 1867 ununterbrochen regierenden Freisinnigen Partei (Szabadelvű Párt) bei den Wahlen im Januar 1905 führte zu einer Krisensituation. Der Regent der Habsburger Monarchie akzeptierte den Führer der Oppositionspartei, die die Prinzipien der Monarchie und die österreichisch-ungarische Zollunion ablehnte, je-

---

[12] György Köver, Az Osztrák-Magyar Bank, 1878-1914 (Die Österreichisch-Ungarische Bank, 1878-1914), in: Tomás Bácskai (Hg.), A Magyar Nemzeti Bank története I. Kötet. (Die Geschichte der Ungarischen Nationalbank, Bd. 1,) Budapest 1993, S. 276-280.
[13] Koranyi, Popovics, S. 456/57; Almanach, S. 203.
[14] Magyar Orzságos Leveltar /MOL (Ungarisches Staatsarchiv), Minisztertanácsi ülesek napirendi pontjai 1867-1944 (Tagungsordnungspunkte der Kabinettssitzungen 1867-1944), Arkanum Digiteka, Budapest.
[15] Köver, Osztrák-Magyar Bank, S. 285/86.
[16] Magyar Országgyülési Almanach, Ötasáz magyar elet 1919-1936 (Almanach des ungarischen Parlamentes, Fünfhundert ungarische Leben, 1919-1936, Mitglieder des Oberhauses), S. 384-387.
[17] Janos Bölöny, Magyarorszag kormányai 1848-1992 (Die Regierungen Ungarns 1848 – 1992), Budapest 1992, S. 368.

doch nicht als Regierungschef und ernannte stattdessen im Sommer 1905 eine Beamtenregierung (Trabantenregierung) unter der Leitung von General Géza Fejérváry. Als Folge der parlamentarischen Krise erreichten die nationalistischen Gefühle in Ungarn ihren Höhepunkt. Im April 1906 kam es zu einem Vergleich zwischen der Oppositionskoalition und dem Regenten. Erstere akzeptierte die Konditionen Franz Josefs, weshalb sie unter der Leitung von Sándor Wekerle eine neue Regierung bilden konnte. Im Gegenzug verzichtete die Opposition auf die Forderung nach einem selbständigen Wirtschafts- und Zollgebiet.[18]

Popovics wurde in dieser Zeit zweimal die Leitung des Finanzressorts angeboten. 1903 machte ihm Ministerpräsident Graf Khuen-Hédervárу eine solche Offerte, 1905 folgte dasselbe Angebot von Baron Géza Fejérvary. In beiden Fällen nahm Popovics die Offerte nicht an, obwohl er das Ressort in dieser Zeit de facto leitete. Über die Gründe für seine Haltung liegen keine vertrauenswürdigen Informationen vor.[19] Als die Koalitionskrise endete und Wekerle eine neue Regierung bildete, blieb Popovics der politische Staatssekretär im Finanzministerium und half damit Wekerle, der in dem von ihm geführten Kabinett auch den Posten des Finanzministers übernommen hatte.[20] Nach der Meinung Koranyis „hatte Popovics mit einem ausgezeichneten politischen Instinkt darauf geachtet, dass die permanenten Verfassungskrisen der Koalition nicht die Interessen der Finanzverwaltung beeinträchtigten."[21]

Da es Popovics gelang, politisch oft heikle Aufgaben in der Finanzadministration mit Bravour zu erledigen, erhielt er auch schon bald die Anerkennung des Herrrscherhauses. Kaiser Franz Josef ernannte ihn 1908 zum wirklichen inneren Geheimrat und zeichnete ihn mehrfach mit Orden und Ehrentiteln aus.[22] 1906 wurde Popovics darüber hinaus zum Parlamentsabgeordneten der Stadt Pressburg, (Pozsony, heute Bratislava) gewählt. Auch nach Jahrzehnten erinnerte man sich dort an die Arbeitskraft und den Fleiß des viel beschäftigten höheren Beamten: „Er arbeitete Tag für Tag von morgens bis abends spät, auch an Feiertagen und sonntags mindestens bis zur Mittagszeit. Kaum nahm er sich Urlaub, eine oder zwei Wochen im Jahr. Zu Mittag aß er mit seinen Kollegen beim gemeinsamen Mittagstisch im Gasthaus „Kranzli" im Burgviertel von Budapest."[23]

---

[18] Franz Pölöskei, A dualizmus válságperioduza (Die Krisenperiode des Dualismus), in: Anton Gergley (Hg.), 19. századi magyar töréntételem (Geschichte Ungarns im 19. Jahrhundertm 1790-1918), Budapest 1998, S. 433-446.
[19] Almanach, S. 203.
[20] Bölöny, Magyarrország kormányai, S. 368.
[21] Otsász Magyar elet, S. 384-387.
[22] Almanach, S. 204.
[23] Koranyi, Popovics, S. 457.

III. Der Gouverneur der gemeinsamen Zentralbank

Mit der Errichtung der Österreichisch-Ungarischen Bank wurde ein wesentlicher Schritt in den Bestimmungen des Ausgleichs zwischen Österreich und Ungarn aus dem Jahre 1867 in die Tat umgesetzt. Beide Länder erhielten die gleichen Rechte bei der Leitung der neuen Zentralbank und teilten die führenden Posten in der Verwaltung im gleichen Verhältnis untereinander auf. Der Generalrat war das leitende Organ der Bank, an seiner Spitze stand der vom Kaiser eingesetzte Gouverneur. Die Gouverneure waren dabei abwechselnd österreichische und ungarische Staatsbürger, während die Vizegouverneure immer Staatsangehörige aus der jeweils anderen Reichshälfte waren.
Am 15. April 1909 wurde Alexander Popovics zum Gouverneur der gemeinsamen Zentralbank der österreichisch-ungarischen Monarchie berufen. Er behielt dieses Amt bis zum 11. Februar 1918. Kaiser Franz Josef hatte eine schwere Entscheidung zu treffen, als er in der Zeit der Koalitionsregierung einen neuen ungarischen Bankgouverneur bestimmen sollte, nachdem Leo Bilinski, der frühere Leiter der Notenbank, zum österreichischen Finanzminister berufen worden war. Die Entscheidung war nicht einfach, da die Mitglieder der Oppositionsparteien, welche die Wahlen in Ungarn gewonnen hatten, nur dann bereit waren, ihre Forderungen bezüglich eines autonomen ungarischen Zollgebiets aufzugeben, wenn der Herrscher ihnen seine Erlaubnis für die Bildung einer neuen Regierung gab. Popovics hatte jedoch auf seinen früheren Verwaltungsposten mehrfach bewiesen, dass er ein Anhänger des gemeinsamen Geldmarktes und der gemeinsamen Notenbank war. Daher verwundert es nicht, dass Kaiser Franz Josef ihn aufgrund seiner fachlichen Qualitäten, aber auch seiner politischen Zuverlässigkeit und Loyalität zum Gouverneur bestimmte. Seine enge Beziehung zu Ministerpräsident Wekerle war zudem für Popovics ebenfalls eine gute Empfehlung für diesen Posten. Nach seiner Ernennung nahm er Abschied von seinem Mandat im Abgeordnetenhaus. Am 4. Mai 1912 ernannte ihn Kaiser Franz Josef zum Mitglied des Herrenhauses des ungarischen Parlaments. Als Gouverneur verteidigte Popovics immer wieder die gemeinsame Notenbank der Doppelmonarchie gegen häufige politische Attacken und stellte damit seine Loyalität unter Beweis. Schon in seiner Abschiedsrede vor seinen Wählern in Pressburg setzte er sich vehement für die gemeinsame Zentralbank ein.[24]
Von 1912 an hatte Popovics jedoch andere schwere Probleme zu lösen. Am 9. April 1913 richtete er zum Beispiel an die Finanzminister der beiden Staaten ein Schreiben, in dem er sich tief besorgt über die unzulängliche finanzielle Kriegsbereitschaft äußerte. Dabei monierte er vor allem die ungünstige Entwicklung

[24] Otsász magyar elet, S. 385.

im Finanzsektor, die dazu geführt hatte, dass bis Ende 1912 die Golddeckung der durch die Notenbank ausgegebenen Banknoten auf einen kritischen Stand gesunken war. Popovics Warnungen verhallten jedoch ungehört, so dass keine Änderungen in der Finanzpolitik eintrat.

Der Ausbruch des Ersten Weltkriegs brachte eine völlig neue Situation mit sich. Die bisher geltenden Statuten der Österreichisch-Ungarischen Bank wurden schon zu Beginn des Krieges suspendiert und die Autonomie des Instituts aufgehoben.[25] Der Weltkrieg offenbarte zudem bisher viele verborgene Konflikte zwischen Staatsführung und Bank. Im ersten Kriegsjahr beschwerten sich der österreichische und der ungarische Finanzminister über die starre Haltung der Notenbank. Sie kritisierten, dass das Institut Kredite nur in beschränkter Höhe und nur zu bestimmten restriktiven Bedingungen gewährte, die Kreditvergabe zudem nur aufgrund von neuen und nach langwierigen Verhandlungen zustande gekommenen Einzelabkommen genehmigte. Die beiden Minister drohten dem Gouverneur der Österreichisch-Ungarischen Bank damit, Staatsscheine auszugeben, um damit bestimmte Ausgaben im Budget zu finanzieren. Damit konnte sich Popovics - nach den früheren schlechten Erfahrungen – unter gar keinen Umständen einverstanden erklären. Er beschuldigte seinerseits die Heeresverwaltung einer leichtfertigen Verschwendung und schlug zudem vor, kontrolliert verzinsliche Kassenscheine zur Verminderung des Banknotenumlaufs auszugeben.[26] Schließlich musste die Leitung der Österreichisch-Ungarischen Bank dem Wunsch der kriegsführenden Regierungen jedoch nachgeben, für die Finanzierung von Kriegsausgaben vermehrt die Notenbank in Anspruch zu nehmen. Am 15. Juli 1915 wurde die Übereinkunft über die neue Kreditkonstruktion abgeschlossen, die eine schnelle und einfache Befriedigung der Kreditbedürfnisse der Regierungen erlaubte.

Während des Kriegs wuchsen jedoch die Sorgen um die Erhöhung der Geldmenge und die dadurch induzierte Erhöhung des Preisniveaus. In seiner Funktion als Gouverneur der Österreichisch-Ungarischen Bank hielt Popovics eine deutliche Anhebung der Zinsen für kein geeignetes Mittel, um die Geldmenge zu regulieren. Daher wurden immer mehr Kredite mit niedrigen, teilweise sogar negativen Realzinsen an die beiden Regierungen und an Privatunternehmen vergeben. Mit Fortdauer des Krieges wurde die Notenbank die größte Kreditquelle der Kriegswirtschaft, ihre Geld- und Kreditpolitik dagegen eine der wesentlichen Quellen für die Inflation. Die Bank verhielt sich jedoch sowohl bei der Beleihung staatlicher Wertpapiere, als auch bei der Vergabe von Darlehen, die un-

---

[25] Alexander Popovics, A pénz sorsa a háborúban (Das Schicksal des Geldes im Kriege), Budapest 1926, S. 37/38.

[26] Popovics, ebenda, S. 59-65

mittelbar den beiden Regierungen zur Verfügung gestellt wurden, ziemlich großzügig.

Es ist nicht zu übersehen, dass damit die Leitung der Zentralbank immer mehr und offenbar im Einklang mit den Anforderungen der Kriegswirtschaft von ihrer ursprünglichen restriktiven Kreditpolitik abrückte. Popovics versuchte in seinen Memoiren die Haltung der Notenbank später damit zur rechtfertigen, dass deren Leitung nicht mit einer solchen Dauer des Krieges gerechnet und daher keine konkreten Vorkehrungen zur Verteidigung der Geldwertstabilität sowie der Gold- und Devisenvorräte getroffen habe.[27]

Auch Popovics sah es als eine der Hauptursachen für den Währungsverfall an, dass das ehemals stimmige Verhältnis von Warenmenge und Geldmenge zunehmend in Unordnung geriet und damit das Wirtschaftsleben nicht mehr wie früher je nach seinen Bedürfnissen auf entsprechende Kreditmöglichkeiten zurück greifen konnte. In seinem Buch über das Geldwesen in der Habsburger Monarchie während des Kriegs beschreibt er diesen Prozess wie folgt: „Es ist nicht mehr der Warenumsatz der Einzelwirtschaften, welcher zur Schöpfung von Kreditgeld dient. Vom September 1917 an bis zum Ende des Krieges übersteigt die Verschuldung Österreichs und Ungarns bei der Bank den jeweiligen Notenumlauf samt Giroguthaben und sonstigen sofort fälligen Verbindlichkeiten. Der andauernde und fortwährend steigende Bedarf des Staates, gedeckt durch die Vermehrung der Zirkulationsmittel, der keine entsprechende Gegenbewegung entgegen stand, zeitigt einen Zustand, welcher das fundamentale Merkmal einer gesunden Geldverfassung, die Anpassung des Umlaufs an das reale, im Ausmaß nach Perioden und Wirtschaftslage wechselnde Bedürfnis der Volkswirtschaft, total beseitigt. An Stelle eines elastischen Systems, wie es die Kombination von Währungsgeld und Kreditgeld verlangt, tritt ein Zustand, in welchem nur mehr eine Bewegung nach oben, nach der Richtung einer weiteren Vermehrung der Zahlungsmittel wahrzunehmen ist. Da dieser Vermehrung nicht nur kein Zuwachs, sondern im Gegenteil eine fortlaufende Abnahme der Güter des Wirtschaftsgebietes gegenüber steht, muss die Vermehrung unabweislich auch zur fortschreitenden Entwertung der Zahlungsmittel führen.“[28]

IV. Zerfall und Liquidation

Am 11. Februar 1918 übernahm Popovics das Finanzressort im dritten Kabinett von Sándor Wekerle, welches er bis zum Zerfall der Habsburger Monarchie am 31. Oktober 1918 bekleidete. Als Finanzminister hatte er die undankbare Aufga-

[27] Popovics, ebenda, S. 103.
[28] Alexander Popovics, Das Geldwesen im Kriege, Wien 1925, S. 155.

be, den wachsenden Geldbedarf der ungarischen Regierung decken zu müssen. Auf diese Weise wirkte er auch an den tragischen Ereignissen in der Monarchie in den letzten Monaten des Weltkriegs mit. Wie seine Vorgänger war auch Popovics nicht in der Lage, die zunehmende Inflation durch eine gezielte Geldpolitik einzudämmen. Die Lebensmittelpreise erhöhten sich im Jahre 1917 jeden Monat im Durchschnitt um 3,8%, im Jahre 1918 schon um 4,8%.[29]

Dennoch gehörte Popovics zu den Persönlichkeiten des öffentlichen Lebens, die sich die politische Kultur und die liberale Weltanschauung in den achtziger und neunziger Jahren des 19. Jahrhunderts zu eigen machten und an diesen Werten auch in späteren Jahren festhielten. Die Kriegsniederlage, der Zusammenbruch der Doppelmonarchie und die Verkleinerung Ungarns nach dem Friedensvertrag von Trianon riefen kaum verarbeitete Traumata in dieser Generation hervor. Dies galt auch für Popovics, der an der Liquidation von Institutionen, die er selbst geleitet hatte, mitwirken musste. Auch er war gezwungen, das Verschwinden des alten historischen Ungarns und der Österreichisch-Ungarischen Monarchie sowie die Liquidierung der gemeinsamen Wirtschaftsinstitutionen mit zu erleben. In Reaktion auf diese Prozesse zog sich Popovics für eine Weile aus dem öffentlichen Dienst zurück. 1920 wurde er jedoch mit einer neuen und schweren Aufgabe betraut, da er als Mitglied der ungarischen Delegation als Sachverständiger für Fragen der Notenbank an den Verhandlungen in Neuilly teilnahm.

Die ungarische Öffentlichkeit war zwar seit dem Ausgleich von 1867 über die gemeinsame Zentralbank recht geteilter Meinung, zur Zeit des Ersten Weltkriegs erloschen jedoch die Diskussionen über eine selbständige ungarische Notenbank. Als das Schicksal der Österreichisch-Ungarischen Bank endgültig besiegelt war, gab es auch keinen Politiker oder Wirtschaftsfachmann mehr, der die Auflösung des international angesehnen Instituts nicht als Verlust empfunden hätte.

Die Liquidation der Bank wurde offiziell durch den österreichischen Friedensvertrag von Saint Germain-en-Laye angeordnet. Der Artikel 189 im ungarischen Friedensvertrag, der am 4. Juni 1920 im Schloss Trianon unterzeichnet wurde, stimmte dabei Wort für Wort mit dem Artikel 206 der österreichischen Variante überein. Der Friedensvertrag ordnete sozusagen nur die Liquidation selbst an, verfügte aber weder die Art und Weise der Durchführung, noch enthielt er Details über das vielleicht brisanteste Problem: die Art und Weise, wie das Vermögen der Österreichisch-Ungarischen Bank unter den Nachfolgestaaten aufzuteilen sei. Die Lösung dieser komplizierten Frage, die die Interessen vieler Länder

[29] Mgyar Statisztika Evkönyv 1919-1924 (Ungarisches Statistisches Zentralamt, Statistische Jahrbücher 1919-1924).

berührte, wurde den Liquidatoren überlassen.[30] Der Punkt sieben im Artikel 189 des Friedensvertrags besagte daher: „Die Liquidation wird durch Kommissäre durchgeführt, die von der Wiedergutmachungskommission ernannt werden." Der Beauftrage der ungarischen Regierung bei den Liquidationsverhandlungen war Alexander Popovics, der die ungarischen Interessen bei den recht heftigen Diskussionen über diesen Punkt vertreten sollte.[31]
Die Liquidationsverhandlungen begannen erst im August 1920, ein knappes Jahr nach der Unterzeichnung des österreichischen Friedensvertrags. Schon bei en ersten Gesprächen wurde klar, dass fundamentale Gegensätze zwischen den Interessen der einzelnen Nachfolgestaaten bestanden. Die am meisten umstrittene Frage war, wie das Vermögen des Instituts aufzuteilen sei. Die neu gegründeten Nationalstaaten wollten möglichst bald eine autonome Wirtschaftspolitik betreiben und dazu eine eigene Zentralbank besitzen. Schon aus diesem Grund beanspruchten sie einen entsprechenden Anteil am Vermögen und dem „Metallschatz" der ehemaligen gemeinsamen Notenbank. Dagegen wollten sie die Staatsschuld der ehemaligen Monarchie, besonders die Kriegsanleihen und Kassenscheine, die zur Kriegsfinanzierung ausgegeben worden waren, nicht übernehmen. Während die neu gegründeten Staaten auf einer anteilsmäßigen Aufteilung bestanden, wollten Österreich und Ungarn das Territorialitätsprinzip anwenden. Unter Berufung darauf, dass dieses auch im Friedensvertrag geltend gemacht worden war, - die im Gebiet der neu gegründeten Staaten befindlichen Vermögenswerte der ehemaligen Monarchie gingen in den Besitz des jeweiligen neuen Staates über – erhoben Österreich und Ungarn Anspruch auf 80% bzw. 20% des Metallschatzes der Österreichisch-Ungarischen Bank. Die österreichische und ungarische Seite waren daher grundsätzlich mit der Aufteilung des Vermögens der Bank auf die Nachfolgestaaten nicht einverstanden. Die Vertreter beider Länder beharrten daher auf dem Standpunkt, dass die Österreichisch-Ungarische Bank keine staatliche Institution, sondern eine dem Privatrecht unterstehende Aktiengesellschaft sei, woraus folge, dass ihr Vermögen bei einer Liquidation den Aktionären zufallen müsse.[32]
Diese Vorstellungen waren nicht zu realisieren, so dass beide Staaten einen für sie recht nachteiligen Kompromiss schließen mussten. Dem Geist des Friedensvertrags entsprechend wurden schließlich im Protokoll, das am 14. März 1922 in Wien angenommen wurde, die Interessen der Österreichisch-Ungarischen Bank

[30] Siegfried Pressburger, Das österreichische Noteninstitut 1816-1966, Wien 1976, S. 337.
[31] Pressburger, ebenda, S. 337-39
[32] Kövér u. Pogány, Österreichisch-Ungarische Bank, S. 165-173; Sándor Jirkovsky, Az Osztrak-Magyar Monarchia jegybankjanak története (Die Geschichte der Österreichisch- Ungarischen Monarchie), Budapest 1944, S. 221; Statuten der Österreichisch-Ungarischen Bank, hier Privilegiengesetz.

und ihrer Aktionäre nicht berücksichtigt. Es erregte ebenfalls die Gemüter in Ungarn, dass das Land im Interesse des Kompromisses auf 2,5 Milliarden Goldkronen zu verzichten hatte. Popovics gab dafür folgende Rechtfertigung ab: „Im Interesse der Einigung haben wir dieses Opfer bringen müssen, das den Vorteil haben wird, dass wir so mit der Liquidation der alten Bank, die sich ohne dieses Opfer über eine lange Zeit verzögert hätte, früher fertig sein werden, denn die Verzögerung hätte die Liquidationsmasse beträchtlich verringert."[33] Das Übereinkommen zwischen der Liquidationskommission und Ungarn wurde im Mai 1922 geschlossen.[34] Als Popovics den Vertrag unterzeichnete, bestätigte er das Todesurteil des Instituts, das er lange Jahre hindurch als Gouverneur geleitet hatte. Die am besten funktionierende gemeinsame Institution der Monarchie – deren Liquidation vielleicht gerade aus diesem Grund mit am längsten dauerte – existierte im Jahre 1922 auch auf dem Papier nicht mehr.[35]

V. Erneut an der Spitze der Zentralbank

Im April 1921 übernahm Alexander Popovics erneut das Amt eines Notenbankpräsidenten, als er zum Leiter des neuen Ungarischen Königlichen Staatlichen Noteninstituts ernannt wurde, das an Stelle der aufgelösten gemeinsamen Zentralbank der ehemaligen Monarchie errichtet worden war. Er bekleidete dieses Amt bis zum 28. November 1923. Das Noteninstitut wurde am 1. August 1921 offiziell eröffnet. Obwohl es über keine Autonomie und über keine selbständige Edelmetallreserve verfügte, zudem vollkommen dem Finanzministerium untergeordnet war und nicht einmal die Geldmenge unabhängig bestimmen durfte, gelang es Popovics, eine autonome Geldpolitik zu betreiben. Er wollte die Inflation verringern und die Kreditpolitik des Vorgängerinstituts verändern. Dazu musste er das Verfahren beenden, dass die Österreichisch-Ungarische Bank fast unbegrenzt Anleihen zur Finanzierung des Staatshaushaltes emittiert hatte, während sie die Kreditnachfrage der Privatwirtschaft nicht befriedigen konnte. Im Ergebnis war Popovics mit seiner neuen Kreditpolitik für die Privatwirtschaft recht erfolgreich: Schon 1923 betrug die Hälfte des Kreditportfolios Wechselkredite, während sich der Anteil der Staatsschulden deutlich verringert hatte. Dennoch ist zu konstatieren, dass das angestrebte Ziel, den Währungsverfall zu bekämpfen, nicht erreicht wurde. Im Gegenteil: Durch die Prioritätensetzung in

---

[33] Pesti Naplo vom 17. März 1922

[34] Ungarisches Staatsarchiv (MOL), Ungarisches Staatliches Noteninstitut, Allgemeine Verwaltungsabteilung, Z 4, Fasc. 8, 448/1922, S. 210-219.

[35] Kövér u. Pogány, Österreichisch-Ungarische Bank, S. 173.

der neuen Geldpolitik von Popovics wurde der Währungsverfall weiter zusätzlich angeheizt.[36]
Obwohl der neue ungarische Finanzminister Hegedüs das Noteninstitut mit dem Ziel errichtet hatte, die Inflation nachhaltig zu bekämpfen, wendete sich Popovics ab Mitte 1921 gegen dessen Stabilisierungspläne. Er hielt statt dessen an seiner Politik der „leichten Kredite für die Privatwirtschaft" durch das neue Noteninstitut fest, was sich als eine der unmittelbaren Ursachen für den Preisauftrieb entpuppte. Das Noteninstitut versorgte die Privatunternehmen auch weiter mit Krediten zu sehr niedrigen Zinsen. Popovics war der Ansicht, dass die Erhöhung des Zinsfusses eine weitere Teuerung hervorrufen würde, ohne – infolge der bekannten internationalen Lage – einen währungspolitischen Effekt, wie etwa die Anlockung des ausländischen Kapitals, zu erzielen.
Die Nachfrage nach den Notenbankkrediten zu negativen Realzinsen war weiter enorm und wurde zu einer wichtigen Ursache für die Vergrößerung der Geldmenge, die schließlich ab August 1922 zu einer Hyperinflation führte. Obwohl viele Personen aus Wirtschaft und Politik die Kreditpolitik der Notenbank kritisierten, so ist doch zu betonen, dass sie viel dazu beigetragen hat, dass sich die Umstellung von der Kriegs- auf die Friedenswirtschaft in Ungarn relativ schnell und reibungslos vollziehen konnte und ein signifikantes Wirtschaftwachstum zu verzeichnen war.[37]
Von Ende 1922 an wuchs die Kritik am Noteninstitut und seiner Geldpolitik jedoch erheblich an, vor allem durch Mitglieder des Abgeordnetenhauses in der Presse. Diese Attacken sowie schwere Konflikte innerhalb der Regierung und in den Leitungsgremien des Instituts selber trugen dazu bei, dass Popovics schon vor dessen eigentlicher Auflösung aufgab und sein Amt am 28. November 1923 seinem Stellvertreter anvertraute. In diesen Monaten zeichneten sich bereits die Konturen der finanziellen Rekonstruktion in Ungarn ab. Die Verhandlungen mit der Pariser Wiedergutmachungskommission und mit dem Völkerbund näherten sich zudem dem Abschluss.[38]

---

[36] Agnes Pogány, Ket szempont a magyarorszag inflácio kutatásához, 1914-1924 (Zwei Geschichten zur Forschung über die ungarische Inflation, 1914-1924), in: Történelmi Szemle, 30, 1987/88, S. 121-136.
[37] Agnes Pogány, Az Osztrak-Magyar Bank felszámolása, a Magyar Allámi Jegyintézet a tevekenysége (Die Liquidation der Österreichisch-Ungarischen Bank und die Tätigkeit des Ungarischen Staatlichen Noteninstituts, 1920-1924), in: Tomás Bácskai (Hg.), Magyar Nemzeti Bank, S. 449, S.457.
[38] Pogany, Az Osztrak-Magyar Bank, S. 453-455; György Pétéri, Global Monetary Regime and National Central Banking. The Case of Hungary. Social Science Monographs, New York 2002, S. 75.

VI. Die finanzielle Rekonstruktion

Die im Sommer 1922 einsetzende Hyperinflation wurde nach den Rekonstruktionsplänen des Völkerbundes beendet. Die Grundprinzipien für die Stabilisierung des Geldwesens bildeten die Wiederherstellung des Gleichgewichts im Staatshaushalt, die Einstellung der ungedeckten Geldemission sowie die Errichtung einer unabhängigen Notenbank mit eigenem Goldvorrat. Im Laufe der Stabilisierung wurde im Mai 1924 die Ungarische Nationalbank errichtet, deren Hauptaufgabe die Verhinderung einer erneuten Inflation war. Das Gleichgewicht des Staatshaushaltes wurde mit Hilfe von ausländischen Krediten hergestellt, die vom Völkerbund organisiert worden waren.[39]
Die Finanzkommission des Völkerbundes kam schon im März 1924 zu der Überzeugung, dass Popovics der beste Präsident für eine neue ungarische Zentralbank wäre. Popovics, der zu dieser Zeit 62 Jahre alt war, zögerte jedoch eine Weile, das Amt anzunehmen. Die Fachleute in Genf und London bestanden jedoch auf seiner Erfahrung. Sowohl sein großes Ansehen, als auch seine Fachkenntnisse und Erfahrungen sprachen für ihn. Die Zeit an der Spitze der Österreichisch-Ungarischen Bank sah die Leitung der Bank of England in der Londoner Threadneedle Street als einen Garanten dafür an, dass er fähig und bereit sei, mindestens in mitteleuropäischen Maßstäben zu denken, was für die Leitung der Bank of England ein nicht zu unterschätzender Gesichtspunkt, gerade im Hinblick auf internationale Kooperationspläne in den zwanziger Jahren. Maßgebende Personen aus der Politik in Budapest drängten Popovics ebenfalls dazu, die Leitung der neuen Notenbank zu übernehmen. Im April 1924 rang sich Popovics endlich dazu durch, das neue Amt anzutreten.[40]
Von der Mitte der zwanziger Jahre an entwickelte sich eine besondere Beziehung zwischen Popovics und dem Gouverneur der britischen Notenbank, Montagu Norman. Ungarns finanzielle Rekonstruktion erfolgte zwar unter der Leitung des Völkerbundes, das Konzept der Stabilisierung wurde jedoch von London aus erarbeitet. Eine Vorschussanleihe der Bank of England in Höhe von vier Millionen Pfund Sterling rettete zudem die finanzielle Stabilisierung Ungarns, da die Vereinigten Staaten sich nicht an einer solchen Emission beteiligen wollten und dadurch die Stabilisierung beinahe vereitelten. Montagu Norman ver-

---

[39] Agnes Pogány, Párhuzamos történetek. Az osztrák es a magyar pénzügyi politika a két világhaború közön (Parallele Geschichten. Die Währungspolitik in Österreich und in Ungarn in der Zwischenkriegszeit, in: 50 Jahre Wirtschaftsuniversität Budapest, Bd. II, Budapest 1998, S. 1214-1228 ; György Pétéri, Tying up a loose end. British foreign economic strategy in 1924. The Hungarian Stabilisation, in: ders. (Ed.), Revolutionary Twenties. Essays in International Monetary and Financial Relations After World War I. Trondheim Studies in History, No. 9, Trondheim 1995, S. 172.
[40] Pétéri, Global Monetary Regime, S. 89-91.

langte einen hohen Preis für den Rettungsring, indem er mit Popovics in seiner Funktion als Präsident der Ungarischen Notenbank ein Geheimabkommen abschloss, in dem er sich besondere Eingriffsmöglichkeiten bei dem Institut in Budapest sicherte. [41] Gemäß den Bestimmungen des Geheimabkommens wurde der Kurs der ungarischen Währung an den des Pfund Sterling geknüpft, wodurch die ungarische Stabilisierung zu einem überbewerteten Kurs erfolgte und eine schwere Deflationskrise auslöste. Infolge der zwischen Norman und Popovics getroffenen Vereinbarungen erhielt die Bank of England auch das Recht, die Höhe der Mindesteinlagen bei der Ungarischen Nationalbank zu bestimmen.[42]

In den Beziehungen zwischen London (Norman) und Budapest (Popovics) spielten die von dem finanziellen Ausschuss des Völkerbundes entsandten ausländischen Beauftragten eine spezielle Rolle. Die Kontrolleure erhielten im Interesse der Sicherheit der ausländischen Gläubiger umfassende Vollmachten, um notfalls in die Fiskal- und Geldpolitik Ungarns eingreifen zu können. Obwohl diese Situation in mancherlei Hinsicht als demütigend erschien und die Souveränität einschränkte, hatte sie nicht nur Schattenseiten. Eine der entscheidenden ausländischen Kontrolleure in Budapest war zum Beispiel Harry A. Siepmann (1889-1963), der zwischen 1924 und 1926 der Berater des Völkerbundes bei der Ungarischen Nationalbank war. Ab 1926 wurde Siepmann Mitglied der Überseeabteilung der Bank of England, wo er sich mit der Entwicklung der ostmitteleuropäischen Länder beschäftigte. Von 1929 an war er auch für die Angelegenheiten der Bank für Internationalen Zahlungsausgleich (BIZ) zuständig.[43]

Dank der außergewöhnlichen Persönlichkeit von Siepmann, der in der Ungarischen Nationalbank an allen wichtigen Entscheidungen partizipierte, entstand zwischen Budapest und London ein besonders enges Verhältnis, das sogar nach dem Ende der internationalen Kontrolle erhalten blieb. Die intensiven persönlichen Beziehungen zu Siepmann und Montagu Norman wurden auch von Popovics selbst sehr hoch eingeschätzt. Siepmann hatte ebenfalls eine absolut positive Meinung über Popovics. Die Freundschaft zwischen beiden Bankiers dauerte

---

[41] Philipp L. Cottrell, Norman, Strakosch and the development of central banking: from conception to practise, in: ders. (Ed.), Rebuilding the Financial System in Central and Eastern Europe, 1918-1994, Aldershot 1997, S. 56-59.

[42] Pétéri, Global Monetary Regime, S. 89-95.

[43] György Pétéri, A Magyar Nemzeti Bank alapitásának nemzetkösi es belföldi elözményei (Die internationale und inländische Vorgeschichte bei der Gründung der Ungarischen Nationalbank), in: Tomás Bácskai (Hg.), Magyar Nemzeti Bank, S. 576/77; Ernest Henessy, A Domestic History of the Bank of England 1930-1960, Cambridge 1992, S. 85; Richard S. Sayers, The Bank of England 1891-1944, Vol. 1, Cambridge 1976, S. 163. Siepmann blieb auch nach 1926 in engem Kontakt mit der ungarischen Zentralbank. Er traf Popovics oft, um mit ihm Angelegenheiten der ungarischen Wirtschafts- und Finanzpolitik zu besprechen.

allen politischen und wirtschaftlichen Veränderungen zum Trotz bis zum Tode von Popovics an.[44]

Während das Verhältnis zwischen London und Wien ausgesprochen kühl war, entstanden mit Budapest enge und freundschaftliche Beziehungen. Neben der Persönlichkeit des Völkerbund-Beraters in Budapest spielte noch der Umstand eine besondere Rolle, dass Ungarn die Erwartungen der Bank of England mehr als erfüllte, indem der Stabilisierungskurs der ungarischen Krone an das Pfund Sterling geknüpft wurde. Im Gegensatz dazu wurde der Kurs der österreichischen Währung an den Dollar gebunden. Budapest hielt große Goldvorräte bei der Londoner Zentralbank, obwohl dies zu ernsthaften Zinsverlusten führte. Österreich brachte seine monetären Reserven statt dessen nach New York, was aus ökonomischer Sicht eine weitaus rationalere Entscheidung war. Die Spannungen in den Beziehungen zur Österreichischen Nationalbank bzw. mit deren Präsident Richard Reisch trugen in hohem Maß jedoch dazu bei, dass Norman mehr Mitbestimmung auch bei der finanziellen Stabilisierung in Ungarn forderte. Dagegen hielt es Popovics für wichtig, gute Beziehungen zu London zu pflegen. Daher war er sogar zu finanziellen Opfern bereit. Der Grund dafür war nicht nur Dankbarkeit, sondern auch die Zusicherung der britischen Hilfe für den Fall, dass bei der Ungarischen Nationalbank eine erneute Liquiditätskrise eintreten würde.[45]

Popovics unterstützte bis zum Ende seiner Amtszeit Normans Bestrebungen, die Zusammenarbeit der Notenbanken auszubauen. Man war sich nämlich in Budapest durchaus dessen bewusst, dass das Konzept der finanziellen Stabilisierung an großen Mängeln litt. Der Sanierungsplan des Völkerbundes zog gar nicht mit ins Kalkül mit ein, dass Ungarn nicht imstande sein würde, seine Handels- und Leistungsbilanz auszugleichen, so dass die monetäre Stabilität nur um den Preis einer wachsenden Verschuldung zu erhalten war. Jene Sachverständigen, welche die Grundprinzipien der Rekonstruktion erarbeitet hatten, vertrauten auf den Ausgleichsmechanismen des Goldstandards bzw. darauf, dass die Entstehung eines dauerhaften Defizits in der Zahlungsbilanz verhindert würde. Diese Erwartungen wurden jedoch nicht erfüllt. Es wurde dagegen zu einem Merkmal des Goldstandards zwischen den beiden Weltkriegen, dass sich dauerhafte Bilanzdefizite bzw. Überschüsse in einzelnen Ländern perpetuierten, was von der unberechenbaren Bewegung der internationalen Kapitalströme zeitweilig nur kaschiert wurde.

---

[44] "I Know one in Hungary young or old, whom I could trust to preserve-still less to deserve – the high opinion which you have formed of our strong, engaging and charming President." Brief Siepmanns an Norman vom 23. Oktober 1925, zitiert in Pétéri, Global Monetary Regime, S. 105.

[45] Pétéri, ebenda, S. 135.

Normans Konzept zur internationalen Zusammenarbeit zwischen den Notenbanken wurde gerade wegen der Tatsache, dass es die Probleme bei der Herstellung eines Gleichgewichts im ungarischen Finanzwesen mit einbezog, um die Funktion eines Endgläubigers erweitert. Norman wollte durch die Schaffung einer „Internationalen der Zentralbanken", wie sie später in der Errichtung der Bank für Internationalen Zahlungsausgleich in Ansätzen verwirklicht wurde, eine dritte, unabhängige globale Machtinstanz neben den nationalen Regierungen und dem Markt etablieren. Diese sollte imstande sein, die Liquiditätskrisen der schwachen europäischen Notenbanken zu lindern.[46]

VII. Die Wirtschaftskrise

Die finanzielle Stabilität Ungarns dauerte nur einige wenige Jahre. Das Wachstum der ungarischen Wirtschaft erfolgte in der zweiten Hälfte der zwanziger Jahre bei einer ständig passiven Zahlungsbilanz, was die permanente Aufnahme von ausländischen Krediten notwendig machte. Die Stabilität der ungarischen Währung wurde in diesen Jahren jedoch noch nicht durch die Kapitaleinfuhren beeinträchtigt. Obwohl Popovics die Höhe der ungarischen Auslandsverschuldung für riskant hielt, war er gegen Eingriffe der Regierung, besonders im Falle von Anleihen von Privatunternehmen.[47] Wegen der schwachen Liquidität im Lande riet er von der Beschränkung einer ausländischen Kreditaufnahme ab. Sollten restriktive Maßnahmen eingeführt werden und für längere Zeit in Kraft bleiben, so drohte er damit, von seinem Amt zurück zu treten.[48]
Die Strukturprobleme der ungarischen Wirtschaft führten am Ende der 1920er Jahre infolge der stockenden Kapitaleinfuhren verstärkt zu Krisenerscheinungen. 1930 wies der Staatshaushalt erneut beträchtliche Defizite aus, die Nationalbank verlor zudem den größten Teil ihrer Devisenreserven und kam an die Grenze der Zahlungsunfähigkeit. Am 13. Juli 1931 begannen Beratungen zwischen dem Ministerpräsidenten, dem Finanzministerium und der Notenbank, bei denen Popovics eine zentrale Rolle spielte. Als die Nachricht über die in Deutschland verhängten „Bankfeiertage" am selben Tag, jedoch spät in der Nacht ankamen, schlug Popovics der ungarischen Regierung vor, ebenfalls Zwangsmaßnahmen

[46] Pétéri, ebenda, S. 153-56.
[47] Bank of England Central Archive, Overseas and Foreign Department (BECA OV), 33/2, Brief von Popovics an Siepmann vom 7. April 1927; BECA OV 33/3, Brief von Goode an Siepmann vom 29. März 1928.
[48] Brief des Präsidenten der Ungarischen Nationalbank, Alexander Popovics, an Finanzminister Sándor Wekerle vom 11. September 1928, abgedruckt in: Miklos Szinai u. Lajos Szücs (Hg.), Bethlen István titkos iritai (Die geheimen Dokumente von István Bethlen), Budapest 1972, S. 303-313.

zu treffen. Die Regierung in Budapest verordnete daraufhin ebenfalls für drei Tage sogenannte Bankfeiertage, limitierte die Abhebung der Einlagen und erließ eine „Goldpengö"-Verordnung gegen eine mögliche Inflationsgefahr. Das Land kehrte damit nach kaum sechs Jahren freien Devisenverkehrs wieder zur Devisenbewirtschaftung zurück. Am Jahresende musste auch die Tilgung der ausländischen Kredite suspendiert werden.[49] Bei all diesen Maßnahmen spielte Popovics eine führende Rolle. Er war im wesentlichen für alle Regierungsverordnungen verantwortlich, die die Geld- und Devisenbewirtschaftung betrafen.[50]
Popovics hielt eine antiinflationäre Politik, die das Gleichgewicht im Staatshaushalt und die Stabilität des Geldwertes garantieren sollte, in der Zeit der Krise für das geeignete Instrument zu deren Bekämpfung. Dafür wurde er im Parlament und in der Presse oft scharf kritisiert. Man warf ihm vor, eine „doktrinäre Finanz- und Währungspolitik" zu betreiben. Seine konservativen Ansichten und sein Misserfolg aus dem Frühjahr 1931, neue ausländische Kredite zu beschaffen, erschütterten auch das Vertrauen des neuen starken Mannes in der ungarischen Politik, des Landesverwesers Miklós Horthy. Dieser erwog schon am 5. März 1931 die Ablösung von Popovics, doch setzten sich Ministerpräsident István Bethlen und Finanzminister Sándor Wekerle vehement für sein Verbleiben an der Spitze der Notenbank ein, da sie seine ausländischen Beziehungen, vor allem zur Bank of England, für unersetzlich hielten.[51]
In den dreißiger Jahren standen alle Länder, deren Währung auf Goldbasis basierte, vor einem schweren Dilemma, indem sie zwischen der monetären Stabilisierung, der Bewahrung der Goldparität der Währung bzw. von einem Abrücken von der Golddeckung und der Abwertung der nationalen Währung wählen mussten. Dieses Dilemma stellte sich im Sommer 1931 auch für Ungarn, als die Gold- und Devisenreserven der Notenbank auf einen kritischen niedrigen Stand sanken. Die Regierung in Budapest musste zwischen der Bewahrung der offiziellen Goldparität und der Abwertung der Währung entscheiden. Dabei stand sie vor der Wahl, ob die Stabilität des Währungskurses um den Preis des Ausscheidens aus dem internationalen Geldverkehr, der Aufgabe der Konvertierbarkeit, das heißt sogar um den Preis der Einführung der Devisenbewirtschaftung, aufrecht zu erhalten war, oder ob man doch den Goldstandard aufgeben sollte. Der Präsident der Nationalbank wählte die erste Alternative und bestand unver-

[49] Agnes Pogány, Krisen und Krisenbewältigung – Währungspolitik in Ungarn und Österreich 1931-1936, in: Harald Wixforth (Hg.), Finanzinstitutionen in Mitteleuropa während des Nationalsozialismus. Geld und Kapital. Nr. 4, 2000, Stuttgart 2001, S. 112-114.
[50] Otsász magyar elet, S. 387.
[51] Janos Botos, Az önallo jegybank 1924-1948. A Magyar Nemzeti Bank törtenete II (Die Geschichte der autonomen Notenbank, 1924-1948. Die Geschichte der ungarischen Nationalbank II), Budapest 1999, S. 92; Szinai u. Szücs (Hg.), Horthy Miklós titkos iritai (Die geheimen Papiere von Miklós Horthy), Budapest 1973, S. 91.

ändert auf den finanzpolitischen Grundprinzipien, die im Laufe der Währungsstabilisierung in Ungarn festgelegt worden waren. Die Notenbank hielt an den amtlichen fixen Währungskursen fest, obwohl viele Zeichen im Ausland auf die Entwertung der jeweiligen nationalen Währung hindeuteten. Ungarns setzte damit auch nach der finanziellen Rekonstruktion seine stark deflatorische Finanzpolitik fort.[52]

In den Worten Dieter Stiefels war dieser „von der Finanzpolitik her bestimmte Anti-Interventionismus“[53] teils auf die traumatische Erinnerung an die Inflation, teils auf die Grundprinzipien der Stabilisierung zurück zu führen. Das Genfer Sanierungsprogramm verpflichtete Ungarn nämlich dazu, den Budgetausgleich sowie die externe und interne Kaufkraft des Geldes sogar um den Preis einer starken Einschränkung des Geldumlaufs zu garantieren. Obwohl zahlreiche einheimische und ausländische Sachverständige eine geringe Inflation als Instrument zur Krisenbekämpfung empfahlen, lehnte die Regierung in Budapest solche Avancen strikt ab.[54] Auch nach 1931 bestand die ungarische Regierung weiterhin auf einem fixen Wechselkurs und auf dem funktionslos gewordenen internationalen Golddevisenstandard.[55]

Auch in den folgenden Monaten wurde Ungarn immer mehr geraten, die Abwertung anzuwenden und dem Beispiel Wiens zu folgen. Popovics war jedoch bis zu seinem Lebensende gegen einen solchen Schritt.[56] Seiner Ansicht nach wurde die Krise in Ungarn durch das Defizit in der Zahlungsbilanz verursacht, das sich nur dann beheben lassen würde, wenn Ungarn nicht mehr von der Holz-, Salz- und Kohleeinfuhr abhängig wäre. Der Präsident der Nationalbank befürchtete, dass eine Abwertung des Pengös zu einer Panik und zum Abzug der Einlagen führen würde, zudem die Umlaufgeschwindigkeit des Geldes erhöhen wurde, während Ungarn über keine angemessenen Reserven zum Schutz seiner Währung verfüge. Er war auch deshalb gegen die Abwertung, weil dies die Goldpengö- Verordnung verletzt hätte. Popovics war der Ansicht, dass das österreichische Rezept in Ungarn nicht anzuwenden sei, weil Ungarn auf keine bedeutenden Aktivposten in seiner Zahlungsbilanz im Gegensatz zu Österreich zurück

[52] Pogány, Krisen und Krisenbewältigung, S. 109-121.

[53] Dieter Stiefel, Die große Krise in einem kleinen Land. Österreichische Finanz- und Wirtschaftspolitik 1929-1938, Wien, Köln u. Graz 1988, S. 217.

[54] MOL-Filmarchiv, K 513, Kommission des ungarischen Parlaments der 33 Mitglieder, Protokolle der Sitzungen Kt. 4428, Erste Sitzung, Äußerung von Janos Teleszky vom 7. August 1931.

[55] Pogány, Krisen und Krisenbewältigung, S. 114-122.

[56] BECA OV, 33/16, Vermerke Niemeyers vor einem Treffen mit Imrédy am 6.Juni 1935. Nach der Meinung Niemeyers hätte der Pengö schon 1931 oder 1932 abgewertet werden müssen.

greifen könne, das auf unsichtbare Einnahmen aus dem Fremdenverkehr rekurrieren konnte, welche die Devisenreserven der Wiener Notenbank erhöhten. Die ungarische Agrarausfuhr konnte nach der Meinung von Popovics ihr Angebot auch nach einer Abwertung nicht so flexibel ausweiten wie etwa Österreich seine Ausfuhr an Fertigprodukten. Popovics glaubte daher nicht an eine durchschlagende Wirkung eine Abwertung mit dem Effekt, dass ein solcher Schritt die Wirtschaft beleben und die Arbeitslosigkeit verringern würde.[57] Die Abwertung fand schließlich nicht statt, obwohl auch der neue Beauftragte des Völkerbundes in Budapest, Royall Tyler, für eine Devaluierung war. Einige ausländische Finanzexperten hielten ein Jahr später dieses Versäumnis für einen schweren Fehler. Wegen der schweren Krankheit von Popovics war die Ungarische Nationalbank zu diesem Zeitpunkt jedoch bereits beinahe ein Jahr lang zu fast vollständiger Handlungsunfähigkeit verdammt.[58]

Popovics galt schon in den 1930er Jahren als ein altmodischer Liberaler, der sich vehement gegen jede Form von staatlichen Interventionen aussprach, weil sie seiner Meinung schädlich waren und die Wirtschaft paralysierten. Zeitgenossen urteilten daher folgendermaßen über ihn: „Er war für das individualistische kapitalistische Wirtschaftssystem, für die Privatinitiative und für die persönliche Verantwortung."[59] Erstaunlich ist vor diesem Hintergrund jedoch, dass Popovics oft auf die Gefahren der Massendemokratie aufmerksam machte, wenn er auch die Sympathien in der ungarischen Regierung für das faschistische Regime in Italien missbilligte.[60]

In Ungarn war Popovics eine der bedeutendsten Persönlichkeiten der zwanziger und dreißiger Jahre, der über einen signifikanten Einfluss in Wirtschaft und Politik verfügte. Landesverweser Miklós Horthy ernannte ihn 1927 zum Mitglied des Oberhauses des ungarischen Parlamentes. Von 1926 an war er zudem Ehrenmitglied der Ungarischen Akademie der Wissenschaften. Er schrieb zahlreiche Artikel über finanzpolitische Fragen sowohl in einheimischen als auch in ausländischen Tageszeitungen und Zeitschriften. Zudem war er Mitarbeiter des Lexikons für Nationalökonomie und der Wirtschaftsenzyklopädie. Sein Buch über die Geldverhältnisse in der Habsburger Monarchie während des Ersten Weltkriegs wurde in mehreren Sprachen publiziert.[61] Popovics bekleidete zudem seit 1931 den Posten des Präsidenten der Kreditkommission in der Bank für In-

---

[57] BECA OV 33/12, Besprechungen mit Popovics in Zürich vom 15. Januar 1933

[58] BECA OV 33/16, Vermerke Niemeyers vor dem Treffen mit Imrédy vom 6. Juni 1935.

[59] Koranyi, Popovics, S. 458/59.

[60] BECA OV 33/14, Confidential note of conversation with the President of the National Bank of Hungary in Frankfurt on the 26 and 27th September 1928. Siehe auch Koranyi, Popovics, S. 461.

[61] Siehe Alexander Popovics, Das Geldwesen im Kriege, Wien und New Haven 1925. Vgl. auch ders. A penz sorsa.

ternationalen Zahlungsausgleich, was ihm die Möglichkeit verschaffte, mit den führenden Persönlichkeiten der ausländischen Zentralbanken neue Kontakte zu knüpfen. Die Wahl auf diesen Posten ist auch als Indiz für die internationale Wertschätzung zu interpretieren, die ihm in diesen Jahren entgegen gebracht wurde.[62]

VIII. Die letzten Monate

In seinen letzten Lebensjahren wurde Popovics immer häufiger kritisiert, sogar innerhalb der Ungarischen Nationalbank, wo man seine geldpolitischen Ansichten für veraltet hielt. Henry Bruce, der ab 1931 nach Budapest delegierte britische Berater der BIZ äußerte sich in seinen Briefen und Stellungnahmen mit Hochachtung über ihn, fand aber auch, dass Popovics der ehemaligen und untergegangenen „k.u.k.-Welt" angehöre. Nach der Meinung von Bruce war die Atmosphäre in der ungarischen Nationalbank selbst vom alten „k.u.k- Traditionalismus" durchdrungen. Wenn Popovics gut gelaunt war, erzählte er Bruce oft Anekdoten über den ehemaligen Monarchen Kaiser Franz Josef, den er nachhaltig schätzte.[63]

Ende 1933 wollte der bereits 71 Jahre alte Popovics aufgrund seines Lebensalters und seines geschwächten Gesundheitszustandes in den Ruhestand gehen.[64] Dies erregte jedoch in London und in Budapest Besorgnis, weil es keinen geeigneten Nachfolger mit einem derartigen gesamteuropäischen Horizont und einem derartigen „standing" in der Finanzwelt gab. Bruce war der Meinung, dass es ein Fehler von Popovics gewesen sei, sich nicht mehr um die jüngere Generation gekümmert und keinen würdigen Nachfolger bestimmt zu haben.[65] Im Frühjahr 1934 erkrankte Popovics schwer, blieb aber noch ein Jahr im Amt. Der an Wirbelsäulenkrebs leidende Popovics legte sein Amt erst am 7. Januar 1935 nieder. Einen Tag später übernahm der ungarische Finanzminister Béla Imrédy auch die Führung der Nationalbank. Popovics starb dagegen nach einem kurzen, aber

[62] Botos, Az önallo jegybank, S. 84-86.

[63] Die gemütliche k.u.k.-Atmosphäre änderte sich nach dem Abgang von Popovics offenbar nachhaltig, da sich das vormals gemütliche Arbeitstempodeutlich erhöhte. Bruce schrieb daher: „The change in the conduct of the daily conferences probably gives the measure of the different tempo which will prevail when the curtain goes up for the real show – no more sitting around in comfortable arm chairs from 1 to 2 with delightful, if not exactly constructive excursions by the old gentleman into all fields of science, art, literature, history and the scriptures. Now we start somewhere around 1.30 pm sitting around a table and finish in 15 minutes ti is less picturesque but more businesslike". BECA OV 33/52, Brief von Bruce an Siepmann vom 22. Oktober 1935.

[64] BECA OV 33/14, Brief von Bruce an Siepmann vom 6. Dezember 1933.

[65] BECA OV 33/52, Brief von Bruce an Siepmann vom 7. August 1934.

dennoch qualvollen Krankenlager am 15. April 1935.[66] Das Kondolenzschreiben Montagu Normans ist als Beweis sowohl für die Anerkennung seiner außergewöhnlichen Laufbahn und seiner Persönlichkeit zu werten, aber auch als Zeichen echter Verehrung im Namen aller derjenigen, die Alexander Popovics näher kennen lernen konnten.[67]

IX. Fazit

Alexander Popovics gehörte fraglos zu den herausragenden Persönlichkeit in Wirtschaft und Politik in Ungarn am Ende des 19., vor allem aber zu Beginn des 20. Jahrhunderts. Mehrere Jahrzehnte prägte er die Finanz- und Wirtschaftspolitik des Landes entscheidend. Auf seine Initiative gingen viele Reformen in der Finanzverwaltung und in der Währungspolitik zurück. Für den Aufbau und die Tätigkeit der Ungarischen Notenbank besaß er eine überragende Bedeutung. Zudem genoss er die Wertschätzung vieler ausländischer Fachkollegen und Finanzfachleute, die in ihm ebenfalls eine herausragende Persönlichkeit der europäischen Finanzwelt des frühen 20. Jahrhunderts sahen.
Wie bei einigen anderen Entscheidungsträgern aus Wirtschaft und Politik in dieser Zeit formten sich die Gedankenwelt und das politische Credo auch bei Popovics nachhaltig in der Zeit vor dem Ersten Weltkrieg. Sein politisches und wirtschaftliches Orientierungsmuster basierte auf Erfahrungen und Normen, die in dieser Zeit gültig waren und den Alltag in der alten Habsburger Monarchie prägten. Gerade dieser Art der Sozialisation führte auch bei Popovics zu einer Art von Trauma, als diese Welt mit dem Ende des Ersten Weltkriegs endgültig unterging.
Im Vergleich zu vielen anderen Persönlichkeiten in Wirtschaft und Politik in Österreich und in den Nachfolgestaaten schaute Popovics jedoch nicht zurück, sondern stellte sich den neuen Herausforderungen, ohne sein politisches und wirtschaftliches Credo jedoch aufzugeben. Dies wurde für ihn vielleicht in der Zeit der Weltwirtschaftskrise zu einem Verhängnis, als er sich von seinen alten

[66] BECA OV 33/53, Telegramm von Bruce nach London vom 15. April 1935; Brief von Bruce an Siepmann vom 16. April 1935.

[67] BECA OV 33/54, Brief Montagu Normans an Béla Imredy vom 17. April 1935. Hier hieß es: „This afternoon my thoughts are in Budapest. I cannot walk with you myself in the procession and there was no time to send somebody to represent me, or the Bank. But you must know that we here, and especially one or two of us, take silent part in today`s mourning. I was proud to number Dr. Popovics among my personal friends and to look up to him as the doyen of our profession. If he has set us an exemple, which we cannot expect to emulate, he has also bequeathed to us by his life and work as a source of inspiration on which we can continue to draw in the future. May I also add the respect and affection, which we both felt for him to

Grundüberzeugungen auch dann nicht trennen wollte, als sich die politischen und wirtschaftlichen Rahmenbedingungen bereits gravierend veränderten. Sicherlich kann man darüber spekulieren, ob nicht eine andere Finanz- und Währungspolitik in Ungarn während dieser Zeit die Krisenfolgen hätte lindern können. Die immense Nachhaltigkeit der Krise wurde jedoch auch von Finanzfachleuten in anderen europäischen Ländern unterschätzt und führte zur falschen Anwendung finanzpolitischer Instrumente. Ungarn war hier keine Ausnahme. Popovics für die Finanzpolitik des Landes in dieser Zeit allein verantwortlich zu machen und ihm mögliche Fehler anzulasten, scheint daher nicht angebracht zu sein. Sein Verdienst um die ungarischen Finanz- und Währungspolitik in einer turbulenten Zeit ist daher ungebrochen.

Summary

Alexander Popovics belongs certainly in the number of the most prominent bankers in Europe during the early 20th century. He was the driving force for many reforms in fiscal policy as well as for the establishment of the new Hungarian central bank, which he led as governor for more than a decade. He was responsible for the monetary policy of the young Hungarian state and for the solution of currency problems Budapest was faced with after the end of the inflation. His life, his work and his influence in international finance in early 20th century Europe therefore is without any doubt outstanding.

remain. I hope, a bond between us personally as well as between the National Bank of Hungary and the Bank of England will continue."

The enigmatic banker: Überlegungen zu einer Biographie über Hjalmar Schacht

Christopher Kopper

Obwohl es neben dutzenden Biographien über Hitler bereits nicht wenige gut geschriebene und inhaltlich erschöpfende Biographien über andere führende Nationalsozialisten gibt, hat die Biographik über die politische Elite des „Dritten Reiches“ weiterhin Konjunktur. Neben den methodisch anspruchsvollen Individual- und Kollektivbiographien über die Köpfe des nationalsozialistischen Terrorapparats[1] erschien erstaunlicherweise erst vor wenigen Monaten die erste wirklich umfassende Biographie des selbsternannten nationalsozialistischen Chefideologen, Kulturpolitikers und Ostpolitikers Alfred Rosenberg.[2]
So bemerkte der einflussreiche ZEIT-Redakteur Volker Ullrich im März 2005 in einem kurzen Kommentar, dass wirklich autoritative Biographien von Reinhard Heydrich und anderen führenden Nationalsozialisten noch fehlen. Ullrich und anderen Historikern ging es bei der Namhaftmachung dieses Desiderats weniger darum, die Lebensgeschichten der Haupttäter einzufordern, sondern über den biographischen Zugang einen allgemeinverständlichen Beitrag zum Verständnis des Terrorregimes und zu den Motiven und Handlungsbedingungen des nationalsozialistischen Führungspersonals zu leisten.
Biographisches Objekt, politische Herrschaftsverhältnisse und gesellschaftliche Strukturen sind nach den allgemein anerkannten Grundsetzen der modernen Biographik keine sich ausschließenden Gegensätze, sondern Komplementäre. Über eine narrativ veranschaulichte und analytisch tragfähige Darstellung der Persönlichkeit(en) erschließt sich im Idealfall ein klares Verständnis von Teilaspekten der nationalsozialistischen Herrschaft, die in der monumentalen Hitler-Biographie von Ian Kershaw sogar zu einem Gesamtverständnis des Nationalsozialismus beitragen konnte.[3]
Volker Ullrichs Feststellung über die biographischen Desiderate der Forschung bestätigt sich unter anderem auch in der Person Hjalmar Schachts. Obwohl es nicht wenige zum Teil weit verbreitete Schacht-Biographien gibt, werden die Defizite der bisherigen Biographik schnell offenbar. Heinz Pentzlins Darstellung von 1980 ist nicht nur aufgrund des biographischen Hintergrundes des Verfassers – als ehemaliger Beamter des Reichswirtschaftsministeriums – zu wenig

[1] Ulrich Herbert, Best. Biographische Studien über Radikalismus, Weltanschauung und Vernunft 1903-1989, Bonn 1996; Michael Wildt, Generation des Unbedingten, Hamburg 2002
[2] Ernst Piper, Alfred Rosenberg. Hitlers Chefideologe, Köln 2005
[3] Ian Kershaw, Hitler, Bd. 1, 1889-1936, Bd. 2, 1936-1945, Deutsche Ausgabe Stuttgart 2000.

distanziert, sondern trägt erkennbar apologetische Züge.[4] Die 1997 veröffentlichte Biographie des amerikanischen Historikers John Weitz bemüht sich um eine nüchterne und abgewogene Bewertung,[5] leidet aber unter der sehr unvollständigen Basis an ungedruckten und gedruckten Quellen. Auch der Wert der zuletzt (2001) erschienenen Schacht-Biographie des belgischen Finanzanalysten André Wilmots wird durch den unzureichenden Quellenbezug gemindert.[6] Eine so facettenreiche und widersprüchliche Persönlichkeit wie Hjalmar Schacht war und ist zweifellos ein dankbares Objekt für Biographen. Da seine diskontinuierliche Karriere als Reichsbankpräsident Ende 1923 begann und acht Monate vor Kriegsbeginn endete, liegt es nahe, seine Lebensgeschichte als eine biographische Klammer für die Finanzgeschichte der Zwischenkriegszeit zu benutzen.

War Schacht der „opportunistische Weltgänger“, wie ihn der Bonner Historiker Joachim Scholtyseck 1998 in einer knappen, aber komprimierten und thesenreichen Miszelle charakterisierte?[7] Kann Schacht wegen seiner herausragenden Rolle als Notenbankpolitiker der Weimarer Demokratie und der nationalsozialistischen Diktatur als „ein Talleyrand des 20. Jahrhunderts“ gesehen werden? Scholtyseck führt diese Deutungsfigur in die historische Debatte ein, ohne sich eindeutig mit ihr zu identifizieren oder sie kritisch in Frage zu stellen.

Der Vergleich mit einem der bedeutendsten Diplomaten des 19. Jahrhunderts hätte dem eitlen und sehr von sich eingenommenen Hjalmar Schacht zweifellos gefallen. Charles Maurice de Talleyrand diente als Mitglied der französischen Nationalversammlung nacheinander der konstitutionellen Monarchie und der Republik, emigrierte während der Herrschaft der Jakobiner und kehrte als Außenminister von Napoleon Bonaparte nach Frankreich zurück. Während er sich während Napoleons Herrschaft um eine gemäßigtere Außenpolitik bemühte, diente er Louis XVIII. als Außenminister auf dem Wiener Kongress. Talleyrand gelang es nicht nur, mit den Mitteln geschickter Diplomatie die Position Frankreichs als europäischer Großmacht zu behaupten. Er war einer der Schöpfer der stabilen Mächteordnung nach Napoleon, die für Jahrzehnte den äußeren Frieden in Europa sichern sollte.

Schon ein oberflächlicher Blick auf Schacht und Talleyrand zeigt deutlich, dass ein solcher Vergleich dem Reichsbankpräsidenten unverdient geschmeichelt hätte. Im März 1930 verweigerte Schacht der letzten parlamentarischen Mehrheits-

[4] Heinz Pentzlin, Hjalmar Schacht. Leben und Wirken einer umstrittenen Persönlichkeit, Frankfurt/M. 1980

[5] John Weitz, Hitler's Banker. Hjalmar Horace Greeley Schacht, Boston 1997 (deutsch 1997)

[6] André Wilmots, Hjalmar Schacht (1877-1970). Grand argentier d' Hitler, Brüssel 2001

[7] Joachim Scholtyseck, Hjalmar Schacht: Opportunistischer Weltgänger zwischen Nationalsozialismus und Widerstand – anstelle einer Rezension, in: Bankhistorisches Archiv 15 (1998), S. 38-46

regierung der Weimarer Republik unter Reichskanzler Hermann Müller (SPD) die Loyalität. Schacht trat von seinem Amt zurück, obwohl er die fragile Koalition aus Sozialdemokraten, Liberalen, dem Zentrum und der gemäßigt konservativen DVP in einer finanzpolitischen Streitfrage erfolgreich unter Druck gesetzt und dabei seine Amtsbefugnisse sehr extensiv ausgelegt hatte. Während Talleyrand solange politische Verantwortung für die Republik trug, bis er selbst in Gefahr geriet, suchte Schacht einen Vorwand, um sich von der Ratifizierung der von ihm selbst ausgehandelten Reparationsregelung zu distanzieren. Schacht glaubte noch 1938, dass er Hitlers Aufrüstungspolitik mäßigen könne, als sich Hitler bereits für eine unbedingten Kriegskurs entschieden hatte. Von 1934 bis 1938 stellte Schacht dem Regime die kreditpolitischen Instrumente zur Verfügung, mit denen die Aufrüstung der Wehrmacht bis zur begrenzten Kriegsfähigkeit möglich wurde. Und ebenso wie die hitlerkritischen Generäle der Wehrmacht schreckte er vor dem letzten konsequenten Schritt zurück, Hitler auf dem Höhepunkt der „Sudetenkrise" im September 1938 die Gefolgschaft zu versagen.[8]

Für die Analogie eines „Talleyrand der Währungspolitik" spricht lediglich, dass er zwei völlig unterschiedlichen Systemen als Währungspolitiker und Finanzdiplomat gedient hatte. Doch im Unterschied zu Talleyrand konnte Schacht nicht nur uneigennützige und lautere patriotische Motive für sein Handeln in Anspruch nehmen. Als Schacht im Dezember 1929 die Reparationsregelungen des Young-Plans in einer öffentlichen Erklärung kritisierte, schwächte er aus eigenem Machtinteresse die innenpolitische und außenpolitische Autorität der Reichsregierung. Im Juli 1931 lehnte er Brünings Angebot ab, ihn zum Reichskommissar für die Reorganisation des deutschen Bankwesens und für die damit zusammenhängende organisatorische und personelle Neuausrichtung der Dresdner Bank und der Darmstädter- und Nationalbank (Danat-Bank) zu ernennen. Schacht weigerte sich, die ebenso verantwortungsvolle wie schwierige Aufgabe der Großbankensanierung zu übernehmen.[9]

Es gab für Schacht nachvollziehbare Gründe, ein solches Amt nicht anzunehmen. Aufgrund der unklaren Entscheidungskompetenzen dieses Amtes wären Konflikte mit dem Reichsbankpräsidenten Hans Luther unausweichlich gewe-

[8] Zur Sudetenkrise 1938: Volker Zimmermann, Die Sudetendeutschen im NS-Staat. Politik und Stimmung der Bevölkerung im Reichsgau Sudetenland 1938-1945, Essen 199, vor allem S. 51-90.; Keith Robbins, München 1938. Zur Krise der Politik des Gleichgewichts, Gütersloh 1969; Ronald M. Smelser, Das Sudetenproblem und das Dritte Reich 1933-1938, München u. Wien 1980. Zur politischen und wirtschaftlichen Vorgeschichte der Sudetenkrise siehe Alice Teichova, An Economic Background to Munich. International Business and Czechoslovakia, Cambridge 1974.

[9] Zur Bankenkrise und Bankensanierung 1931: Karl Erich Born, Die deutsche Bankenkrise 1931. Finanzen und Politik, München 1967.

sen. Gesinnungsethisch konnte sich Schacht auf die Tatsache berufen, dass er selbst in seiner Amtszeit immer wieder - und letztlich vergeblich - vor einer zu hohen Abhängigkeit des deutschen Kreditwesens von ausländischen Geldanlegern gewarnt hatte. Die Nonchalance der Bankiers, der privaten und der öffentlichen Kreditnehmer gegenüber einer zu hohen Auslandsverschuldung hatte die Krisenanfälligkeit des deutschen Kreditwesens zwar verschärft, die Bankenkrise aber nicht ursächlich herbeigeführt. Hierfür waren zunächst institutionell-strukturelle Defizite des deutschen Kreditwesens wie die unzureichende Bankenaufsicht des Reiches verantwortlich. Die existenzgefährdende Schieflage der Danat-Bank und der Dresdner Bank wäre von einer funktionierenden Bankenaufsicht noch rechtzeitig vor der drohenden Illiquidität entdeckt worden. Auch der subjektive Faktor spielte wegen des Zögerns des Reichsbankpräsidenten Luther, der im Juni 1931 nicht energisch in die Geschäftspolitik der Banken eingriff, eine wichtige Rolle. Die dramatische Vertrauenskrise der inländischen und ausländischen Anleger gegenüber dem deutsche Bankenwesen hätte durch das rechtzeitige Eingreifen der Reichsbank noch soweit gemildert werden können, dass es nicht zwangsläufig zu der dramatischen Zuspitzung im Juli 1931 kommen musste. Verantwortungsethisch ließ sich Schachts kategorische Ablehnung nur mit Mühe rechtfertigen.[10]

Mit seinem öffentlichen Auftreten auf dem „Harzburger Treffen“ der radikalen antirepublikanischen Rechten kündigte Schacht öffentlich der Republik seine Loyalität. Seine Behauptung, dass die Reichsbank immer mehr unechte Finanzwechsel in ihrem Portfolio halte, war sachlich nicht falsch, aber außerordentlich illoyal und unfair. Die Diskontierung von Finanzwechseln, welche die Großbanken und Landesbanken auf die Akzept- und Garantiebank zogen, war der einzige Weg, die faktisch illiquiden Institute vor der Zahlungseinstellung zu bewahren.

War Schacht der Mann, der den Nationalsozialisten das Entrée in die deutsche Wirtschaftselite verschaffte?[11] Die umfangreiche Korrespondenz zwischen Schacht und seinem Freund Paul Reusch, dem einflussreichen Vorsitzenden der Ruhrlade, beweist eher das Gegenteil.[12] Paul Reusch und eine starke Mehrheit der politisch ebenso aktiven wie einflussreichen Schwerindustriellen waren gegenüber einem Kanzler Hitler bis zum Januar 1933 skeptisch eingestellt. Sie setzten stattdessen auf das Konzept, die Nationalsozialisten als Juniorpartner in einer wirtschaftsnahen Koalitionsregierung unter Führung Franz von Papens einzubinden. Schachts Bemühungen, seinen Freund Reusch von der Notwendigkeit einer Kanzlerschaft Hitlers zu überzeugen, fruchteten nicht.

[10] Vgl. auch Born, Bankenkrise, S. 64-89.
[11] Scholtyseck, Schacht, S. 39
[12] Die Korrespondenz zwischen Schacht und Reusch ist im RWWA Köln, Bestand 130, Nachlass Paul Reusch, erhalten geblieben

Die erstaunlichen Wenden, Volten und Wandlungen in Schachts politischem Handeln legen es nahe, ihn mit einem Chamäleon zu vergleichen, dass situativ seine Farbe (seine Überzeugungen), nicht aber seine Substanz (seine Persönlichkeit) wechseln kann. Seine Haltung in währungspolitischen Grundsatzfragen soll als Test dienen, um seine Wandlungsfähigkeit – um es neutral zu formulieren – zu analysieren. In seiner ersten Amtszeit als Reichsbankpräsident von 1923 bis 1930 war Schacht ein absolut entschiedener Verfechter des internationalen Goldstandards und der Golddeckung der Währung, der die neuen Theorien der nominalistischen Schule über eine flexiblere Notendeckung (Papierdeckung) grundsätzlich ablehnte. 1901 begann Schacht seine berufliche Karriere als Mitarbeiter des Handelsvertragsvereins, der sich für eine weltweite Freihandelsordnung auf der Basis langfristiger Handelsverträge einsetzte.
Schachts Politik als Reichsbankpräsident und Reichswirtschaftsminister des „Dritten Reiches“ scheint den Vergleich mit einem Chamäleon auf den ersten Blick zu bestätigen. Unter seiner Ägide kehrte die Reichsbank nie wieder zur Golddeckung zurück, die sie auf dem Höhepunkt der Bankenkrise im Juli 1931 verlassen musste. Nicht einmal zwei Monate nach seiner Ernennung zum Geschäftsführenden Reichswirtschaftsminister im September 1934 begann er, die Handelspolitik des „Neuen Plans“ zu implementieren. Mit dem Mechanismus der bilateralen Zahlungsverrechnung, der Kontingentierung von Import- und Exportgütern und der bürokratischen Überwachung von Ein- und Ausfuhren stellte der „Neue Plan“ die stärkste Antithese zu einer freihändlerischen Verkehrswirtschaft dar, die in einer privatwirtschaftlichen Eigentumsordnung mit dezentraler Güterallokation überhaupt denkbar war. Schacht zog damit auch die Konsequenzen aus der gescheiterten Neuordnung des Welthandels in der Londoner Weltwirtschaftskonferenz, als sich die großen Handelsnationen nicht auf die generelle Wiedereinführung der Meistbegünstigungsklausel und den Abbau tarifärer und nichttarifärer Handelshemmnisse einigen konnten. Die Goldbindung der Reichsmark war zu diesem Zeitpunkt nur noch eine Fassade, die durch Disagiogeschäfte mit Reichsanleihen im Ausland und durch die Subventionierung von Exporten ad absurdum geführt wurde.[13]
Schacht verteidigte die durch ihn implementierte Handelsordnung des „Neuen Plans“ in seinen Reden für die breitere Öffentlichkeit vehement. In seinen Vorträgen im kleineren Kreise von Unternehmern ließ er jedoch keinen Zweifel, dass er den „Neuen Plan“ für einen Notbehelf und „etwas ganz Schreckliches“ hielt.[14] Obwohl das System der bilateralen Handels- und Clearingverträge als

[13] Michael Ebi, Export um jeden Preis. Die deutsche Exportförderung von 1932-1938, Stuttgart 2004

[14] Rede Schachts vor thüringischen Unternehmern am 29. Oktober 1934 in Weimar, in: Hjalmar Schacht, Weimarer Rede über Außenhandelsfragen, Berlin 1934

„System Schacht" in die Geschichtsbücher Eingang fand, sollte sich Schacht mit der nach ihm benannten Handelsordnung nie wirklich identifizieren können. Sein striktes Festhalten an der Goldparität der Reichsmark diente nicht allein dem Zweck, die Aufwertungsgewinne gegenüber dem britischen Pfund und dem Dollar für eine Reduzierung der deutschen Auslandsschulden zu nutzen. Disagiogeschäfte mit Reichsanleihen in Dollar- oder Pfundwährung wären wegen des niedrigen Kurses der deutschen Anleihen im Ausland auch bei einer gleichgewichtigen Abwertung der Reichsmark möglich gewesen. Das Argument, dass das Deutsche Reich seine Auslandsschulden bei einer Abwertung nicht mehr bedienen könnte, war nach der weitgehenden Einstellung des Zinsen- und Tilgungstransfers 1934 ohnehin gegenstandslos. Doch erst im September 1936, nach der Lösung der letzten europäischen Staaten vom Goldstandard, zog Schacht eine Abkehr vom Goldstandard ernsthaft in Betracht. Sein Festhalten am Goldkurs hatte für ihn nicht nur eine symbolische, sondern auch eine prinzipielle Bedeutung, die den Vergleich mit einem Chamäleon in einem neuen Licht erscheinen lässt.[15]

Am eindrücklichsten zeigt sich die Kontinuität von Schachts wirtschaftspolitischem Denken auf dem Feld der Kolonialpolitik. Schacht hielt bis 1945 an der liberalen Spielart des deutschen Kolonialismus in der wilhelminischen Ära fest. Seiner Anhängerschaft zu Friedrich Naumann und seiner politischen Rechtswende zum Trotz übernahm er nie die Kategorien des völkischen Kontinentalimperialismus. Noch 1936 und 1937 versuchte er auf eigene Faust, eine kolonialistische Nebenaußenpolitik zu betreiben, die aus der Interessenlage Hitlers und Ribbentropps lediglich als ein Ablenkungsmanöver gegenüber den wirklichen Interessen ihrer Politik dienen sollte.

Auch seine Abkehr von der klassischen ökonomischen Theorie und seine Hinwendung zu einer expansiven Geldpolitik bedeutete nicht, dass er zum Anhänger einer nachfrageorientierten Konjunkturpolitik konvertiert war. Die Kreditausweitung durch die Rediskontierung formell kurzfristiger, de facto jedoch langfristiger Arbeitsbeschaffungswechsel war 1933 und auch noch 1934 ein temporärer Schritt aus Opportunitätsgründen, den bereits sein Vorgänger Hans Luther eingeleitet hatte. Angesichts seiner zinspolitischen und kapitalmarktpolitischen Generalvollmachten gegenüber dem Bankensektor verfügte Schacht über eine bislang unerreichte Kontrollgewalt über die Kreditschöpfung und über die Allokation des Kapitals. Der institutionelle Rahmen der nationalsozialistischen Wirtschaftspolitik, zu dem vor allem die Ausschaltung der freien Lohnbildung durch die „Treuhänder der Arbeit" gehörte, schien ihm eine sichere Gewähr für eine Kreditausweitung ohne Inflationsgefahren zu bieten. Sein größ-

[15] Christopher Kopper, Zwischen Marktwirtschaft und Dirigismus. Bankenpolitik im „Dritten Reich" 1933-1939, Bonn 1995, S. 126-154.

ter Fehler war, Hitler für einen Kanzler zu halten, der für finanzpolitische und geldpolitische Sachzwänge Verständnis besaß. Erst mit der Verkündung des Vierjahresplans merkte der Technokrat Schacht, dass er sich in die Hände eines extremen Dezisionisten begeben hatte, der seinen kreditpolitischen Berater für einen lästigen Bedenkenträger hielt.[16]

Nicht nur wegen seiner Liebedienerei gegenüber Hitler erscheint es zunächst schlüssig, der weit verbreiteten Charakterisierung Schachts als eines politischen Opportunisten zu folgen. Sein Eintritt in die DDP unmittelbar nach der Novemberrevolution 1918 und seine Trennung von der DDP im Jahre 1926 legen diese Vermutung nahe. Vor allem sein Verhalten gegenüber der Regierung Hermann Müller bestätigt die These, dass er den Rechtsruck der deutschen Wirtschaftselite geflissentlich nachvollzog und sich frühzeitig den stärkeren Bataillonen der nationalen Rechten zuwandte. Doch das Motiv des politischen Opportunismus reicht nicht aus, um seinen Rücktritt im März 1930 erklären zu können. Schacht gab sein Amt auf, als er den Zenit seiner Macht erreicht und die Finanzpolitik des Reiches erfolgreich unter Druck gesetzt hatte. Auch wenn sich Schacht in der Reparationspolitik nicht durchsetzen konnte, hatte er das Kabinett Müller in finanzpolitischen Fragen im Griff.

Schachts Rücktritt als konsequent opportunistische Handlung zu deuten impliziert, ihm ex post eine fast hellseherische Prognosefähigkeit zu attestieren. Mit seinem Verhalten während des Konflikts um den Young-Plan hatte er seine charakterliche Reputation unter den Mitgliedern des Reichsbank-Generalrates so sehr beschädigt, dass selbst nach Luthers Versagen in der Bankenkrise nur wenige Stimmen im Generalrat und in der deutschen Bankenelite nach seiner Rückkehr in die Reichsbank riefen.

Als Schacht am Ende des Jahres 1938 die berühmte Januar-Denkschrift des Reichsbank-Direktoriums an Hitler initiierte, handelte er aus wirklicher Furcht vor den geldpolitischen Konsequenzen der nationalsozialistischen Aufrüstungspolitik, aber nicht aus Opportunismus. Schon vor seiner Entlassung als Reichsbankpräsident gerierte sich Schacht in den Kreisen der konservativen Opposition als „His Majesty's opposition", wie ihn der Diplomat Ulrich von Hassell treffend charakterisierte.[17] Auch nach dem Januar 1939 behielt er seine ambivalente Haltung fort, Hitlers und Görings Politik zu kritisieren, ohne sich ganz von Hitler zu lösen. Seine typische Ambivalenz, seine Uneindeutigkeit und sein Bewusstsein der eigenen Unentbehrlichkeit drückten sich unter anderem darin aus, dass er seine Ernennung zum „Reichsminister ohne Geschäftsbereich" nicht ablehnte und dieses völlig einflusslose Ehrenamt auch nach dem Kriegsbeginn ge-

[16] Zur Funktionsweise der Vierjahresplan-Behörde und ihre Bedeutung für die NS-Wirtschaftspolitik fehlt immer noch eine detaillierte Studie.

[17] Ulrich von Hassell, Die Hassell-Tagebücher 1938-1944, Berlin 1988

gen Großbritannien nicht aufgab. Erst im Februar 1943 provozierte er seine Entlassung durch Hitler mit einem kritischen Brief über die totale Mobilmachung, den er nur aufgrund eines rein zufälligen Anlasses geschrieben hatte.

Die Deutung Schachts als „Zauberer“ wurde mitnichten von ihm selbst, sondern von dem Exilautor Kurt Baer (alias Norbert Mühlen)[18] verbreitet. Im Titel seiner 1938 erschienen Schacht-Biographie griff Baer die populäre zeitgenössische Mythisierung Schachts durch deutsche Journalisten auf, ohne sie schon in der Überschrift durch Anführungszeichen in Frage zu stellen. Betrachtet man das Lebenswerk Schacht ein wenig näher, so gerät die von ihm selbst geschätzte, wenn auch nicht aktiv betriebene Selbststilisierung als währungspolitischer Zauberer ins Wanken. So ließ sich Schacht im Reichstagswahlkampf 1924 von seiner damaligen Partei, der liberalen DDP, als Retter der Währung und Vater der Rentenmark feiern, ohne dass er selbst das Urheberrecht für das Konzept der Rentenmark beanspruchen konnte und wollte.[19]

Die Idee, die Deckung der Währung auf eine andere Basis als das Gold zu stellen, stammte ursprünglich von seinem deutschnationalen Konkurrenten Karl Helfferich, der mit ihm um das Amt des Reichsbankpräsidenten konkurrierte. Die aufeinander folgenden Finanzminister Rudolf Hilferding und Hans Luther stellten Helfferichs Konzept einer „Roggenmark“ durch ihre Idee einer Währungsdeckung durch die Erträge des deutschen Grundbesitzes – der Rentenmark – gewissermaßen auf die Füße und entzogen die Deckung der Währung damit jedem spekulativen Einfluss, der ihre Akzeptanz gefährdet hätte. Als neu ernannter Reichsbankpräsident trug Schacht die Verantwortung für die erfolgreiche Einführung der Rentenmark, ohne dass er selbst das Konzept der neuen Übergangswährung erfunden hätte.[20]

Schachts zeitgenössische Biographen und die Historiographie des „Dritten Reiches“ bauten den Mythos auf, dass nur Schachts finanzpolitische Brillanz die geräuschlose und scheinbar inflationsfreie Aufrüstung des Deutschen Reiches ermöglicht habe. Zweifellos hätte das Deutsche Reich ohne Schachts Mut zu einer unorthodoxen und unsichtbaren Form der Geldschöpfung von 1935 bis 1938 nur einen kleineren Teil seiner Rüstungsausgaben finanzieren können. Die erfolgreiche monetäre Absicherung der deutschen Aufrüstung bis zum Stadium der begrenzten Kriegsfähigkeit lässt sich ohne Schachts Handeln schlechterdings

---

[18] Norbert Mühlen, Der Zauberer. Leben und Anleihen des Dr. Hjalmar Horace Greeley Schacht, Zürich 1938

[19] Siehe dazu auch seine Selbstheroisierung in Hjalmar Schacht, Die Stabilisierung der Mark, Berlin u. Leipzig 1928.

[20] Claus-Dieter Krohn, Helfferich contra Hilferding. Konservative Geldpolitik und die sozialen Folgen der Inflation, in: Vierteljahreshefte für Sozial- und Wirtschaftsgeschichte, 62. Jg. 1975, S. 88-91; John G. Williamson, Karl Helfferich 1872-1924, Economist, Financier, Politician, Princeton 1971, S. 383-393.

nicht erklären. Doch Schachts ingeniöses Konzept der MeFo-Wechsel war in finanzierungstechnischer Hinsicht nur eine Kopie des Konzeptes, mit dem die Reichsbank bereits unter der Leitung seines Vorgängers Hans Luther in sehr viel beschränktem Maße die Arbeitsbeschaffungspolitik der Regierungen von Papen und von Schleicher finanziert hatte. Bei der geräuschlosen Finanzierung der Aufrüstung an den Kapitalmärkten vorbei konnte sich Schacht auf ein Konzept verlassen, das sich bereits unter der Leitung seines Vorgängers bewährt hatte und in den ersten 18 Monaten von Schachts Amtszeit lediglich quantitativ ausgeweitet wurde.

Herausforderungen und Perspektiven der modernen Sparkassengeschichte[1]

Harald Wixforth

Unbestritten ist, dass die Sparkassenorganisation und einzelne Sparkassen in fast allen Ländern Mitteleuropas zu den wichtigen und unverzichtbaren Säulen der modernen Kreditwirtschaft zählen.[2] Fest steht auch, dass ihre Bedeutung auf den Finanzmärkten bis in die Gegenwart hinein kontinuierlich zugenommen hat. Von Instituten, die in den ersten Dekaden des 20. Jahrhunderts noch eher dem traditionellen Sparkassengeschäft verhaftet waren, die in den 1920er Jahren vielfach einen Modernisierungs- und Innovationsschub durchliefen, über das politisch bevorzugte Segment der Kreditwirtschaft in den Ländern Mitteleuropas, die unter die Herrschaft des nationalsozialistischen Regimes gerieten, verwandelten sich die Sparkassen nach dem Ende des Zweiten Weltkriegs in verschiedenen Entwicklungsschritten zu modernen Finanzdienstleistern mit einer weitreichenden Angebotspalette. Heute sind die meisten großen Sparkassen zu Universalkreditinstituten herangereift und rangieren in einigen Ländern Mitteleuropas in der Rangliste der größten Kreditinstitute auf den vorderen Plätzen. Einen Ausdruck dieser Entwicklung mag man darin sehen, dass in Österreich eine ehemalige Sparkasse, die Zentralsparkasse, nach diversen politisch motivierten und initiierten Fusionen in der Gestalt der Bank Austria zur größten Bank des

---

[1] Diese Ausführungen konzentrieren sich im wesentlichen auf die Sparkassenentwicklung und die Sparkassengeschichte in Deutschland und basieren auf einem Vortrag, der am 18. Februar 2005 auf einem Sparkassenhistorischen Symposium bei der Wissenschaftsförderung der Sparkassen-Finanzgruppe in Bonn gehalten wurde. Die Entwicklung in anderen Ländern Mitteleuropas wird nur vergleichend thematisiert. Sollten hier Unterschiede existieren, so wäre es wünschenswert, diese in folgenden Beiträgen des Diskussionsforums vorzustellen.

[2] Einen Überblick über die Expansion der Sparkassen-Finanzgruppe in Deutschland bieten Günter Ashauer, Von der Ersparungscasse zur Sparkassen-Finanzgruppe. Die deutsche Sparkassenorganisation in Geschichte und Gegenwart, Stuttgart 1991. Als generelle Überblicksdarstellung für Deutschland: Jürgen Mura, Entwicklungslinien der deutschen Sparkassengeschichte, Bd. 1, Stuttgart 1994; Bd. 2, Stuttgart 1995. Zentral für das 19. Jahrhundert: Josef Wysocki, Untersuchungen zur Wirtschafts- und Sozialgeschichte der deutschen Sparkassen im 19. Jahrhundert, Stuttgart 1980. Einen guten Überblick über die Sparkassenentwicklung in Deutschland während des 20. Jahrhundert bieten: Hans Pohl, Bernd Rudolph u. Günther Schulz, Wirtschafts- und Sozialgeschichte der deutschen Sparkassen im 20. Jahrhundert, Stuttgart 2005.

Landes mutierte. Es bleibt abzuwarten, ob sich in anderen Ländern Mitteleuropas ein ähnlicher Prozess wiederholt.[3]
Die einzelnen Etappen dieses Prozesses zu durchleuchten, aber auch nach den Ursachen und Hintergründen sowie nach den Wechselwirkungen mit anderen gesellschaftlichen Entwicklungen zu fragen, muss das Anliegen einer ambitionierten Sparkassengeschichtsschreibung sein. Nicht zu bestreiten ist, dass in der jüngsten Vergangenheit durch die Initiative der Institutionen und Foren, in denen Sparkassengeschichte betrieben wird,[4] Fortschritte erzielt und anspruchsvolle Arbeiten zur Sparkassenentwicklung publiziert wurden. Es erschienen quellenfundierte und wissenschaftlichen Ansprüchen genügende Darstellungen zur Geschichte einzelner Sparkassen, aber auch Studien über die Tätigkeit der Verbände und über die wichtigen Exponenten der Sparkassenorganisation.[5] Zudem behandeln einige Beiträge in Tagungsbänden verschiedene Aspekte der Sparkassengeschichte vergleichend und unter Anwendung von Fragestellungen aus der modernen Wirtschafts- und Sozialgeschichte.[6]
Dennoch: Verglichen mit der bankhistorischen Forschung hat die Sparkassengeschichte noch nicht den Platz in der Wissenschaftslandschaft erreicht, der ihr eigentlich zusteht. Dies mag daran liegen, dass die bankhistorische Forschung in Deutschland in den letzten Jahren einen „Boom“ erlebte, da sich deutsche, aber auch österreichische Großbanken durch Druck von außen gezwungen sahen, ihre Vergangenheit und Geschichte während des Nationalsozialismus aufzuarbeiten.

---

[3] Zur Bank Austria siehe Johann Hock, Bank Austria, Die Schaffung einer neuen Unternehmenskultur aus zwei historisch unterschiedlichen Entwicklungen, in: Alois Mosser (Hg.), Corporate Identity und Geschichtsbewusstsein. Veröffentlichungen der österreichischen Gesellschaft für Unternehmensgeschichte, Bd. 16, Wien 1994, S. 23-27.Auf die Eigentümerwechsel bei der Bank Austria kann an dieser Stelle nicht genauer eingegangen werden.

[4] In Deutschland ist dies vor allem die Wissenschaftsförderung der Sparkassenorganisation mit ihrem Arbeitskreis zur Sparkassengeschichte sowie der Bayerische Sparkassen- und Giroverband, der eigene Symposien zur Sparkassengeschichte durchführt, deren Ergebnisse vor allem in der Zeitschrift für Bayerische Sparkassengeschichte publiziert werden. Zur Positionsbestimmung der Sparkassenhistoriographie in der Geschichtswissenschaft: Günther Schulz, Sparkassen in der Geschichte, in: Bankhistorisches Archiv, 31. Jg., 1/2005, S. 56-58.

[5] Zum Beispiel: Hans Pohl, Die Rheinischen Sparkassen. Entwicklung und Bedeutung für Wirtschaft und Gesellschaft von den Anfängen bis 1990, Stuttgart 2001; Werner Abelshauser, „Zur Vorbeugung der Armut.“ Der Kreis Herford im Spiegel seiner Sparkasse 1846-1996, Stuttgart 1996; Harald Wixforth, Bielefeld und seine Sparkassen. 175 Jahre Sparkasse in Bielefeld, Stuttgart 2000; Karl Heinrich Kaufhold (Hg.), 1801 bis 2001. 200 Jahre Sparkasse Göttigen. Älteste deutsche kommunale Sparkasse, Stuttgart 2001; aber auch Barbara Hillen, Der Sparkassenreformer und sächsische Mittelstandspolitiker Johann Christian Eberle (1869-1937), Beucha 2004.

[6] Siehe zum Beispiel: Manfred Pix u. Hans Pohl (Hg.), Invention, Innovation und Diffusion. Die Entwicklung des Spar- und Sparkassengedankens in Europa, München u. Stuttgart 1992; Wissenschaftsförderung der Sparkassenorganisation Bonn e. V. (Hg.), Europäische Sparkassengeschichte, Stuttgart 1995.

Hierdurch wurde viel Expertise und Forschungskapazität gebündelt, hier wurden viele Mittel investiert und unsere Kenntnis über die Rolle der Banken im Wirtschaftssystem des Nationalsozialismus dadurch beträchtliche erweitert.[7] Andererseits herrscht unter den Autoren, die sich mit sparkassenhistorischen Themen beschäftigen, nicht immer Klarheit darüber, welche Chancen die Sparkassengeschichte bietet und wie dieses Genre zu definieren ist. Die Sparkassenhistoriographie kann sich nicht allein auf Überblicksdarstellungen oder die Anfertigung von reich bebilderten Monographien anlässlich eines Sparkassenjubiläums beschränken. Vielfach scheitern ambitionierte Projekte jedoch an einem unzureichenden Quellenfundus oder am Untersuchungsobjekt an sich, der Sparkasse, die aufgrund ihrer ausschließlich lokalen Bedeutung und der daraus resultierenden begrenzten Strahlkraft auf den Finanzmärkten für eine Reihe von Forschern nur ein wenig verlockendes Terrain für eingehende Untersuchungen zu bieten schien. Gerade die Vernetzung einzelner Sparkassen in die sozioökonomischen Strukturen ihrer Tätigkeit sowie deren Veränderung bietet jedoch häufig ein spannendes Forschungsfeld. Eine zukunftsweisende und ambitionierte Sparkassengeschichte beinhaltet daher nicht nur Chancen für die Analyse von Veränderungsprozessen auf den Finanzmärkten, sondern in der gesamten Gesellschaft. Die Geschichte einer Sparkasse ist auch als Gesellschaftsgeschichte auf der Mikro-Ebene zu schreiben. Diese Chance ist zu nutzen. Die Bedeutung der Sparkassen in den meisten Finanzsystemen Mitteleuropas ist zu wichtig, um eine solche Gelegenheit verstreichen zu lassen.[8]

---

[7] Siehe dazu die verschiedenen, von den Historikerkommissionen einzelner Großbanken publizierten Arbeiten: Harold James, Die Deutsche Bank und die „Arisierung", München 2001; ders., Die Deutsche Bank im „Dritten Reich", München 2003; Ludolf Hebst u. Thomas Weihe (Hg.), Die Commerzbank und die Juden, München 2004; Klaus-Dietmar Henke (Hg.), Die Dresdner Bank im „Dritten Reich", München 2006 (4 Teilbände); Gerald D. Feldman, Oliver Rathkolb, Theodor Venus u. Ulrike Zimmerl, Österreichische Banken und Sparkassen im Nationalsozialismus und in der Nachkriegszeit, München 2006.

[8] Schulz, Sparkassen in der Geschichte, S. 56/57; Josef Wysocki, Die Sparkassengeschichte und die wirtschafts- und sozialhistorische Forschung. Skizze einer wechselseitigen Beziehung, in: Vorträge zur Sparkassengeschichte, hg. von der Gesellschaft für westfälische Wirtschaftsgeschichte e. V., Heft 30, Dortmund 1994, S. 11-30; Manfred Pix, Zur Einführung. Aufbruch zur modernen Sparkassenhistoriographie, in: ders. (Hg.), Sparen - Investieren - Finanzieren. Gedenkschrift für Josef Wysocki, Stuttgart 1997, S. 10/11. Eine Zusammenfassung des Forschungsstandes präsentieren: Winfried Feldenkirchen u. Ingo Krüger (Hg.), Standortbestimmung Sparkassengeschichte. Festschrift für Manfred Pix, Stuttgart 2000.

Was ist Sparkassengeschichte?

Sparkassengeschichte wurde und wird bis heute auf vielfältige Art betrieben. Grob verallgemeinert lässt sich Sparkassengeschichte auf drei Arten schreiben:

1. Die Geschichte eines einzelnen Instituts in seiner historischen Entwicklung
2. eine kombinierte Instituts- sowie Wirtschafts- und Sozialgeschichte einer Stadt oder einer Region
3. eine Organisations- und Institutionengeschichte, welche die Wirkungsweise von Sparkassenverbänden oder -organisationen behandelt.

Dominierte in der älteren Literatur lange Zeit die Sparkassengeschichte als isolierte, oft auch kurz gefasste Darstellung eines einzelnen Instituts, so lässt sich in neueren Arbeiten eine deutliche Akzentverschiebung hin zum zweiten Typ konstatieren. Sparkassengeschichte wird immer häufiger als eine kombinierte Instituts- sowie Wirtschafts- und Sozialgeschichte einer Stadt oder einer Region verstanden. Erfreulicher Weise gehen immer mehr Institute dazu über, ihre Geschichte auf diese Art aufzuarbeiten, wobei sie den Forderungen nachkommen, die bereits seit mindestens zehn Jahren von führenden Vertretern der Sparkassengeschichtsschreibung in Deutschland artikuliert werden.[9] Eine Reihe von Sparkassenfestschriften, die in der jüngsten Zeit publiziert wurden, erfüllten diesen Anspruch. Insofern lässt sich auch in diesem Genre eine erfreuliche Trendwende konstatieren.[10]

Soll sich dieser Trend verstetigen, sollen wissenschaftlich ambitionierte Sparkassengeschichten entstehen, so sind einige Voraussetzungen zu erfüllen. Für eine wissenschaftlich fundierte Geschichte einer Sparkasse sind wenn eben möglich ausgewiesene Autoren des Genres heranzuziehen. Das heißt, die Autoren sollten mit den Grundzügen der Wirtschaftsgeschichte, vor allem der Geschichte des Finanzsektors vertraut sein. Die Kenntnis aktueller Forschungskontroversen und die Beherrschung der notwendigen Forschungsmethoden sind

[9] Pohl, Rudolph u. Schulz, Wirtschafts- und Sozialgeschichte, S. 18; Wysocki, Untersuchungen, S. 18; Ashauer, Ersparungscasse, S. 14.

[10] So zum Beispiel: Abelshauser, Vorbeugung der Armut, Wixforth, Bielefeld und seine Sparkassen; Kaufhold, Göttingen; aber auch: Franz Meyer, „Den Bürgern der Stadt auf Dauer von Nutzen“ – 150 Jahre Sparkasse Bad Salzuflen 1849-1999, Bad Salzuflen 1999; Petra Listewnik, 175 Jahre Sparkasse Leipzig – 175 Jahre Wirken in der Stadt und für die Region, Leipzig 2001; Reinhold Brunner, „die dem Armen hilft, das Wenige, was er besitzt, zu Rathe zu halten“. Die Geschichte der Sparkasse Wartburgkreis 1822 bis 1997, Stuttgart 1997.

ebenso wünschenswert wie die notwendige Distanz zum Forschungsobjekt - zur Geschichte der jeweiligen Sparkasse und/oder der Stadt und der Region.[11]
Eine ausgewogene und wissenschaftlich fundierte Darstellung beleuchtet die Geschäftstätigkeit einer Sparkasse in ihrem Wirkungsumfeld und den daraus resultierenden Rahmenbedingungen für ihr operatives Geschäft. Vielfach lässt sich daraus ein interdependenter Prozess ablesen: Der wirtschaftliche und soziale Wandel in einer Stadt oder einer Region beeinflusste die Geschäftstätigkeit der Sparkasse, die ihrerseits durch ihre Marktpräsenz auf ökonomische und soziale Entwicklungen zurückwirkte. Der über die Jahrzehnte hinweg zu beobachtende Wandel der wirtschaftlichen, sozialen und politischen Rahmenbedingungen ist daher in jeder ambitionierten Sparkassengeschichte ausreichend zu thematisieren. Gerade Sparkassengeschichte ist zu einem Teil auch immer regionale Wirtschafts- und Sozialgeschichte.[12]
Eine fundierte Sparkassengeschichte nimmt stets verschiedene Aspekte und Segmente der Geschäftstätigkeit ebenso in den Blick wie die Kundenakquisition, die Personalrekrutierung und größere Geschäftstransaktionen.[13] Wenig erhellend scheint eine längere Diskussion darüber zu sein, ob das Institut mit zu den ältesten in dem entsprechenden Land oder einer Region zählte, wann und unter welchen Bedingungen sein Statut genehmigt wurde, wann und von wem die erste Einlage getätigt wurde. Generell sollten eher Kundenkreise und Kundschaftsbeziehungen im Wandel sowie - ganz wichtig - die Erschließung neuer Geschäfts- und Aufgabenfelder beleuchtet werden.[14]

---

[11] Es lässt sich nachweisen, dass die Sparkassengeschichten und Festschriften, die von einschlägig bekannten Autoren aus der Wirtschaftsgeschichte verfasst wurden, oft den Ansprüchen einer wissenschaftlich ambitionierten Arbeit genügten, während dieses bei den Studien, die von den Sparkassen selbst oder von ihren Gewährträgern herausgegeben wurden, häufig nicht der Fall ist.
[12] Siehe dazu zum Beispiel einzelne Beiträge in Westfälisches Archivamt (Hg.), Sparkassen und Regionalgeschichte, Münster 1995, sowie die Beiträge in dem jüngst erschienenen Band: Wissenschaftsförderung der Sparkassen-Finanzgruppe (Hg.), Regionalgeschichte der Sparkassen-Finanzgruppe, Bd. 1, Stuttgart 2006.
[13] Nicht zu bestreiten ist, dass diese Untersuchungsfelder auch für die Geschichte der deutschen Großbanken bisher nur zum Teil eingehend untersucht worden sind. Abgesehen von der Zeit der NS-Diktatur liegen für das Kaiserreich und die Weimarer Republik nur für die Deutsche Bank und die Commerzbank mit Blick auf die Unternehmensstrategie und interne Entscheidungsfindungsprozesse gesicherte Erkenntnisse vor. Mit Blick auf die Personalpolitik und -rekrutierung sind unlängst erschienen: Thomas Weihe, Die Personalpolitik der Filialgroßbanken 1919-1945. Intervention, Anpassung, Ausweichbewegung, Stuttgart 2006; Imke Thamm, Der Anspruch auf das Glück des Tüchtigen. Beruf, Organisation und Selbstverständnis der Bankangestellten in der Weimarer Republik, Stuttgart 2006.
[14] In Deutschland wurde zum Beispiel lange Zeit intensiv darüber diskutiert, ob die Stadt-Sparkasse in Detmold die älteste kommunale Sparkasse sei. Ebenso wurde länger darüber gestritten, welches Institut die älteste westfälische Sparkasse sei.

Für eine wissenschaftlich ambitionierte Darstellung lassen sich Fragestellungen aus der modernen Unternehmensgeschichte, aber auch aus der Betriebswirtschaftslehre oder der Betriebssoziologie heranziehen. Das heißt im Umkehrschluss, dass den jeweiligen Autoren diese Fragestellungen oder die spezifischen Methoden bekannt sein müssen. Reizvoll könnte es sein, solche Fragen nicht ausschließlich auf eine Sparkasse anzuwenden, sondern kontrastiv auf mehrere Institute aus einer Region. Dass auch solche Arbeiten für eine fundierte Sparkassengeschichte notwendig sind, steht außer Frage. Wichtig scheinen zum Beispiel kontrastiv und vergleichend angelegte Arbeiten zur Rolle der Sparkassen bei der Mittelstandsfinanzierung in Deutschland zu sein - um nur ein Beispiel zu nennen. Die Auftraggeber von Sparkassengeschichten oder Festschriften müssen sich jedoch im klaren sein, welchen Zweck die von ihnen initiierte Studie haben soll. Die Autoren stehen dabei in der Pflicht, Konzept und Fragestellung nachhaltig zu erläutern. Vor allem eines müssen sie betonen. Die lange Geschichte einer Sparkasse ist an sich ein Werbefaktor, wenn sie genau und fundiert dargestellt wird. Existiert eine Sparkasse, 100, 150 oder 175 Jahre, so ist sie auch so lange erfolgreich am Markt präsent.[15]

Oft scheitern wohlmeinende Initiativen und Anstrengungen an einem Mangel an genügend aussagekräftigen Quellen. Die jüngste Vergangenheit hat jedoch gezeigt, dass in der Regel für viele Sparkassen bei intensiver Suche mehr Quellen zur Verfügung stehen, als anfangs vermutet wurde. Von besonderer Relevanz sind in diesem Zusammenhang alle Archivalien, welche die Tätigkeit der Leitungsgremien von Sparkassen berühren. Eine moderne Unternehmensgeschichte und damit auch Sparkassengeschichte ist eine an Strategieentscheidungen orientierte Geschichte. Zeugnisse von Entscheidungsträgern in Unternehmen und damit auch Sparkassen spielen eine besondere Rolle für die Forschung. Das heißt, nicht nur Vorstands- oder Verwaltungsratsprotokolle, sondern vor allem persönliche Korrespondenzen sind wichtig. Von besonderer Bedeutung sind ebenfalls Materialien, welche die Zusammenarbeit oder die Konflikte zwischen Sparkassenleitung und Gewährträgern bzw. Aufsichtsbehörden behandeln. Hier lassen sich vielfach Schlüsselentscheidungen ausmachen, die es für eine fundierte Sparkassengeschichte zu rekonstruieren gilt.[16]

---

[15] Es ist zu beobachten, dass bei den Sparkassen und ihren Marketingstrategen Ancienität eine wichtige Rolle spielt, zumal viele von ihnen zurecht darauf hinweisen können, älter als manches Institut aus dem privaten Kreditgewerbe zu sein. Der Faktor Alter allein besitzt für die Beurteilung der Frage, welche Rolle eine Sparkasse in der lokalen Kreditwirtschaft spielte, jedoch keine hinreichende Bedeutung. Erst eine genauere Analyse der Marktpräsenz und des Marktverhaltens kann diese Frage klären.

[16] Einen hervorragenden Überblick über die Quellenbestände zur Geschichte der westfälisch-lippischen Sparkassen bieten zum Beispiel: Stiftung Westfälisches Wirtschaftsarchiv u. Westfälisch-Lippischer Sparkassen- und Giroverband (Hg.), Handbuch zur Geschichte der westfä-

Wird Sparkassengeschichte als integrierte Wirtschafts- und Sozialgeschichte einer Stadt oder einer Region verstanden, sind umfangreiche Recherchen zur Entwicklung einzelner Unternehmen und Gebietskörperschaften sowie zur Sozialstruktur des jeweiligen Untersuchungsfelds erforderlich. Sparkassengeschichte kann in dieser Sichtweise das Sprungbrett und die Klammer für eine quellengestützte Wirtschafts- und Sozialgeschichte einer Stadt oder einer Region sein. Mehr noch: Sparkassengeschichte bietet aufgrund ihres lokalen und regionalen Bezugs den Vorteil, durch die Ausschöpfung von Quellen zur Geschichte eines Instituts in Verbindung mit der Auswertung von Quellen zur Lokal- und Regionalgeschichte ein detailliertes Bild der wirtschaftlichen Entwicklung von Städten und Regionen zu zeichnen. Die Sparkassen mit ihrem lokalen und regionalen Bezug bieten gegenüber den Banken zum Beispiel den Vorteil, dass sie eine tiefgreifende Analyse der entsprechenden Wirtschaftsentwicklung erlauben. Andererseits scheint eine detaillierte Auslotung der politischen, wirtschaftlichen und sozialen Rahmenbedingungen in einer Stadt oder einer Region unverzichtbar zu sein, will man das Wirkungsumfeld einer Sparkasse exakt ausloten.[17]

Ein solcher Zugriff stellt die Autoren einer ambitionierten Sparkassengeschichte vor mehr Arbeit und mehr Probleme. Sie müssen in entsprechenden Stadt-, Firmen- oder Regionalarchiven recherchieren, um dieses Umfeld zu rekonstruieren. Magistratsprotokolle, die Korrespondenz von Stadtverordnenten oder kommunalen Beamten gehören dann ebenso zur Pflichtlektüre wie Quellen von Firmenkunden einer Sparkasse oder lokalen und regionalen Körperschaften. Eine intensive Zusammenarbeit zwischen Stadt-, Firmen oder Regionalarchivaren mit den Sparkassenarchivaren ist dafür die Voraussetzung.[18] In einer solchen Art der Kooperation liegen jedoch auch Chancen. Beispiele aus der jüngeren Zeit haben gezeigt, dass durch gemeinsame Recherchen Material zur Geschichte einzelner Sparkassen entdeckt wurde, das lange Zeit nicht bekannt war. Umgekehrt kön-

---

lisch-lippischen Sparkassen, Bd. 1 u. 2, Dortmund 1998. Einen Überblick über Quellen zur Sparkassengeschichte in öffentlichen Archiven bietet: Klaus Wilsberg, Quellen zur Geschichte der Sparkassen-Finanzgruppe auf Reichs- und Bundesebene, in: Bankhistorisches Archiv, 26. Jg., 1/2000, S. 54-61.

[17] Dazu exemplarisch Kaufhold, Göttingen; Wixforth, Sparkassen in Bielefeld; Paul Thomes, Die Kreissparkasse Saarbrücken (1854-1914). Ein Beitrag zur Geschichte der öffentlichen Sparkassen in Preußen, Frankfurt 1985; ders., Sparkassen und regionale Wirtschaftsentwicklung, in: Bankhistorisches Archiv, 21. Jg., 1/1995, S. 29-46; Richard Tilly, Städtewachstum, Kommunalfinanzen und Munizipalsozialismus in der deutschen Industrialisierung: eine vergleichende Perspektive 1870-1913, in: Jürgen Reulecke (Hg.), Die Stadt als Dienstleistungszentrum – Beiträge zur Geschichte der „Sozialstadt" in Deutschland im 19. u. frühen 20. Jahrhundert, St. Katharinen 1995, S. 125-152.

[18] Dazu: Einleitung, in: Stiftung Westfälisches Wirtschaftsarchiv u. Westfälisch-Lippischer Sparkassen- und Giroverband (Hg.), Handbuch zur Geschichte der westfälisch-lippischen Sparkassen, Bd. 1, Dortmund 1998, S. 27-36.

nen systematische Recherchen in einem gut strukturierten Sparkassenarchiv auch interessante Dokumente und Quellen zur Stadt- und Regionalgeschichte, aber auch zur regionalen Firmengeschichte zu Tage fördern.[19]

Sparkassengeschichte als Organisations- und Institutionengeschichte

Unbestritten ist, dass die moderne Industriegesellschaft vor allem in Kontinentaleuropa durch Korporationen, Organisationen und Institutionen geprägt wird, in denen gemeinsame Interessen gebündelt und gegen andere Interessengruppen in den politischen Diskurs eingespeist werden. Organisationen und Institutionen bilden die Foren, in denen gemeinsame Strategieentscheidungen getroffen und ein organisatorisches Dach für die einzelnen Mitglieder geschaffen werden.[20] Augenblicklich beschäftigt sich die moderne Wirtschaftstheorie ebenso wie die Wirtschaftsgeschichte intensiv mit der Funktionsweise von Institutionen in der Industriegesellschaft. Mehr denn je bieten sich daher die Institutionen der Sparkassenorganisation oder der Sparkassen-Finanzgruppe als Untersuchungsgegenstand für die wirtschaftshistorische Forschung an.[21] Dies gilt vor allem unter Zugrundelegung verschiedener wissenschaftlicher Fragestellungen, welche sich unter anderem aus der Institutionenökonomie oder der Verbandssoziologie ableiten lassen. Umso erstaunlicher ist es, dass sich die Forschung mit diesem Gegenstand bis heute vergleichsweise wenig beschäftigt hat. Profunde und auch wissenschaftlich fundierte Arbeiten zu den einzelnen Verbänden und Korporationen der Sparkassen-Finanzgruppe liegen bisher spärlich vor. Ist der Grund dafür allein im nicht mehr vorhandenen Quellenmaterial zu suchen?[22]

---

[19] Thorsten Wehber, Rund um das historische Archiv. Bericht über den 3. Workshop des Studienkreises Sparkassengeschichte, in: Wissenschaft für die Praxis. Mitteilungen der Wissenschaftsförderung der Sparkassen-Finanzgruppe e. V., Heft 59, Mai 2005, S. 21.

[20] Mancur Olsson, Die Logik kollektiven Handelns, Tübingen 1992, S. 52-56; Günter Triesch u. Wolfgang Ockenfels, Industrielle Interessenverbände in Deutschland. Ihr Einfluss in Politik, Wirtschaft und Gesellschaft, München 1995, S. 17.53; Theodor Eschenburg, Das Jahrhundert der Verbände. Lust und Leid der organisierten Interessen in der deutschen Politik, Berlin 1989.

[21] Werner Abelshauser sieht in den Interessenverbänden ab 1890 einen Grundstein für die Ausformung der korporatistischen Wirtschaftsverfassung in Deutschland und damit einen Garanten für die positive wirtschaftliche Entwicklung. Werner Abelshauser, Kulturkampf. Der deutsche Weg in die neue Wirtschaft und die amerikanische Herausforderung, Berlin 2003.

[22] Siehe etwa Pohl, Rheinische Sparkassen; Rheinischer Sparkassen- und Giroverband (Hg.), 1881-1981. Der Rheinische Sparkassen- und Giroverband. 100 Jahre Sparkasseneinheit, Düsseldorf 1981; Gabriele Jachmich, Die Geschichte des Hessischen Sparkassen- und Giroverbandes, Frankfurt 1989; sowie die zahlreichen Veröffentlichungen des Bayerischer Sparkassen- und Giroverbandes.

Bisher wurde häufig darüber geklagt, große Teile des Quellenbestands des DSGV aus der Zeit vor 1945 seien durch die Auswirkungen des Zweiten Weltkriegs verloren gegangen. Intensive Forschungen haben jedoch gezeigt, dass weitaus mehr Material vorhanden ist, als lange Zeit vermutet wurde. So findet sich in den Bestände des Bundesarchivs in Berlin-Lichterfelde, etwa in den Beständen Reichswirtschaftsministerium, Reichsfinanzministerium oder Reichsbank vergleichsweise viel Material zur Tätigkeit des DSGV oder zur Rolle der Sparkassen in der Weimarer Republik und für die Zeit des Nationalsozialismus.[23]

Von größerer Bedeutung könnte jedoch das Material sein, dass im Staatlichen Russischen Militärarchiv in Moskau, ehemals Sonderarchiv, vor allem im Bestand Reichswirtschaftsministerium zur Sparkassen- und Sparkassenverbandsgeschichte verwahrt wird. Einige flüchtige Stichproben haben ergeben, dass es in diesem Bestand eine größere Anzahl von Akten gibt, deren Inhalt explizit die Tätigkeit der Sparkassen und der Verbände behandelt.[24]

Desiderate der Sparkassengeschichte

Intensive Nachforschungen nach Quellenmaterial lohnen noch aus einem anderen Grund. Aufgrund der spezifischen Quellenlage und der aktuellen Auftragssituation konzentriert sich die augenblickliche Sparkassengeschichte auf das Gebiet der Bundesrepublik Deutschland in den derzeitigen Grenzen. Damit wird die Geschichte der Sparkassen und ihrer Organisation in den ehemaligen deutschen Ostgebieten bis 1945 vollständig ausgeblendet. Jüngste Recherchen haben zu dem Ergebnis geführt, dass zum Beispiel zur Geschichte der schlesischen Sparkassen enorm viel Material in den Staatsarchiven in Kattowitz und Breslau vorhanden ist.[25] Wen interessiert aber heute noch die Geschichte der Sparkassen in Breslau, der Stadt-Sparkasse Kattowitz oder der Kreisparkasse in Bielitz? Ob dieser Aspekt der Sparkassengeschichte jemals erforscht wird, darüber haben

---

[23] Wilsberg, Quellen zur Geschichte der Sparkassen-Finanzgruppe, S. 56-60. Eine Fülle von Informationen sowohl zur Deutschen Girozentrale, zu regionalen Girozentralen, zur Politik des Deutschen Sparkassen- und Giroverbandes sowie zu den regionalen Sparkassen- und Giroverbänden findet sich im Aktenmaterial des Historischen Archivs der Deka-Bank in Frankfurt, das vor kurzem eingerichtet wurde. Bei einem Teil des hier verwahrten Quellenmaterials handelt es sich um die Akten aus dem ehemaligen Bestand R 8126 aus dem Bundesarchiv in Berlin, der inzwischen nach Frankfurt verlagert wurde.

[24] Hier handelt es sich vor allem um Akten aus dem Fond 1458, Findbuch 1 des Russischen Staatlichen Militärarchivs in Moskau (Rossiskij Gosudarstvennyj Voennyj Archiv v Moskve / RGVA Moskau). Zur Struktur der dortigen Archivbestände: Götz Aly u. Susanne Heim, Das zentrale Staatsarchiv in Moskau („Sonderarchiv"), Düsseldorf 1993.

[25] Ein Überblick über die einzelnen Bestände findet sich in Archiwa Panstwowe w Polsce. Przewodnik po zasobach, Warszawa 1998.

andere zu entscheiden. Tatsache ist jedoch, dass die Geschichte dieser Sparkassen zur Geschichte des deutschen Sparkassenwesen gehört.[26] Ein ähnlicher Befund ist für die „deutschen Sparkassen" im ehemaligen Sudetenland zu treffen. Zwar gehörten diese Sparkassen organisatorisch nur von 1938 bis 1945 unter das Dach des DSGV, doch verstanden sie sich schon vorher bewusst als Sparkassen deutschen Typs und damit auch als ein Bestandteil des deutschen Sparkassenwesens.[27]

Aus einem Grund könnte die Geschichte dieser Sparkassen durchaus an Gewicht und Aktualität gewinnen. Durch Quellenrecherchen in ost- und mitteleuropäischen Archiven mehren sich die Hinweise, dass gerade die Sparkassen im „Osten" während der deutschen Besatzungsherrschaft mehr mit dem Herrschaftsapparat paktierten, als bisher angenommen wurde. Sowohl in Oberschlesien, als auch im Warthegau und im Generalgouvernement gehörten die Sparkassen zu den wichtigsten „Finanzdienstleistern" für die neugeschaffenen Verwaltungsbehörden des Regimes. Auch hier wurden die Sparkassen - ähnlich wie im sogenannten „Altreich" - von zahlreichen Funktionären der NSDAP protegiert, wodurch sie ihre Wettbewerbsposition gegenüber den Filialen der Großbanken und der regionalen Institute deutlich verbessern konnten. Im bisher zur Verfügung stehenden Quellenmaterial finden sich zahlreiche Klagen der Großbanken und ihrer Vertreter über die wachsende Konkurrenz der Sparkassen und ihre Bevorzugung durch den Herrschaftsapparat.[28] Bisher steht die Forschung zur Geschichte der Sparkassen während des Nationalsozialismus noch am Anfang.[29] Fragen nach ihrer Rolle im Finanzwesen und zu ihrer „Regimenähe" werden jedoch immer häufiger gestellt. Auch aus diesem Grund könnte eine Beschäftigung mit den Sparkassen im „Osten" wichtig werden: Sollten Fragen zur Rolle und zur Verantwortung der Sparkassenorganisation während des Nationalsozialismus aufkommen, so sind schnell profunde Antworten zu präsentieren.

---

[26] Während die Stadtgeschichte Breslaus in den letzten Jahren immer wieder Gegenstand der historischen Forschung auch in Deutschland gewesen ist, liegen für die Wirtschafts- und Sozialgeschichte Oberschlesiens nur wenige neuere Arbeiten vor.

[27] Vergleichsweise viel Quellenmaterial zur Entwicklung und Struktur des Sparkassenwesens im Sudetenland findet sich zum Beispiel im RGVA, Fond 1458, Findbuch 10.

[28] Siehe dazu die einzelnen Kapitel in: Harald Wixforth, Die Expansion der Dresdner Bank in Europa. (Die Dresdner Bank im „Dritten Reich", Bd. 3), München 2006.

[29] So auch Hans Pohl in: Wirtschafts- und Sozialgeschichte der deutschen Sparkassen, S. 175, sowie Harald Wixforth, Einleitung. Finanzinstitutionen in Mitteleuropa während des Nationalsozialismus, in: ders. (Hg.), Finanzinstitutionen in Mitteleuropa während des Nationalsozialismus. Geld und Kapital 4/2000, Stuttgart 2001, S. 8.

Fazit

Die Benennung dieser Desiderata soll nicht verdecken, dass die Sparkassengeschichte in Deutschland in der letzten Zeit an Konturen gewonnen hat. Gleichwohl fehlt ihr in einigen Aspekten die wissenschaftliche Fundierung. Zudem sind einige Komplexe, wie etwa die Geschichte der Sparkassen während des NS-Regimes bisher sorgsam ausgespart worden. Gerade hier gibt es noch viel zu tun. Es bleibt zu hoffen, dass in Zukunft Studien zu Themen der Sparkassengeschichte publiziert werden, die den eingeschlagenen Weg verstetigen. Themen gibt es genug, Fragestellungen und verschiedene methodische Konzepte ebenfalls. Man gewinnt den Eindruck, als bedürfe es vielfach nur einer koordinierten Initialzündung, um die auf der Hand liegende Themen der Sparkassengeschichte anzugehen. Die Chancen für eine ambitionierte Geschichtsschreibung für dieses Segment der modernen Kreditwirtschaft waren noch nie so vielfältig wie im Augenblick. Werden sie genutzt, so wird die Sparkassengeschichte in der Wissenschaftslandschaft den Platz erhalten, der ihr zukommt.

Summary

Compared with banking history the history of the German savings banks still needs some detailed analysis and some broader research. Within the last two decades a number of studies has been published, describing the history of a single savings banks in a German town or in a certain region as well as the history of savings banks associations. Despite some progress in writing the history of savings banks in great number of studies a clear methodological concept has been neglected. The article therefore tries to give some hints how to write a modern history of savings banks, and how some still existing distinct lacks in this kind of economic history can be reduced.

Andreas Graul, Dr. phil., Studium der Geschichtswissenschaft und der Germanistik an der Universität Leipzig. Promotion zur Geschichte des Bankwesens in Sachsen. Danach Studium der Archivwissenschaften an der Humboldt-Universität Berlin. Anschließend Tätigkeit in verschiedenen Archiven, ab 2000 beim Historischen Archiv der Dresdner Bank in Frankfurt. Zahlreiche Veröffentlichungen zur sächsischen Banken- und Wirtschaftsgeschichte, vor allem zur Allgemeinen Deutschen Credit-Anstalt in Leipzig. 2005 Veröffentlichung einer Biographie zu Gustav und Victor von Klemperer. Adresse: Historisches Archiv der Dresdner Bank AG, Jürgen Ponto-Platz 1 D-60301 Frankfurt a. M.

Joost Jonker, Dr. phil., Studium der Volkswirtschaftslehre und der Sozialgeschichte an der Vrije Universiteit Amsterdam. Danach Forschungsschwerpunkt Banken- und Finanzgeschichte. Tätigkeit bei der Nederlandschen Bank und beim Institut für Niederländische Geschichte in Den Haag. Dozent an der Universität Utrecht. Zahlreiche Veröffentlichungen zur Banken- und Finanzgeschichte, darunter: Merchants, Bankers, Middlemen. The Amsterdam money market during the first half of the 19th century, Amsterdam 1996. Adresse: Nieuwe Kerkstraat 110, NL-1018 VM Amsterdam.

Christopher Kopper, Dr. phil., Studium der Geschichtswissenschaft, der Volkswirtschaftslehre und der Politischen Wissenschaften in Frankfurt a. M. und Bochum. Gastdozent an mehreren amerikanischen Universitäten. Heute Privatdozent an der Universität Bielefeld. Autor zahlreicher Veröffentlichungen zur Wirtschaftsgeschichte, vor allem zur Banken- und Finanzgeschichte, darunter: Zwischen Marktwirtschaft und Dirigismus. Bankenpolitik im „Dritten Reich", Bonn 1995; Bankiers unterm Hakenkreuz, München 2005. Adresse: Fakultät für Geschichtswissenschaft und Philosophie, Universität Bielefeld, Universitätsstrasse 25, D-33501 Bielefeld

Žarko Lazarevic, Dr. phil., Mitarbeiter des Instituts für Zeitgeschichte in Ljubljana. Arbeitsschwerpunkte: Wirtschaftsgeschichte und politische Geschichte Sloweniens, vor allem die Geschichte der Agrarwirtschaft, Geschichte der Kreditgenossenschaften und des Finanzsektors in Slowenien. Verfasser von Büchern zur Bauernbefreiung zur Geschichte der Banken in Slowenien bis zum Zweiten Weltkrieg. Derzeit Forschungen zur Geschichte der Genossenschaften in Slowenien. Adresse: Institut für Zeitgeschichte, Kongresni trg 1, 1000 Ljubljana, Slovenija.

Àgnes Pogány, Dr. phil., Studium der Geschichtswissenschaft, Promotion, dann Mitarbeitern des Instituts für Wirtschafts- und Sozialgeschichte an der Universität für Wirtschaftswissenschaften in Budapest. Danach Dozentin am Lehrstuhl für Wirtschafts- und Sozialgeschichte an der Corvinus Universität in Budapest. Zahlreiche Publikationen zur ungarischen und internationalen Wirtschafts- und Finanzgeschichte. Adresse: Fakultät für Sozialwissenschaften, Corvinus Universität Budapest, Fövam tér 8, H-1093 Budapest

Monika Pohle Fraser, Dr. phil., Studium in Bonn, danach Geschäftsführerin des Instituts für bankhistorische Forschung in Frankfurt. Nach Beendigung dieser Tätigkeit Promotionsstudium am Europäischen Hochschulinstitut in Florenz. Promotion dort 1999. Augenblicklich wissenschaftliche Angestellte an der Universität Oslo in einem Projekt über die Entwicklungshilfe. Zahlreiche Publikationen zur deutschen und französischen Finanz- und Bankengeschichte. Adresse: Villa Giubianni 18 A, I- 50060 Regello/Cancelli.

Sabine Rossbach, Dr. phil., geb. 1968, lehrt und forscht seit Juli 2006 an der School of Humanities an der University of Aidelaide, South Australia

Harald Wixforth, Dr. phil., Promotion 1991, Geschäftsführer der Gesellschaft für mitteleuropäische Banken- und Sparkassengeschichte; wissenschaftlicher Mitarbeiter am Lehrstuhl für Wirtschafts- und Unternehmensgeschichte der Ruhr-Universität Bochum. Arbeitschwerpunkte: Banken- und Finanzgeschichte, regionale deutsche Wirtschaftsgeschichte, Wirtschaftsgeschichte Mittel- und Osteuropas, zahlreiche Veröffentlichungen dazu. Adresse: Detmolder Strasse 133, D-33604 Bielefeld.

GESELLSCHAFT FÜR
MITTELEUROPÄISCHE BANKEN –
UND SPARKASSENGESCHICHTE

GMBSG

Detmolder Strasse 133
33604 Bielefeld
phone: 0521/ 25793
0521/2994583
Fax: 0521/2994584

Vorstand:
Ehrenvorsitzende: Prof. Dr. Dr. hc. mult. Alice Teichova, Cambridge
Vorsitzende: Doz. Dr. Peter Eigner, Wien; Prof. Dr. Richard Tilly, Münster
Geschäftsführer: Dr. Harald Wixforth, Bielefeld/Bochum

Kontaktadressen:
Doz. Dr. Peter Eigner, Universität Wien, Dr. Karl Lueger-Ring 1, A-1010 Wien
Prof. Dr. Alois Mosser, Wirtschaftsuniversität Wien, Augasse 2-6, A-1090 Wien
Dr. Harald Wixforth, Detmolder Strasse 133, 33604 Bielefeld

Publikationsorgan:
Geld und Kapital. Jahrbuch der Gesellschaft für mitteleuropäische Banken- und Sparkassengeschichte. (erscheint einmal pro Jahr im Franz Steiner Verlag Stuttgart)

Mitgliedsbeitrag:
Für Privatpersonen 13 €; für Banken, Sparkassen, Organisationen und wissenschaftliche Institutionen Verhandlungssache

Als weitere Jahrbücher sind in Planung:

Umbrüche im mitteleuropäischen Bankwesen nach 1945
Kundenstruktur von Banken und Sparkassen im Wandel
Banken, Sparkassen und Wirtschaftsnationalismus in Mitteleuropa
Finanzplätze in Mitteleuropa im Wandel
(Beiträge und Manuskripte können an den Vorstand gesandt werden)

Veranstaltungen:
Veranstaltungen von Symposien und Workshops zur mitteleuropäischen Banken- und Sparkassengeschichte.

Geld und Kapital

Jahrbuch der Gesellschaft für mitteleuropäische
Banken- und Sparkassengeschichte

Bisher sind erschienen:

Alice Teichova (Hg.), Banken, Währung und Politik in Mitteleuropa zwischen den Weltkriegen. Geld und Kapital, Bd. 1, Wien 1997 (erschienen im Böhlau-Verlag)

Harald Wixforth (Hg.), Sparkassen in Mitteleuropa im 19. und 20. Jahrhundert. Geld und Kapital, Bd. 2, Wien 1999 (erschienen im Böhlau-Verlag)

Richard Tilly (Hg.), Bankenkrisen in Mitteleuropa im 19. und 20. Jahrhundert. Geld und Kapital, Bd. 3, Stuttgart 2000 (erschienen im Franz Steiner-Verlag)

Harald Wixforth (Hg.), Finanzinstitutionen in Mitteleuropa während des Nationalsozialismus. Geld und Kapital, Bd. 4, Stuttgart 2001 (erschienen im Franz Steiner-Verlag)

Dieter Ziegler (Hg.), Banken und „Arisierungen“ in Mitteleuropa während des Nationalsozialismus. Geld und Kapital, Bd. 5, Stuttgart 2002 (erschienen im Franz Steiner-Verlag)

Alois Mosser (Hg.), Die Versicherungswirtschaft in Mitteleuropa während des Nationalsozialismus. Geld und Kapital, Bd. 6, Stuttgart 2004 (erschienen im Franz Steiner-Verlag)

Peter Eigner und Ingo Köhler (Hg.), Privatbankiers in Mitteleuropa zwischen den Weltkriegen. Geld und Kapital, Bd. 7, Stuttgart 2005 (erschienen im Franz Steiner-Verlag)

Harald Wixforth (Hg.), Bankiers und Finanziers – sozialgeschichtliche Aspekte. Geld und Kapital, Bd. 8, Stuttgart 2007 (erschienen im Franz Steiner-Verlag)

Zukunft braucht Erinnerung

EUGEN-GUTMANN-GESELLSCHAFT E.V.

GEGRÜNDET 2002 DURCH DIE DRESDNER BANK

Am 12. November 2002 feierte die Dresdner Bank ihren 130. Geburtstag. Anlässlich dieses Jubiläums wurde die Eugen-Gutmann-Gesellschaft e.V. gegründet.

Sie ist nach dem Mitbegründer des Instituts, Eugen Gutmann, benannt, unter dessen Führung sich die Dresdner Bank von einem Regionalinstitut zu einem Weltunternehmen entwickelte.

Die Eugen-Gutmann-Gesellschaft will ein Forum für die Diskussion historischer Fragen unter aktuellem Bezug bieten. In einem öffentlichen Diskurs soll das Interesse an der Geschichte der Dresdner Bank und der Bankgeschichte im Allgemeinen geweckt und gefördert werden.

Zu diesem Zweck organisiert die Gesellschaft Vorträge und Ausstellungen und gibt im Rahmen einer Publikationsreihe Bücher zum Thema Bankgeschichte heraus.

Bis jetzt sind in dieser Reihe folgende Bände erschienen:

Band 1: Felix Jüdell, Erfahrung lässt sich nicht vererben. Dresdner Bank - Ihre Entwicklung von 1872-1914, mit einer Einleitung von Morten Reitmayer, Dresden 2006.

Band 2: Andreas Graul, Gustav und Victor von Klemperer. Eine biographische Skizze, mit Bildern und Dokumenten aus dem Besitz der Familie von Klemperer, Dresden 2005.

Band 3: Harald Wixforth, „unserer lieben ältesten Tochter“. 150 Jahre Bremer Bank. Eine Finanz- und Wirtschaftsgeschichte der Hansestadt Bremen, Dresden 2006.

Nähere Informationen zur Gesellschaft erhalten Sie im Internet unter www.eugen-gutmann-gesellschaft.de oder beim Historischen Archiv der Dresdner Bank.

Kontakt:
Eugen-Gutmann-Gesellschaft
c/o Dresdner Bank AG
Group Communication & Markting
Historisches Archiv
Jürgen-Ponto-Platz 1
60301 Frankfurt am Main

Telefon:0 69 / 2 63 - 5 15 22
Telefax: 0 69 / 2 63 - 5 15 39
E-Mail: egg@dresdner-bank.com

www.eugen-gutmann-gesellschaft.de